Susanne Klimt

Das Lehrbuch der Hexenkunst

Alte weißmagische Rituale

Susanne Klimt

Das Lehrbuch der Hexenkunst

Alte weißmagische Rituale

CORONA

Bibliografische Information der Deutschen Nationalbibliothek
Die Deutsche Nationalbibliothek verzeichnet diese Publikation in der Deutschen Nationalbibliografie; detaillierte bibliografische Daten sind im Internet über http://dnb.d-nb.de abrufbar.

ISBN 978-3-942128-02-5

Satz und Layout: CORONA, Hamburg
Lektorat: CORONA, Hamburg
Umschlagbild: Susanne Klimt
Printed in Germany
www.coronaverlag.de

Inhalt

Einleitung

Seien Sie gegrüßt liebe Leserinnen und Leser,
darf ich mich vorstellen? Mein Name ist Susanne Klimt, doch viele Menschen im In- und Ausland kennen mich unter dem Künstlernamen »Die Seherin®«. Ich arbeite seit über 25 Jahren als weiße Hexe, Wahrsagerin und energetische Heilerin. Ich liebe meinen Beruf, der oft mit vielen schönen, aber auch traurigen Situationen verbunden ist. Menschen aus schwierigen Lebenslagen herauszuhelfen, ist meine, mit großen Herausforderungen, verbundene Arbeit. Dafür gibt es immer einen Weg und nie ist er aussichtslos. Doch häufig wird er übersehen, wenn man selbst in Konfliktsituationen steckt. Deshalb kann eine außenstehende Person viel leichter den Durchblick haben, als wenn jemand in sich selbst gefangen ist.

Hexen, Magier und Druiden haben immer schon im Einklang mit der Natur und den manifesten sowie feinstofflichen Welten gelebt, um ausgleichend und hilfreich tätig zu sein. Mein Lebensmotto heißt: «Practice what you preach!« – praktiziere das, was du predigst. Bleibe immer authentisch und erbringe den sichtbaren Beweis, dass ein solches Leben in Harmonie mit dem Universum möglich ist, um den Menschen zur Seite zu stehen.

Dies bedeutet nicht, dass eine Hexe ohne Sorgen und Herausforderungen durchs Leben wandert! Auch wir können krank werden oder geliebte Menschen verlieren. Hexe zu sein bedeutet, die Entscheidungen und Hinweise des Universums zu akzeptieren und neue Perspektiven zu sehen. Niemand auf dieser Welt ist vollkommen und auch Hexen sind nur Menschen. Dies ist auch gut so, denn das Leben würde schnell langweilig und fad werden, wenn alles immer »glatt« liefe. Dazulernen ist wichtig. Das Leben ist wie eine Einbahnstraße, in der man nur in eine Richtung fahren darf. Deshalb sollte man immer nach vorne schauen und nicht in der Vergangenheit festgefahren sein. Leben wir in der Vergangenheit, so verpassen wir das Hier und Jetzt und geben dem neuen Weg keinen Freiraum. Hexe zu sein bedeutet, Neues anzunehmen, mit den Erfahrungen der Vergangenheit und ohne Angst, frei und in tiefem Glauben, sich vom Universum führen und leiten zu lassen. Was kann einem schon passieren? Man kann nie tiefer fallen als in Gottes Hand!

Ich persönlich glaube an die Schöpfung, die Natur und die Kraft des Universums. Es ist Sinn und Zweck unseres Daseins, einander zu helfen, den anderen zu respektieren und liebevoll mit den Geschöpfen Gottes auf dieser Welt umzugehen. Dies liegt nicht immer im menschlichen Naturell und offenbart sich über die Medien Tag für Tag. Die Nachrichten berichten fast nur von Kriegen, Geldverfall, Katastrophen und sonstigen Horrorszenarien. Überdeutlich präsentiert sich die dunkle Seite der Menschheit. Seit einigen Jahren spüren wir, wie offenbar ganz bewusst Unsicherheit, Zweifel und Panik durch die Medien gefördert werden und wie sich ein großes, diffuses, morphogenetisches Feld immer mehr ausbreitet. Können Sie sich vorstellen, dass es uns noch gelingen könnte, diesen Trend zu stoppen? Ich sage Ihnen JA! Es ist machbar. Dazu bedarf es nur mehr Menschen, die eine andere Einstellung zu den Gegebenheiten bekommen. Somit würden dann verstärkt positive Kräfte mobilisiert.

Ein weiterer Leitsatz von mir ist: »Ein Realist ist, wer an Wunder glaubt!« Diese Wunder sind und werden weiterhin geschehen! Auch ich habe viele Weissagungen getätigt, was sich in der Zukunft noch ereignen wird und viele dieser Aussagen haben sich bereits bewahrheitet. Gerade in der heutigen Zeit ist es wichtig, dass Sie kraftvoll und zuversichtlich die Herausforderungen des Lebens annehmen! Lächeln Sie Tag für Tag, denn das ist die charmanteste Art, dem Negativum die Zähne zu zeigen. Halten Sie nicht an alten, verworrenen Verhaltensmustern fest, lassen Sie neue Impulse einfließen. Sagen Sie sich jeden Tag: »Alles ist möglich!« Wenn man sich vorstellen kann, dass etwas machbar ist und Sie dies auch noch gut visualisieren, werden Träume wahr. Engen Sie sich jedoch selbst ein, so ziehen Sie Grenzen und treten weiterhin in einem »Hamsterrad« vor sich her. Zu neuen Wegen gehört auch das Loslassen von manifesten Dingen. Viele Gegenstände, die wir im Laufe der Zeit anhäufen, sind nur purer Ballast. Überlegen Sie gut, was Sie wirklich benötigen! Wenn ich neuen Ideen einen Freiraum geben möchte, so muss ich Altes auch mal »ausmisten«. Es ist ein bisschen wie in dem Märchen von »Hans im Glück«. Je weniger man hat, desto freier kann man durchs Leben ziehen. Hab und Gut ist oft eine tonnenschwere Belastung und leicht verliert man den Blick für das Wesentliche. Besitz besitzt den Menschen! Das Universum möchte nicht, dass wir traurig oder unglücklich sind. Man kann diesen Kreis verlassen. Doch wenn man aus Angst davor zurückscheut, wird einem meist die Entscheidung irgendwann aus der Hand genommen. Nur dann hat man schon viele Jahre in einer ungesunden Situation gelebt und dies hinterlässt immer seelische und später auch körperliche Spuren. Fangen Sie jetzt an, ihr Leben zu meistern und erfüllen Sie Ihre Aufgabe, die das Universum Ihnen ins Leben mitgegeben hat. Beginnen Sie, mit den himmlischen Helfern im Einklang zu arbeiten, so werden Ihnen Lösungsmöglichkeiten, zum Wohle aller Beteiligten, aufgezeigt! Bitten Sie die geistige Welt um Hilfe und es wird etwas geschehen! Manchmal fällt die Antwort anders als unsere Vorstellung aus, aber im Nachhinein zeigt sich immer, warum der Weg so hat sein sollen.

Weiße Magie stellt eine hilfreiche Methode dar, die bei vielen Problemen beste Lösungsmöglichkeiten aufzeigt. Wäre es nicht schön, nie wieder negativen Angriffen hilflos ausgeliefert zu sein und nie wieder zu resignieren? Durch die Kraft der Weißen Magie gelangen Sie wieder zu voller Energie und Stärke und lernen dabei, wie man sein Leben sinnvoll und harmonisch gestalten kann! Sagen Sie ja zu neuen Ideen und erleben Sie, wie schön die Welt ist! Neue Ein- und Aussichten zu bekommen, ist ein Geschenk und es lässt viele interessante Meilensteine auf Ihrem Lebensweg entstehen. Schritt für Schritt werden Sie bemerken, wie Magie ihr Leben bezaubert und alle Menschen um Sie herum mit positiver Energie geradezu ansteckt! Lernen Sie, wieder zu leben, zu lieben und zu lachen! Wann haben Sie das letzte Mal gelacht? Wann waren Sie richtig glücklich? Wie oft konnten Sie bisher sagen »Es geht mir richtig gut!«?

Lassen Sie sich nicht mehr täuschen von der Panikmache anderer, sondern trotzen Sie dem Alltag, um Sonntage wieder genießen zu können. Auch Sie schaffen es, Ihr Leben neu zu kreieren und sich von alten, negativen Verhaltensmustern loszusagen. Sie werden sehen, dass sich nach und nach alles positiv verändern wird und neue Menschen, die mit Ihnen harmonieren, hilfreich auf Sie zukommen. Bitte erwarten Sie nicht, dass weiße Magie innerhalb von Minuten alles verändert. Bedenken Sie, jede Art von Magie durchläuft einen Wirkprozess. Lassen Sie neue Entstehungsprozesse geschehen, indem Sie diesem Wirken auch Freiraum und somit Zeit geben. Je eher Sie ein magisches Ritual loslassen können, desto schneller wird es sich verwirklichen.

Da ich in vielen Beratungen nach einem weißmagischen Ritualbuch von mir gefragt werde, ist auf Wunsch meiner treuen Klienten und Ratsuchenden dieses Buch entstanden. Ich habe versucht, es leicht verständlich zu halten, damit es vielen Menschen von großem Nutzen sein darf. Ein Leitsatz der weißen Magie ist: »Tu, was Du willst, aber schade niemandem!« Dies sollten Sie immer bei Ihrer weißmagischen Arbeit berücksichtigen! Diese Form der Magie ist niemals manipulativ! Deshalb beherzigen Sie bitte meine Rezepturen ganz genau und halten Sie sich an die vorgegebenen Ritualabläufe. Dann kann dieses Buch sich als wahrer Schatz für jeden erweisen, der ernsthaft magisch tätig sein möchte. Mein besonderes Anliegen ist, Ihnen hiermit einen wertvollen Ratgeber für die Bewältigung von Kummer und Sorgen im Alltag zu bieten, sodass Sie negativen Angriffen nicht länger hilflos ausgeliefert sind! Viele, über Jahrhunderte zusammengetragene Zaubersprüche und Formeln aus meinem eigenen Grimoire, sind hier zu einer geballten Energie zusammengefasst.

Möge Ihnen dieses Buch immer hilfreich sein und alle Wünsche schnellstmöglich in Erfüllung gehen! Seien Sie gesegnet!

Mit magischem Gruß
Susanne Klimt

Eine kleine Geschichte der Magie

Nicht jeder, der das Wort Magie ausspricht, ist sich dessen wahrer Bedeutung bewusst. Daher wird es in vielerlei Zusammenhängen verwendet. Jedoch das Wort Magie wurde abgeleitet von dem Namen »Magi« aus dem Persischen, was so viel bedeutet wie Priester oder Heilkundiger. Das Wissen der klassischen Magie setzt sich aus vielen Komponenten zusammen, wie z. B. der Alchemie, Numerologie, Astrologie und Astronomie, Kräuterwissen u. v. m. Magie bedeutet die Kommunikation mit der Natur und dem Kosmos. Das Arbeiten mit den Elementen Feuer, Wasser, Luft und Erde. Alles steht in Analogien zueinander. Die Aufgabe ist es, dieses komplizierte System in eine Ausgewogenheit zu bringen. Dies ist nur möglich, wenn man sein gesamtes Leben danach ausrichtet. »Practice what you preach!« lautet ein alter Volksspruch im amerikanischen, was nichts anderes bedeutet als: »Praktiziere, was du predigst!«

Magie funktioniert auf Dauer nur dann, wenn man die Regeln des Universums auch im Alltag einhält und umsetzt. Nur ein Magier, der im Sinne des Universums handelt, ist ein weißer Magier! Niemals darf er sein Wissen egoistisch oder manipulativ missbrauchen! Ein Weißmagier wird immer zum Wohle aller Beteiligten arbeiten. Damit sind nicht nur Menschen, sondern auch Tiere gemeint. Deshalb darf in keinem Falle einem Lebewesen Schaden zugefügt werden! Um Erfolge zu erzielen, sind keine Tieropfer notwendig. Nur Schwarzmagier praktizieren auf diese Art.

Die landläufige Meinung, dass Fledermausohren, Krötenbeine und Otternasen in Zaubertränke gehören, ist völliger Humbug. Kein seriöser Magier würde einem Lebewesen etwas zuleide tun. Meist stammen diese Bezeichnungen aus alten Geheimsprachen, damit niemand diese Tränke und Rezepturen nachbrauen konnte. Ich möchte Sie bitten, grundsätzlich so etwas nicht zu tun! Tiere sind unsere Freunde und Helfer. Ein Tier ist immer ehrlich und hilfsbereit. Die Herzensliebe, die ein Tier zu geben hat, ist sehr hoch, kraftvoll und vor allen Dingen ehrlich. Deshalb ehren und schätzen Sie bitte diese guten Energien und gehen Sie niemals verantwortungslos damit um. Aber wie in allen Gebieten, so auch hier; weiße Magier verfeinerten diese Rituale immer mehr und so entstanden kraftvolle Anweisungen, um dann gezielt positive Energien anzuziehen. Diese Anleitungen wurden von jedem feinstofflich arbeitenden Menschen in sogenannten Grimoires (Zauberbüchern) festgehalten. Heute ist es selbstverständlich geworden, Erfolge zu beobachten und für spätere Generationen zu dokumentieren. Daher ist es notwendig, gute Ritualanleitungen schriftlich festzuhalten, weil sie sich so wesentlich besser einprägen und man sie bei Bedarf exakt benutzen kann. Es ist wie mit einem guten Kochbuch, das man immer wieder zur Hand nimmt, um ein einmal gut gelungenes Mahl erneut zu kochen. Ein solches selbst geschriebenes Buch sollte man behandeln wie einen kostbaren Schatz und niemals verleihen! Es wäre nicht gut, wenn Menschen, welche auf einem weniger positiven Pfad wandern, dieses Wissen missbrauchen würden. Bewahren Sie das Buch an einem besonderen Platz auf, der sich dem Zugriff anderer Menschen entzieht, dann wird es Ihnen ein Leben lang dienlich sein.

Mittlerweile gibt es sehr berühmte literarische Werke, deren uralte Geheimlehren sich in den vielen Jahrhunderten kontinuierlich weiterentwickelt haben. Die Klassiker von Paracelsus, Agrippa von Nettesheim, John Dee, Helena Blavatsky und Nostradamus, um nur wenige zu nennen, gehören als Standardwerk in jede magische Bibliothek. Der Adept (Magielehrling) muss gewisse Grundregeln erlernen, um die ersten kleinen rituellen Handlungen praktizieren zu können. Er sollte niemals ohne sachkundige Anleitung und passendes Werkzeug eigenmächtig handeln. Es könnte ihm so ergehen wie dem Zauberlehrling aus dem gleichnamigen Gedicht von Johann Wolfgang von Goethe. Die Geister, die der Lehrling damit rief, wurde er nicht mehr los und erst ein erfahrener Magier konnte diesen Vorgang stoppen.

Damit das Ihnen nicht passiert, befassen sich die ersten Kapitel dieses Buches damit, wie man Werkzeuge richtig handhabt und diese zuvor weiht. Bitte beherzigen Sie dies ganz genau!

Danach wenden wir uns den Elementen und deren Anrufung zu, um mit deren Kraft den einen oder anderen Zauber wesentlich wirksamer gestalten zu können. Erst dann sollten die im Buch beschriebenen Rituale ausgeführt werden.

Magie ist also keine einfache Angelegenheit und es erfordert schon etwas Mühe, Arbeit und Übung, ein wirksames Ritual auszuüben. Umso besser fühlt man sich, wenn sich der erste Erfolg einstellt und man das ernten darf, was man gesät hat! Deshalb überlegen Sie bitte immer ganz genau, was Sie sich oder anderen wünschen!

Alles im Leben beruht auf dem Gesetz der Resonanz. Schon unsere Omas sagten: »So, wie man in den Wald hinein ruft, so schallt es heraus!« All das, was wir aussenden, kommt früher oder später zu uns zurück. Das, was man selbst nicht möchte, sollte man auch keinem anderen Lebewesen antun.

An diesem Punkt werden sich nun viele Leser denken: »Moment einmal – bei mir stimmt das aber nicht! Immer wenn ich Gutes ausgesandt habe, ist mir das nicht immer gedankt worden!« Wir Menschen neigen dazu, Situationen so zu sehen, denn wir sind es gewohnt, für eine erbrachte Leistung sofort eine Gegenleistung zu erhalten. Im esoterischen Sinne ist es aber nicht so, dass wir immer sofort Dank erwarten können! Wichtig ist das, was wir aussenden! Wir müssen jeden Tag in den Spiegel schauen können und sagen: »Ich habe es richtig gemacht und ich kann mein Spiegelbild immer noch anschauen!« Erwarten Sie nicht, dass sich Dank oder Resonanz sofort einstellen. Es geschieht ebenso, dass sich Entscheidungen erst nach Jahren als richtig erweisen, denn die Wege des Universums laufen nicht immer nur geradeaus. Manchmal weichen wir selbst vom Kurs ab und unsere Straßen des Lebens führen uns in die abgelegensten Winkel unseres Seins. Seien Sie nicht ärgerlich, denn das sind Erfahrungen, die wir dringend benötigen, um spätere Entscheidungen richtig treffen zu können. Unser Leben ist ein ständiger Balanceakt zwischen hell und dunkel, schwarz und weiß, dick und dünn, rund und eckig. Alles entspricht diesem Gesetz der Polarität. Gäbe es die Nacht nicht, würden wir den Sonnenschein nicht schätzen und umgekehrt könnten wir die Sterne nicht bewundern, wenn die liebe Sonne nicht jeden Abend untergehen würde. Polarität hat ihre Berechtigung, denn sie lässt uns die Dinge immer von zwei Seiten betrachten. Diese verschiedenen Perspektiven sind notwendig, denn so sehen wir das Leben nicht mit Scheuklappen, sondern in seinen ganzen Facetten und der großen Vielfältigkeit, die das Universum geschaffen hat. Auch wenn die Dinge in unserem Leben nicht immer sofort so laufen, wie wir es wollen, hat das seine Berechtigung. Nur uns verleitet es öfter gleich wieder dazu, mit dem Universum herumzuschimpfen. Lassen Sie es! Das macht keinen Sinn und bringt Ihnen nicht das Geringste ein, außer dass Sie in Ihrem Inneren dem Negativen Spielraum und Energie geben. Wut, Zorn, Hass und andere negative Gefühle sind die schlechtesten Ratgeber. Sie führen zu nichts, außer dass sie Ihnen selbst und anderen schaden. Sollten solche Emotionen Sie übermannen, dann versuchen Sie, sich schnell zu erden und diese falschen, hochgeschaukelten Gefühle wegzuschicken.

Wenn ich schreibe erden, dann meine ich das wörtlich. Gehen Sie raus, arbeiten Sie im Garten oder machen Sie einen ausgedehnten Spaziergang. Auch das Barfußlaufen über eine schöne Wiese kann wahre Wunder bewirken, denn Mutter Natur kann uns helfen, aufgebrachte Energien über den Boden abzuleiten. Unser Geist, unsere Gedanken und unser Glaube können Berge versetzen. Nutzen Sie diese höchste Kunst und versuchen Sie, die eigenen Gedanken immer richtig zu leiten. Erinnern Sie sich an frohe Erlebnisse.

Da wir Menschen alle eine helle, aber auch eine dunkle Seite in uns tragen, werden wir manchmal durch unser Gehirn ausgetrickst, indem wir mit dem Verstand und nicht mit dem Herzen an eine Sache herantreten. Daher hören Sie immer auf das, was Ihr Herz Ihnen in den ersten drei Sekunden über eine Angelegenheit sagt. Alles, was danach kommt, ist Verstandesdenken und damit steht man einem freien Energiefluss schnell im Wege. Nur was Ihnen Ihr Herz sagt, entspricht der Wahrheit! Alles andere ist Illusion.

Wie sagt man so schön – man sieht nur mit dem Herzen gut! Ich lade Sie ein, auf den »Alten Pfad« mitzukommen.

Magische Ritualgegenstände und Werkzeuge

Das Hexeneinmaleins

Und nun zum Auftakt ein paar kurze Zeilen die vor langer Zeit einer unserer berühmstesten Dichter schrieb.

»Du mußt versteh'n!
Aus Eins mach Zehn,
Und Zwei laß geh'n,
Und Drei mach gleich,
So bist Du reich.
Verlier die Vier!
Aus Fünf und Sechs,
So sagt die Hex',
Mach Sieben und Acht,
So ist's vollbracht:
Und Neun ist Eins,
Und Zehn ist keins.
Das ist das Hexen-Einmaleins!«
(Johann Wolfgang von Goethe)

Gegenstände und Werkzeuge für wirksame Magie

Für jeden magisch arbeitenden Menschen sind die richtigen Werkzeuge ein »Must have«. Ohne diese kompletten Utensilien ist eine magische Arbeit zumindest für den Anfänger nicht denkbar, weil jedes Arbeitsgerät einem Element zugeordnet ist. Ein Meister der Magie arbeitet hauptsächlich nur mit Visualisierung. Dies bedeutet, mit der Kraft der Gedanken die Dinge zu lenken und zu leiten. Doch auch hier wird durch Herbeirufung der Elemente jedes Ritual verstärkt und bekräftigt. Die Beschreibung der Elemente findet sich in vielen Kapiteln wieder, sodass Sie sich deren Bedeutung durch Wiederholungen besser einprägen können.

Zu einem magischen Altar gehören der Kelch, ein Pentakel, ein Schwert, auch Athame genannt, und ein Zauberstab. Kerzen und Räucherwerk sind ebenso unerlässliche Begleiter wie Besen, Tücher, Glöckchen und vieles mehr. Um wirksame Rituale ausführen zu können, sind diese Gegenstände unerlässlich. Bevor Sie magisch tätig werden, stellen Sie sich bitte eine kleine »Grundausrüstung« zusammen.

Die Grundausrüstung

Folgende Utensilien – in Kurzfassung dargestellt – sollten für magische Ritualarbeiten immer vorrätig sein und sich in Ihrem Besitz befinden:

- Altar – dafür gibt es keine Größenangabe. Ganz nach Ihrem Geschmack oder den Möglichkeiten kann es ein kleiner Tisch bis hin zum riesigen Schrank sein.

- Kelch – Größe, sollten Sie mit einer Hand halten können.

- Ritualgewand

- Tücher – in den Farben rot, grün, weiß, schwarz, blau und gelb. Die Größe der Tücher richtet sich nach der Altargröße.

- Schale mit Sand im Durchmesser von ca. 30 cm

- Zauberstab

- Kerzen – in allen Farben, mindestens 2 Weiße sollten dabei sein

- Kerzenlöscher

- Streichhölzer

- Besen (z. B. Zimtbesen für energetische Reinigung)

- 2 Stck. Hexenbesen (aus Reisig, wie Anleitung, einen zum Ritualgebrauch, den anderen zum energetischen Schutz der Eingangstür)

- Glöckchen (je nach Ritual werden mehrere benötigt)

- Athame (Ritualdolch)

- Pentakel – aus Metall, Glas, Papier, je nach Geschmack.
- Hexenkessel (max. Größe für eine Wohnung Ø 20 cm)
- Rauchfasskessel oder Schale
- Rauchfasskohle
- Räucherwerk wie Weihrauch, Salbei, Styrax etc.

Wie diese Gegenstände hergestellt werden oder auf was zu achten ist, lesen Sie auf den folgenden Seiten dieses Buches.

Wichtiges!

- Bevor Sie mit einer magischen Handlung beginnen, achten Sie darauf, dass weder Computer, Handy oder Fernseher eingeschaltet sind, denn hochfrequente Geräte stören nur, wenn Sie erfolgreich magisch handeln wollen!

- Nach Möglichkeit nutzen Sie in magischen Ritualen oder zur Weissagung bitte kein Feuerzeug! Dies würde eine Hexe oder Magier niemals tun! Feuer wird immer mit einem Kienspan oder Streichholz angezündet.

- Bei Ritualen sollten Sie Ihre Kerzen nur mit einem Kerzenlöscher löschen, da in der Magie ein Element (in dem Fall Feuer) nicht mit dem Element Luft bekämpft werden darf.

- In einigen Ritualen werden unter Schreibwerkzeugen und Utensilien immer Tinte und Schreibfeder angezeigt. Lt. alter Hexentradition wird nicht mit einem Kuli, Filzstift oder sonstigen neueren Errungenschaften geschrieben, auch nicht in der modernen Magie.

- Eine Hexe oder ein Weißmagier benötigen keine Tieropfer, um magisch erfolgreich zu wirken.

- Teilweise hört sich die Ritualdauer etwas lange an. Das liegt daran, dass die abbrennenden Kerzen Bestandteil des Rituals sind. Eine Verkürzung der Ritualdauer wird möglich sein, wenn Sie kleinere Kerzen verwenden.

Der Zauberstab

Schon seit Tausenden von Jahren hat er dieselbe Symbolik. Er gilt als verlängerter Arm des Magiers und stellt die Verbindung zwischen Himmel und Erde, zwischen feinstofflich und manifest, dar. Auch werden mit ihm Energien gebündelt und auf bestimmte geistige Ziele gerichtet, um Zaubersprüchen noch mehr Wirkung zu verleihen.

Er steht mit seinen Eigenschaften für das Element Feuer. Auch wird er gerne zum Ziehen eines magischen Kreises verwandt oder muss die Stelle des Kochlöffels ersetzen, um zur Herstellung kraftvoller Tränke seine mystische Energie mit einfließen zu lassen. Je nach Verwendungszweck wird der magische Stab aus den unterschiedlichsten Materialien angefertigt. Dies kann ganz klassisch ein Haselnuss- oder Weidenzweig sein, aber auch edelste Materialien, wie Halbedelsteine, Gold, Silber, Kupfer und Kristallglas finden ihre Verwendung.

Wir müssen allerdings deutlich zwischen dem großen Ritualstab, der den Magier überragt, und dem kleinen Zauberstab unterscheiden. Für große Rituale, bei denen für mehrere Menschen ein Schutzkreis gezogen wird, eignet sich natürlich ein großer Ritualstab eher als ein kleiner. Auch für weißmagische Tätigkeiten, die in der Natur abgehalten werden, benötigt man eher einen großen Stecken. Für den Hausgebrauch ist ein handlicher und kompakter wesentlich praktischer, denn wir wollen ja keinesfalls mit zu großem Werkzeug aus Versehen das gute Mobiliar zerschlagen.

Nicht nur im heidnischen Glauben, sondern auch in vielen Religionen dieser Welt hat er seine Geschichte. Die Legenden der Heiligen beinhalten immer wieder Erzählungen über die wundertätigen Handlungen, die mittels eines Stabes erfolgt sind. In der Bibel ist überliefert, dass Moses das Meer mit seinem Stab teilte und auch der heilige Christophorus steckte den Stab auf Geheiß Jesu in die Erde; am nächsten Morgen war er ergrünt und erblüht. Spektakulär ist auch die Geschichte der heiligen Odilia, die mit ihrem Stab einem halb verdursteten Wanderer eine Quelle aus dem Fels des Berges schlug, die noch heute von tausenden Pilgern jährlich im Elsass besucht wird. In diesen Geschichten wird bewusst gemacht, welche Kraft ein solches Instrument besitzt. Auch die katholische Kirche ist sich dessen bewusst und nutzt in ihren Gottesdiensten einen Bischofsstab, versehen mit einer Spirale am obersten Ende. Im Buddhismus dient das Vajra oder Dorje als Verbindung zwischen Himmel und Erde. Es ist Signum der Könige und Prinzen und von ihm soll eine universelle Kraft ausgehen in einer kaum vorstellbaren Stärke. Desgleichen ist in europäischen Königshäusern das Zepter nichts anderes als der verlängerte Arm der Staatsmacht. Es gibt Tausende von Analogien auf der ganzen Welt, die hier aufzuführen wären, aber dies zu beschreiben würde schon ein ganzes Buch füllen.

Ich möchte Ihnen nun schildern, wie Sie Ihren persönlichen Zauberstab herstellen und weihen. In der magischen Tätigkeit ist es seit alters her Brauch, einen Zauberstab für Anfänger aus Haselnuss-, Eichen- oder Weidenzweigen herzustellen.

Diese mystischen Gehölze haben besonders günstige Eigenschaften für die feinstofflich wirkende Arbeit. Einen Zweig für einen Zauberstab bricht man aber nicht einfach im Wald ab! Es ist schon mit etwas Mühe verbunden, einen solchen zu suchen. Sie benötigen ein kräftiges, unbenutztes, neues, zweischneidiges Messer – auch Athame genannt – dazu. Dies weihen Sie zuvor mit Ihrem Speichel (klingt nicht angenehm, muss aber sein, damit es auf Ihre persönlichen Schwingungen eingestellt ist) und wickeln es in ein grünes Tuch. Hier differieren die Meinungen unter den Experten. Die einen halten es für besser, den Zauberstab in der Nacht zu schneiden, die anderen ziehen den Tag vor. Das sollte jeder für sich entscheiden. Ich persönlich habe eine Philosophie dazu. Frauen, die eher der Mondgöttin zugeordnet sind, sollten das Holz in der Nacht holen, Männer hingegen, die eher der feurigen Energie zugeordnet sind, am hellen Tage. Für die Damen der Schöpfung eignet sich daher am besten eine helle Mondnacht.

Verbinden Sie sich in Gedanken mit den Energien der Natur und bitten Sie um Führung, den richtigen Baum oder Strauch zu finden. Sie werden es spüren, sobald Sie sich in der Nähe des Gehölzes aufhalten. Es sollte ein mindestens gut zwei Zentimeter dicker Ast sein, besser noch etwas stärker, und etwa eine Elle (ca. 30 Zentimeter) lang. Schneiden Sie, nachdem Sie den Baum/Strauch um Verzeihung gebeten haben, den Ast mit einem Schnitt ab. Wickeln Sie ihn anschließend zusammen mit dem Athame und etwas Erde vom Fuße des Gewächses in das grüne Tuch ein und verlassen Sie den Ort schweigend, ohne sich umzuschauen. Das Mondlicht wird Ihnen den Weg weisen. Wieder zu Hause angekommen legen Sie den Ast zum Trocknen zusammen mit der Erde an ein warmes Plätzchen auf die Fensterbank. Um den Ast nun zu einem prachtvollen Zauberstab werden zu lassen, benötigen Sie folgende Zutaten:

- Kupfer- oder Silberdraht – 2 Meter
- eine kleine Bergkristallspitze
- Lederband – 2 Meter, 0,5–1 cm dick
- Handbohrer und Messer, spitz und scharf
- Harz oder starker 2-Komponentenkleber

Bohren Sie vorsichtig am oberen Ende des Stabes ein Loch, sodass die kleine Bergkristallspitze dort hineinpasst. Im klassischen Sinne wird mit Harz geklebt, weil es ein Naturprodukt ist. Dies ist etwas umständlicher, da man es zuvor erwärmen muss. Sie dürfen als »moderne Hexe« aber auch gerne einen guten, starken Kleber verwenden.

Setzen Sie nun die Bergkristallspitze mit dem Klebstoff in die Bohrung. Kerben Sie seitlich jeweils rechts und links das Holz ein. Dies dient zur leichteren Befestigung des Drahtes, damit er nicht verrutscht. Wenn der Klebstoff getrocknet ist, nehmen Sie den Draht und wickeln diesen vom unteren Ende angefangen spiralförmig, linksherum nach oben um das Holz, bis Sie an der Bergkristallspitze angekommen sind. Dann wird er in der Kerbe befestigt. Der Draht dient dazu Energien noch besser weiterzuleiten, sie an der Bergkristallspitze zu bündeln und zu fokussieren.

Jetzt umwickeln Sie die Stellen am Anfang und Ende mit etwas Lederband, damit der Draht nicht mehr verrutschen kann. Wenn Sie wollen, können Sie den magischen Stab nach Herzenslust mit symbolischen Dingen schmücken. Dazu gehören Federn, Steinchen, Symbole und so weiter. Machen Sie aber nicht zu viel, sonst könnte die Energie evtl. auch gebremst werden, und das wäre bei keiner magischen Tätigkeit von Vorteil.

Nun muss der Stab, wie jedes andere Utensil der magischen Arbeit auch, geweiht werden. Verschaffen Sie sich eine harmonische Atmosphäre. Entzünden Sie zwei weiße Kerzen und ein passendes Räucherwerk. Als ideal hat sich klassischer Weihrauch erwiesen. Vergessen Sie nicht, schalten Sie bitte alle elektronischen Gerätschaften aus. In der Magie haben solche Gegenstände nichts zu suchen. Strom stört den Ritualablauf sehr! Seit alters her ist es üblich, Ritualgegenstände mit körpereigenen Stoffen zu weihen. Deshalb nehmen Sie den Stab in Ihre linke Hand und halten ihn waagerecht vor sich. Sprechen Sie die Worte:

»Nun weihe ich Dich mit meinem Saft
und verleih Dir enorme Kraft,
Energie lass nun gut fließen
und in Fülle sich ergießen,
mit der Elemente Kraft, mit Sonne und Mond,
du es schaffst, zu helfen mir auf alle Zeit,
ein gutes Werkzeug – für mich stets bereit!
Ich segne dich im Namen der Elemente nun
und gib gutes Gelingen für all mein Tun!«

Bestreichen Sie den magischen Stab von allen vier Seiten aus symbolisch mit ihrem Speichel. Nehmen Sie ihn danach in beide Hände, schließen Sie die Augen und stellen Sie sich vor, wie sich der

Zauberstab mit Energie auflädt. Sie haben nun ein kraftvolles, magisches Utensil für Ihre weißmagische Arbeit. Lassen Sie ihn nicht von anderen Menschen berühren, denn dann entlädt er sich und Sie müssen ihn erneut weihen, damit er seine Kraft entfalten kann. Grundsätzlich gilt es, magische Utensilien vor anderen Menschen geschützt aufzubewahren. Auch in Magier- oder Hexenzirkeln ist es nicht erlaubt die Ritualgegenstände der anderen zu berühren, wenn es das Ritual nicht ausdrücklich erfordert. Nun sind Sie in der Lage mit diesem magischen Stab einen Schutzkreis zu ziehen, wann immer Sie es möchten, um im Kreis der Geborgenheit Ihre volle Kraft auf Ihre Fürbitten zu lenken.

Selbstverständlich gibt es im Handel auch fertige Zauberstäbe, die Sie entsprechend weihen können. Damit Sie erkennen, ob dieser Energiestab der richtige für Sie ist, gibt es einen ganz einfachen Test: Nehmen Sie den Stab in Ihre linke Hand und legen Sie ihn auf Ihr Sonnengeflecht. Legen Sie die rechte Hand auf die linke und schließen Sie die Augen. Sie werden ein wenig anfangen zu schwanken. Fühlen Sie sich mehr vorwärts tendierend, so ist dieses Utensil positiv für Sie und Ihre Arbeit. Schwanken Sie jedoch rückwärts, so ist dieser Stab für Sie gänzlich ungeeignet und würde die magische Tätigkeit eher stören. Diese Technik funktioniert ebenfalls mit anderen Dingen, wie z. B. Heilsteinen, Räucherwerk und Wahrsagekarten. Mithilfe dieser Methode spüren Sie einfach in sich selbst, was richtig und falsch ist. Grundsätzlich finde ich es schöner, sofern es möglich ist, Zauberstäbe selbst anzufertigen. Durch diese Beschäftigung mit den Materialien bringen Sie Ihre positiven Energien in Ihre Arbeit und so wird z. B. der Zauberstab zum Unikat, den außer Ihnen niemand auf der Welt besitzt.

Pentagramm und Pentakel

Viele magische Zeichen haben sich seit Jahrtausenden etabliert, doch keines davon ist so bekannt wie das Pentagramm. Dieser kleine fünfzackige Stern ist eines der mächtigsten und vielseitigsten Symbole in der magischen Arbeit. Die Zahl Fünf spielt in der Welt der Mystik eine sehr bedeutungsvolle, große Rolle. Nicht ohne Grund fanden Pentagramme Einzug ins alltägliche Leben.

Amüsanterweise wird in Kirchenfenstern fast immer ein Pentagramm oder Pentakel sichtbar. Drastischer noch sind Malereien in oder an Kirchen, die eindeutig einen fünfzackigen Stern wiedergeben. Beispiele sind die Kathedrale Notre Dame in Paris, der Fünfpass im Kölner Dom, die Marktkirche St. Georgi et Jacobi in Hannover, die Kirche Sankt Augustin in Coburg, um nur wenige zu nennen. Wegen der starken Schutzfunktion des Fünfsterns wurde sogar das amerikanische Pentagon in Form eines Fünfecks gebaut, um uneinnehmbar zu sein. In alten Stadtplänen ist noch häufig die Ursprungsform eines Pentagramms zu erkennen, wie es zum Beispiel in Bayreuth der Fall ist. Offensichtlich wird, wenn wir uns die Flaggen der verschiedenen Länder betrachten, dass sogar ein ganzes Land unter dem Schutz des fünfarmigen Sternes gestellt wird. Marokko hat in der Nationalfahne mittig ein grünes Pentagramm, aber auch Kamerun, Ghana, Somalia, Senegal und die Vereinigten Staaten von Amerika usw. Alle diese Staaten machen sich die große Kraft des Pentagramms zunutze.

Das Pentagramm taucht überall auf. Wir brauchen nicht lange zu suchen. Lassen Sie uns einige Dinge aus der Natur betrachten und Sie stoßen immer wieder auf die Zahl Fünf! Nehmen Sie einen

Apfel und schneiden diesen waagerecht in der Mitte durch. Mit Erstaunen werden Sie feststellen, dass Sie auf ein Pentagramm blicken. Nicht verwunderlich, denn das Kerngehäuse enthält die ganze Arbeit des Apfelbaumes – seine Saat. Da das Pentagramm den höchsten Schutz auf energetischer Ebene verkörpert, macht der Apfel etwas Schlaues – er legt das Kerngehäuse genauso an, dass es behütet wird und sich ein neuer Baum aussäen kann. Clever – oder? Der Mensch hat fünf Finger, der Seestern fünf Arme, fünf Wunden hatte Jesus, und in der Alchemie ist immer noch die Quinta Essentia, das Prinzip des Spirituellen in jeder Lebensform. Berühmte Persönlichkeiten, wie Pythagoras, Agrippa von Nettesheim sowie Leonardo da Vinci, befassten sich ausgiebig mit dem Pentagramm und dessen fünf Spitzen. Da Vinci sah in ihm den »Goldenen Schnitt«. Berühmt wurde sein Bild vom aufrecht stehenden Menschen mit den ausgebreiteten Armen, dieses verkörperte auch den Bezug zu den Elementen Erde, Feuer, Wasser, Luft und den Äther oder Geist. Außerdem erkannte er, dass sich eine absolut harmonische Spirale in jedem Pentagramm verbirgt. Aus komplizierten mathematischen Berechnungen entstand bereits im zwölften Jahrhundert nach Christi die sogenannte Fibonacci Folge. Der Mathematiker Fibonacci war ein Genie in Sachen Mathematik und er konnte zum ersten Mal Formeln zur Berechnung der Muster in der Natur entwerfen. Diese Reihe von Zahlen findet sich zum Beispiel in den Blüten von Sonnenblumen oder in einem Jahrmillionen alten Perlboot (Tiefseetier) wieder, ein immer wiederkehrendes Grundprinzip, das Mutter Natur nutzt, um eine bessere energetische Schwingung zu erhalten und sich optimal zu vervielfältigen. In der Magie gibt es die sogenannte Evokation und die Invokation, das heißt, die anrufende oder bannende Magie. Je nachdem, wie wir ein Pentagramm ziehen, hat es eine andere Bedeutung und wird einem Element zugeordnet. Im klassischen Glauben gibt es fünf Elemente. Als vergleichbares Symbol ziehen wir die Pyramide heran. Ihr werden ebenfalls die fünf Elemente zugeordnet. Bei ihr stehen die vier Spitzen für die Elemente auf der Erde, doch die fünfte Spitze ragt gen Himmel.

In der korrekten Wiedergabe alter Überlieferungen steht das Pentagramm immer auf zwei Beinen (Spitzen). Nur eine Spitze ragt nach oben. Da es als mächtiges Schutzsymbol gilt, fingen Satanisten an, es für negative Zwecke zu missbrauchen, indem sie es einfach umdrehten und in ihm den Leibhaftigen mit seinen Hörnern und dem spitzen Kinn sahen. Damit versuchen sie, die Gesetze der Natur auf den Kopf zu stellen, was aber Mutter Erde nicht so einfach mit sich machen lässt. Denn gemäß dem Gesetz der Schwerkraft fallen die Dinge nach unten und der Schnee ist nicht grün, sondern weiß, selbst wenn einem das zigmal eingeredet werden soll. Doch durch falsche Propaganda geriet dieses Symbol des guten Pentagramms mit in den schlechten Ruf der dunklen Mächte und benötigte eine sehr lange Zeit, um wieder seiner alten Funktion gerecht zu werden.

Auch Agrippa von Nettesheim wandte sich der mythologischen Bedeutung des fünfzackigen Sternes zu und ordnete nach dem Bild da Vincis, jedem Arm und Bein ein Element zu. Schauen wir auf das Bild: Die rechte Hand entspricht dem Luftelement, das rechte Bein für das Wasser. Der linke Arm steht für das Feuer, das linke Bein für die Erde. Der Kopf ist dem höchsten Geist und dem Äther zugeordnet. Zieht man um das Ganze einen Kreis, so erhalten wir ein Pentakel. Ein Pentakel gilt als das höchste Schutzamulett. Es ist das »Must have« eines jeden Magiers. Das gilt auch für das Pentagramm, welches zum Bestandteil eines jeden magischen Schutzkreises gehört, in dem Rituale praktiziert werden. Ob in Gedanken, mit einem Zauberstab, Athame (magischer Dolch), Kreide oder einem magischen Schwert gezogen, ist ein Schutzkreis unerlässlich für die rituelle Arbeit.

Wir öffnen durch starke Visualisierungsarbeit Tore zur feinstofflichen Welt und was durch ein Tor hinausgehen kann, kann auch von anderer Seite eintreten. Der Schutz bei der magischen Arbeit ist einer der wichtigsten Bestandteile überhaupt. Sehr häufig werden mir in meinen Beratungen Fragen gestellt, warum zum Beispiel jemand, der einer Person, die unter Kopfschmerzen leidet, eine Energieübertragung mittels Handauflegen oder Reiki gibt, kurze Zeit später selbst an Kopfweh leidet. Das ist einer der häufigsten Fehler, die Anfänger machen. Sie lassen zu viel der kranken Energie zurückfließen und geben nicht nur in eine Richtung Energie ab! Deswegen ist es wichtig, sich zu schützen, damit man nicht selbst Schaden erleidet! Also nutzen Sie die große Kraft des Pentagramms für alltägliche Dinge sowie auch in der Magie.

Wollen Sie etwas bannen, so beginnen Sie am besten links unten und dann zur oberen Spitze hin das Pentagramm zu ziehen. Wollen Sie etwas anrufen bzw. etwas anziehen, so beginnen Sie am besten an der oberen Spitze und gehen dann nach links unten. Diese beiden Pentagramme entsprechen dem Element Erde und sind für Anfänger in der Magie am besten geeignet. Die Visualisierung ist dabei das Wichtigste. Ob Sie ein Symbol in Gedanken, mit den Händen, mit Farbe oder einem Zauberstab ziehen, ist nebensächlich. Ihr Geist ist der Schlüssel zum kraftvollen Zauber.

Der Geist geht der Materie immer voraus. Nicht ohne Grund heißt es, der Glaube kann Berge versetzen! Alles, was Sie vor Ihrem geistigen Auge kreieren, ist Ihre Realität und kann Wirklichkeit werden, wenn Sie stark genug sind, Ihre volle Energie in diese Gedanken einzubringen. Aber Vorsicht – überlegen Sie immer gut, was Sie sich vorstellen, denn es geschieht zu leicht, dass sich negative oder unüberlegte Gedanken ebenfalls manifestieren können! Deshalb sollten Sie sich nur gute Dinge vorstellen.

Auch Wohnungstüren, Autos, Gärten, Schulen, Zelte, Schiffe oder sonstiges Hab und Gut kann man damit versiegeln. Dieses kleine und effektive Schutzsymbol lässt sich überall anwenden. Ja selbst auf Fotografien – Sie haben richtig gelesen – funktioniert es. Vor allem bei Menschen, die uns besonders wertvoll sind und sich zum Beispiel gerade auf Reisen befinden. Richtig angewendet kann man sie liebevoll mit einem visualisierten, goldenen Pentakel beschützen.

Für Ihren magischen Altar gibt es viele Gestaltungsmöglichkeiten, um die Präsenz Ihres Pentakels zu erhöhen. Dafür eignen sich auch käuflich erwerbbare Stücke aus edlen oder einfachen Metallen, Holz, Stein und anderen Materialien. Diese finden sich in jedem Esoterikfachbedarf. Schöner und edler wird es, wenn man selbst kreativ wird und ein Pentakel selbst gestaltet. Wie auch immer Sie sich entscheiden, wichtig ist, dass Sie diesen Ritualgegenstand weihen. Das Verfahren ist das gleiche wie beim Zauberstab.

Ritualdolch, Schwert, Athame

Meist wird dieser Ritualgegenstand falsch verstanden. Ein Messer, Schwert oder Dolch macht grundsätzlich einen Furcht einflößenden Eindruck auf nicht eingeweihte Menschen. Im Ritualgebrauch stehen diese Gegenstände rein symbolisch für das Element Luft. Niemals würde ein seriöser Magier oder eine seriöse Hexe einem Lebewesen damit Schaden zufügen!

Ein Ritualdolch hat primär die Aufgabe, symbolisch falsche Energien zu trennen und zu klären.

Als geweihtes Werkzeug kann man, wie mit dem Zauberstab auch, einen Schutzkreis ziehen, Symbole und Worte in Kerzen ritzen und Kräfte auf Talismane und Amulette übertragen. Eine Ritualdolchklinge ist immer zweischneidig; sie hat von beiden Seiten eine Schneidefläche. Je nach magischer Ausrichtung gestaltet sich das Aussehen. Große Schwerter werden eher für Einweihungen und Rituale in der Natur genutzt.

Bitte beachten Sie dabei, dass es in Deutschland verboten ist, ein Messer mit fest stehender Klinge bei sich zu führen. Dies ist gesetzlich nicht erlaubt und kann hohe Geldstrafen und Gefängnisaufenthalt bis zu drei Jahren bedeuten!

Deshalb ist es ratsam, solche Utensilien für die Arbeit im Freien auf ein unscharfes Holzschwert zu beschränken. Das klingt in Anbetracht der Tatsache, dass wir damit in Wald und Feld Pflanzen schneiden wollen vielleicht seltsam, aber aus rechtlichen Gründen muss ich Sie darauf hinweisen. In Ihrem eigenen Garten dürfen Sie scharfe Klingen zum Schneiden der Pflanzen verwenden. Wie jedes andere Werkzeug der Magie wird auch ein Athame vor der ersten Benutzung gereinigt und geweiht.

Der Kelch

Der Kelch ist dem Element Wasser zugeordnet. Dies kann man sich leicht merken. In einen Kelch kann ich Wasser hineinfüllen, aber auch etwas hinausschütten. Im Tarot wird dies besonders deutlich, da Kelchkarten sowohl Fülle und Zufriedenheit verkörpern als auch umgekehrt vergeudete Energie und innere Leere signalisieren. Wie alles im Leben hat auch er zwei Seiten. Ein magischer Kelch kann aus den unterschiedlichsten Materialien bestehen. Meist sind sie jedoch aus Metall. Im klassischen Sinne wird ein Kelch aus Zinn genutzt. Dieser sollte für die Aufbewahrung von Lebensmitteln geeignet sein. Zinn ist nicht gleich Zinn und kann giftige Stoffe enthalten. Daher ist es sinnvoller, einen solchen Kelch im Fachhandel zu kaufen und nicht billige Imitate aus Fernost. Ein magischer Kelch kann ebenso aus Ton oder Glas beschaffen sein. Es ist auch hier immer eine Frage des Geschmackes und der magischen Richtung. Der klassische Magier wählt mit Sicherheit einen metallenen Becher, die Hexe einen aus Glas oder Steingut und der Schamane nutzt eine Holzschale. Jedem so, wie es ihm gefällt und wie man das Ritualwerkzeug mit der Arbeit in Analogie bringen kann.

Zu den berühmtesten Ritualkelchen zählt der Heilige Gral, auf dessen Suche sich noch heute viele Menschen begeben, wobei unklar ist, ob es ein Kelch oder eine Schale war. Auch die christliche Kirche nutzt den Ritualkelch und die Kraft des Wassers, z. B. bei der Taufe, um gewisse Schwingungen zu erzeugen. Es muss allerdings, wie von vielen irrtümlicherweise angenommen, nicht Wein als Ritualgetränk dienen. Es darf auch Milch, Saft oder Wasser sein.

Ich persönlich bin der Meinung, dass Alkohol nur die Sinne vernebelt und wir bei der Ritualarbeit einen wachen und klaren Verstand benötigen. Bitte weihen Sie auch den Kelch als Ritualgegenstand. Lassen Sie diesen von keinem anderen Menschen berühren. Sollte dies geschehen, so muss dieser neu geweiht werden. Hüten Sie Ihr Werkzeug immer wie einen kostbaren Schatz. Kein Unbefugter sollte Zugriff darauf haben.

Das Glöckchen

Mit einem Glöckchen bringen wir eine andere Schwingung in Räume oder an Plätze in der freien Natur. Klang entsteht durch Schwingung und ist im magischen und spirituellen Denken ein wichtiges Hilfsmittel. Glöckchen vertreiben abgestandene Energien und negative Geistwesen, rufen elfenhafte Wesen herbei und wecken frische Gedanken. In vielen Zeremonien aller Religionen kommen Glocken aus verschiedenen Materialien zur Verwendung. Glas, Metall, Steingut und Kristall machen sie zu unterschiedlich tönenden Instrumenten. Kleine Zimbeln tragen Gedanken in höhere Sphären, große Kirchenglocken rufen Menschen herbei oder warnen uns in Notsituationen, Tempelglocken gedenken an Verstorbene, Klangschalen bewegen meditative Augenblicke und Magier läuten Rituale damit ein. Kleine Glöckchen an Kleidungsstücken sollen seit alters her vor unerwünschten Geistern schützen.

Der Hexenkessel

Im Hexenkessel werden alle magischen Tränke zubereitet. Er sollte eine Vorrichtung zum Aufhängen besitzen und nicht mehr als drei Beine haben. Ein Hexenkessel muss nicht riesig sein. Doch er sollte aus lebensmittelechtem Metall bestehen und äußerst hitzebeständig sein, damit er vielseitig einsetzbar ist. Im klassischen Sinne sind Hexenkessel aus Gusseisen gefertigt. Für den Hausgebrauch eignet sich auch ein kleiner Topf von etwa 1 bis 2 Litern Fassungsvermögen.

Moderne Großstadthexen sind meist auf einen elektrischen Herd angewiesen und können in einer Etagenwohnung kein offenes Feuer entzünden. Deshalb darf auch ruhig ein Edelstahltopf für die Zubereitung magischer Tränke und Flüssigkeiten benutzt werden. Leben Sie auf dem Lande und haben die Möglichkeit, an einer gesicherten Feuerstelle ein kleines Lagerfeuer zu entzünden, dann bietet sich der traditionelle Hexenkessel aus Gusseisen an. Er wird an einem sogenannten »Dreibein« – einem, meist faltbaren Ständer aus drei Metallrohren – über der Feuerstelle aufgehängt. Aus der früheren Zeit kennen wir noch das Sprichwort: »Einen Zahn zulegen!« Dies hat mit der Aufhängevorrichtung für Kessel zu tun, denn diese sah aus wie ein grob gezahntes, dickes Sägeblatt. Wollte man, dass das Essen schnell garte, dann wurde der Topf einen Zahn tiefer über das Feuer gehängt und somit war es dann schneller fertig. Für das Kochen über einer offenen Feuerstelle werden in Fachgeschäften spezielle Hexenkessel angeboten.

Der Besen

Was wird als Erstes mit einer Hexe assoziiert? Natürlich der Besen.

Doch woher kommt dieser Hexenbesen und welche Bedeutung hat er? Keine Bange – Hexen sind nicht putzwütiger als andere Menschen. Der Besen hat im mystischen Glauben eher eine symbolische Bedeutung und ist ein wichtiges Werkzeug der rituellen Magie.

Seit alters her behauptet man, dass bestimmte Frauen auf Hexenbesen fliegen können – probieren Sie das bitte niemals aus, denn dieses Ammenmärchen ist auf die überzogene Fantasie mancher Menschen zurückzuführen. Schön wäre dies, wenn es stimmen würde, denn dann hätten die steigenden Benzinpreise keinen Einfluss mehr auf unser Alltagsgeschehen.

Nein, der Hexenbesen ist ein rituelles Reinigungswerkzeug. In der Regel wird er angewandt, um den Ort, an dem ein Ritual abgehalten werden soll, energetisch und symbolisch zu reinigen und alle abgestandenen Energien und negativen Geister aus dem Haus zu »fegen«. Unter Hexenbrüdern und -schwestern symbolisiert ein auf den Kopf gestellter Besen: »Hier wohnt eine/r von Euch, eine/r, die/der den alten Weg geht!«.

Auch im deutschen Sprachgebrauch taucht der Besen mit zumeist tiefsinnigen Bedeutungen täglich auf. »Jemandem den Kehraus machen« tun meist die, welche »etwas unter den Teppich kehren wollen« und bevor man solche Menschen verurteilt, ist es wichtig, immer erst »vor der eigenen Haustüre zu kehren«.

In fast allen Kulturen und Ländern unserer Erde wird dem Besen eine besondere Bedeutung zugeschrieben. So ist es in Afrika nur den alten, weisen Frauen vorbehalten, damit zu arbeiten, denn eine falsche Handhabung könnte den Weg für negative Wesenheiten öffnen, die ins Haus wollen. Um dies zu verhindern, wird nach uralter Sitte in einem bestimmten Rhythmus gekehrt. In Indien und auch in Lateinamerika fegen die Menschen gerne mit einem sogenannten »Escoba de Canela«. Ein Zimtbesen wird aus den dünnen Ästchen des Zimtbaumes gebunden. Als kurzer Handbesen ähnelt er dem hierzulande bekannten Reisigbesen. Diesem Besen aus Zimt wird die Eigenschaft nachgesagt, mit seinem starken, fruchtigen Geruch Krankheiten fernzuhalten und eignet sich daher hervorragend für eine personenbezogene Reinigung. So glauben auch die Kreolen an die reinigende Kraft und selbst in Voodooritualen wird meist ein Zimtbesen benutzt, um Krankheiten vom gesundheitlich geplagten Menschen in rituellen Zeremonien fortzuschicken. Dies ersetzt natürlich keinen Arzt, wie wir heutigen Menschen mit unserer medizinischen Kenntnis wissen. Doch trotz allem sind einige Menschen oft sehr stark im Glauben verwurzelt und der Gesundungseffekt grenzt manchmal an ein Wunder. Man hat in Studien nachweisen können, dass die Genesung wesentlich schneller voranschritt und auf manchmal unerklärliche Weise innerhalb von wenigen Stunden hohes Fieber verschwand. In schamanischen Kreisen ist der Besen ein unerlässliches Ritualinstrument.

In den letzten Jahren wurde es bei Hochzeiten auch in unseren Landen ein gern gesehener Brauch, das junge Brautpaar über einen Besen springen zu lassen, damit sie allen negativen Einflüssen im Leben trotzen können und immer fest zusammenhalten. Ursprünglich kommt dieser Ritus aus dem Wicca Kult. Wiccas sind Hexen, die nach altem Glauben in sogenannten »Coven« leben. (Der »Coven« ist ein aus maximal 13 Personen bestehender Hexenzirkel der alten Wicca (weißmagische Hexen aus dem englischen Raum stammend). Dort gibt es die »Probehochzeit« für ein Jahr, welche meist an Beltane gefeiert wird. Eigentlich gar keine schlechte Idee – oder?! Diese Hochzeit wird immer mit dem Besensprung des Paares besiegelt.

Der Besen steht auch für den verlängerten Arm des Magiers und der Hexe. Heute dient er meist nur noch der rituellen Reinigung, früher aber nutzte man ihn ebenfalls, um gebündelte Energien weiterzuleiten. Meist hatte der Besen sogar einen Namen, denn man sah in ihm einen beseelten Helfer, welchen man während der Herstellung odete (belebte) und sich für magische Zwecke zu eigen machte. Schon Johann Wolfgang von Goethe beschrieb in seinem berühmten Gedicht »Der Zauberlehrling« einen Kampf zwischen einem kecken Zauberlehrling und dem Besen des Magiers. In Abwesenheit seines Meisters versuchte er, dem Besen zu befehligen für ihn zu arbeiten, doch dies lief völlig aus dem Ruder und der junge Lehrling konnte das Desaster nicht stoppen. Erst als sein Lehrherr nach Hause kam und die berühmten Worte sprach: »In die Ecke, Besen, Besen! Seids gewesen. Denn als Geister ruft euch nur zu diesem Zwecke, erst hervor der alte Meister!« hörte der Spuk auf. Dies zeigt sehr schön, dass man niemals unbedacht und leichtfertig mit magischen Gegenständen hantieren sollte! Wie man einen echten Hexenbesen herstellt und wie man damit umgeht, ist hier nun beschrieben.

Zur Herstellung eines richtigen Hexenbesens aus heimischen Gefilden benötigen Sie folgende Utensilien:

- einen »Armvoll« Birkenreisig
- einen stärkeren Eschenzweig mit ca. 3–4 cm Durchmesser
- mehrere dünne Weidenzweiglein
- etwas Draht
- Messer und Schere

Der Hexenbesen wird ausschließlich aus diesen Materialien gemacht, weil damit die Symbolik und die guten Eigenschaften der Bäume mit einfließen sollen. Die Birke ist in der Mythologie ein Baum, welcher negative Energien fernhält. Wir kennen auch heute noch die Tradition des Maibaumes, der klassisch aus Birke erstellt wird. Birkenreisig an Häusern angebracht hält Negatives fern. Da man mit einem Hexenbesen abgestandenen oder negativen Energien »den Kehraus« machen möchte, ist Birkenreisig immer schon ein sehr wirkungsvolles Material gewesen.

Die Esche dient als Besenstiel, weil sie laut Mythologie für den Schutz und die Verbindung zwischen Himmel und Erde steht. Aus der nordischen Sagenwelt ist wohl »Yggdrasil« die Weltenesche, auch Weltenbaum genannt, das größte Symbol für die Verbindung zur Anderswelt. Manifeste und feinstoffliche Energien werden sichtbar und ein gesundes Gleichgewicht wird durch die Esche repräsentiert.

Die Weide, ein Symbol der Erdenmutter Demeter, ist der Hexenbaum schlechthin. Unter ihr finden Rituale statt. Da sie an vielen unheimlichen und feuchten Orten wächst, behauptet man, dass in ihr Kobolde, Elfen und Gnome wohnen. Bereits von früheren heilkundigen Frauen wurde sie oft genutzt, denn sie wussten damals schon um die medizinische Wirkung dieses Baumes. Heute noch dient sie als Lieferant für Salicylsäure, woraus das Medikament Aspirin gewonnen wird.

Die nicht immer gerade gewachsene Weide ist aus einem »Hexenleben« nicht wegzudenken, denn auch das Leben einer Hexe zeigt für Außenstehende oft einen ungewöhnlichen, verdrehten Lebensstil.

Schneidet man der Weide Äste ab, so wachsen recht schnell neue nach und weben kreuz und quer von Jahr zu Jahr somit ein Schutzhaus für alle Lebewesen zwischen Himmel und Erde. Deshalb steht sie auch für die Beständigkeit. Diese besondere Stärke des Weidenbaums fließt somit auch in den Hexenbesen ein, die wir auf diesem Wege ins Haus bringen. Einen Besen fertig zu kaufen, wäre in magischen Kreisen ein grober Verstoß gegen die Regeln. Also kommen Sie gar nicht erst auf die Idee, einen Reisigbesen im Supermarkt zu erwerben. Man muss im Magischen mit seinem ganzen Geist hinter der Sache stehen, was zeitweilig etwas Mühe machen kann.

Wenden wir uns nun der Fertigung zu. Zuerst teilen Sie mehrfach die frischen Weidenzweige der Länge nach mit einem Messer, sodass sich dünne Bänder ergeben. Jetzt nehmen Sie den Eschestiel und wenn Sie mögen, können Sie selbigen auch ein wenig mit Schmirgelpapier glätten. Nun bündeln Sie das Birkenreisig rund um den Stiel und beginnen mit den dünnen und geteilten Weidenzweigen/-bändern diesen zu umwickeln. Denken Sie bei Ihrer Arbeit daran, wie Sie die verschiedenen Energien der Bäume miteinander verbinden. Sollte es zum Problemen werden, den nötigen Halt mit den Weidenbändern zu erzielen, so können Sie das Gesamte mit dem Draht fest verzurren.

Für die Herstellung eines »Escoba de Canela« würden Sie nur folgende Utensilien benötigen.

- dünne Ästchen des Zimtbaumes – daraus wird er gebunden.

Wenn er fertig ist, sieht er aus wie ein kurzer Handbesen aus Reisig. Leider sind die Ästchen in Deutschland nur schwer erhältlich. Doch fertig gebunden ist er zu kaufen, siehe unter Bezugsquellen.

Beseneinweihung – Reinigung der Räume

Nehmen Sie den Besen, den Sie gerade angefertigt haben, sobald er fertig ist, in beide Hände und sprechen Sie laut folgenden Spruch:

»Nun bist Du hier,
zu helfen mir,
bei allen guten Taten,
ich halte Dich und weihe Dich,
für Schutz in Haus und Garten!
So sei es, so sei es, so sei es!«

Nun beginnen Sie sofort mit einem kleinen Reinigungsritual gegen negative Schwingungen. Fangen Sie damit an, indem Sie im hintersten Raum des Hauses beginnen, von links nach rechts jeden Raum symbolisch Richtung Zimmertür auszufegen. Visualisieren Sie dabei, wie Sie alle negativen Geister und Energien aus dem Haus fegen. Wenn Sie mögen, dann ist das gleichzeitige Verbrennen von Weihrauch oder Salbei sehr hilfreich, denn auch dies trägt zu einem guten Gelingen bei. Diese Räuchermittel stehen ebenso für die Reinigung von Räumlichkeiten. Wenn Sie an der Haustüre angekommen sind, kehren Sie die Reste zu einem Häufchen zusammen. Im Normalfall handelt es sich um ein paar Krümel oder etwas Staub. Auch wenn Sie Teppichboden liegen haben, so ist es dasselbe. Stellen Sie sich nun des Weiteren vor, wie Sie mit dem Schmutz auch die negativen Energien einfach mit dem Kehrblech in den Abfalleimer befördern.

Jedes Mal, wenn Sie ein Ritual vorbereiten, kehren Sie auch den magischen Schutzkreis am besten mit dem Zimtbesen oder dem besonderen Besen aus, um das Arbeitsfeld symbolisch sauber zu halten, damit sich keine Fremdenergien einschleichen können. Dieser Besen wird in der Regel am Altar oder dem magischen Arbeitsplatz gelagert. Als Schutz- bzw. Erkennungssymbol kann man auch einen Hexenbesen umgekehrt vor die Haustüre stellen, damit nichts Negatives über die Türschwelle gelangen kann und Hexenschwestern sofort sehen, dass Sie die gleiche Lebensphilosophie haben. Auf keinen Fall darf dieser vor die Haustüre gestellte Besen für die »normale« Reinigung verwendet werden. Er dient ausschließlich den rituellen Handlungen.

Auch sollte Ihr ureigenster Ritualbesen niemals von anderen Menschen benutzt werden, denn, wie jedes magische Handwerkszeug, ist er nur für seinen Besitzer gedacht. Deshalb bitten Sie andere Familienmitglieder oder Freunde, Ihre magischen Utensilien nicht zu berühren. Sollte es trotzdem geschehen, so weihen Sie ihn bitte neu.

Der Besen hat es in sich, dass wusste Goethe schon zu dichten. Ist es Wahrheit oder nur Fiktion? Zumindest ist es ungeheuer eindrucksvoll und nachdenkenswert. Lest selbst.

Der Zauberlehrling

Hat der alte Hexenmeister
sich doch einmal wegbegeben!
Und nun sollen seine Geister
auch nach meinem Willen leben.
Seine Wort' und Werke
merkt' ich und den Brauch,
und mit Geistesstärke
tu' ich Wunder auch.

Walle! Walle
manche Strecke,
dass, zum Zwecke,
Wasser fließe
und mit reichem, vollem Schwalle
zu dem Bade sich ergieße.

Und nun komm, du alter Besen!
Nimm die schlechten Lumpenhüllen;
bist schon lange Knecht gewesen:
nun erfülle meinen Willen!
Auf zwei Beinen stehe,
oben sei ein Kopf,
eile nun und gehe
mit dem Wassertopf!

Walle! Walle
manche Strecke,
dass, zum Zwecke,
Wasser fließe
und mit reichem, vollem Schwalle
zu dem Bade sich ergieße.

Seht, er läuft zum Ufer nieder,
Wahrlich! Ist schon an dem Flusse,
und mit Blitzesschnelle wieder
ist er hier mit raschem Gusse.
Schon zum zweiten Male!
Wie das Becken schwillt!
Wie sich jede Schale
voll mit Wasser füllt!

Stehe! Stehe!
Denn wir haben
deiner Gaben
vollgemessen!
Ach, ich merk' es! Wehe! Wehe!
Hab' ich doch das Wort vergessen!

Ach, das Wort, worauf am Ende
er das wird, was er gewesen.
Ach, er läuft und bringt behende!
Wärst du doch der alte Besen!
Immer neue Güsse
bringt er schnell herein,
Ach! Und hundert Flüsse
stürzen auf mich ein.

Nein, nicht länger
kann ich's lassen;
will ihn fassen.
Das ist Tücke!
Ach! Nun wird mir immer bänger!
Welche Miene! Welche Blicke!

O du Ausgeburt der Hölle!
Soll das ganze Haus ersaufen?
Seh' ich über jede Schwelle
doch schon Wasserströme laufen.
Ein verruchter Besen,
der nicht hören will!
Stock, der du gewesen,
steh doch wieder still!

Willst am Ende
gar nicht lassen?
Will dich fassen,
will dich halten
und das alte Holz behende
mit dem scharfen Beile spalten.

Seht da kommt er schleppend wieder!
Wie ich mich nur auf dich werfe,
gleich, o Kobold, liegst du nieder;
krachend trifft die glatte Schärfe.
Wahrlich, brav getroffen!
Seht, er ist entzwei!
Und nun kann ich hoffen,
und ich atme frei!

Wehe! Wehe!
Beide Teile
stehn in Eile
schon als Knechte
völlig fertig in die Höhe!
Helft mir, ach! Ihr hohen Mächte!

Und sie laufen! Nass und nässer
wird's im Saal und auf den Stufen.
Welch entsetzliches Gewässer!
Herr und Meister! Hör mich rufen!
Ach, da kommt der Meister!

Herr, die Not ist groß!
Die ich rief, die Geister
werd ich nun nicht los.

»In die Ecke,
Besen, Besen!
Seids gewesen.
Denn als Geister
ruft euch nur zu diesem Zwecke,
erst hervor der alte Meister.«
(Johann Wolfgang von Goethe)

Kerzen

Kerzen kann man als Hexe oder Magier nie zu viel im Haus haben. Ritualkerzen sollten immer durchgefärbt sein! Es gibt wenige Ausnahmen wie sogenannte »Reversible Kerzen« die im Inneren eine andere Farbe haben als außen. Jedem Ritual ordnet man bestimmte Farben zu.

- Rot – Venus und Mars, Liebe, Sexualität, Energie und Anziehungskraft

- Rosa – Erzengel Rafael, Herzensliebe, Geborgenheit, Träume, Zärtlichkeit und Güte

- Blau – Erzengel Michael, Jupiter, Schutz, Beruf, Transformation, Klarheit und Wahrheit

- Grün – Venus, Geld, Finanzen, Hab und Gut, Gesundheit, Heilung und Frieden

- Gelb – Sonne, Helligkeit, Energie, Lebensfreude, Sprache, Kommunikation und Frische

- Orange – Merkur, Wärme, Kommunikation, Vertrauen und Zuversicht.

- Braun – Erde, Loslassen, Erdung, Verstand und Naturverbundenheit

- Violett – Merkur, Spiritualität, Trance, Seele, Feinstofflichkeit, Erleuchtung, Mystik, Astralreisen und Kommunikation mit dem Göttlichen

- Schwarz – Saturn, Schutz, Unbezwingbarkeit, Neuanfang, Trauer, Ruhe und Abgeschiedenheit

- Weiß – Mond, Hellsicht, Reinheit, Klarheit, Weiblichkeit, Frieden, Licht, Spiritualität und Gefühle

Weiße Kerzen gehören grundsätzlich auf jeden Altar. Sie brennen immer während eines jeden Rituals. Es gibt Kerzen in den verschiedensten Formen für jegliche magische Zwecke. Jeder von uns kennt die normalen Stabkerzen. Diese sind in fast allen Warenhäusern erhältlich. Zu Ritualzwecken werden allerdings auch bestimmte »Profikerzen« genutzt. Diese haben symbolische Formen und sind ausschließlich im Fachhandel erhältlich. Zu den bekanntesten gehören die Sieben-Tage-Knopfkerzen. Sie sehen aus, als ob man 7 Kugeln übereinandergestapelt hätte und Sinn und Zweck ist es, jeden Tag eine dieser Kugeln abbrennen zu lassen. Es gibt sie in fast allen Farben. Sehr beliebt sind auch die Figurenkerzen. Ob Mann oder Frau werden sie bei Personenzaubern eingesetzt. Speziell für die Liebe gibt es diese auch als Paarfigurenkerzen. Sogenannte »Reversible Kerzen« sind dazu da, Dinge rückgängig zu machen oder um Negatives in Positives umzuwandeln. Sie haben außen eine andere Farbe wie innen die dementsprechend zugeordnet wird. Für Sexualmagie und Erotik gibt es ebenfalls Kerzen in Form der männlichen und weiblichen Genitalien. Bei Unfruchtbarkeit und Libidostörungen seelisch geistiger Natur können diese im magischen Sinne helfen. Natürlich sollte bei gesundheitlichen Störungen immer zuerst ein Arzt oder Heilpraktiker konsultiert werden. Dies muss ich hier aus rechtlichen Gründen erwähnen. Es gibt unendlich viele Formen für jeden Zweck. In vielen Teilen Süddeutschlands kennt so mancher Bauernhof auch heute noch die sogenannten Gewitterkerzen. Diese schwarzen Kerzen, meist mit dem Abbild der Mutter Maria versehen, bekommt man in Wallfahrtsorten, wo sie geweiht angeboten werden. Es sind die einzigen schwarzen Kerzen in der christlichen Kirche. Sie sollen bei Gewittern angezündet, Haus, Hof und Menschen vor jeglichem Unheil, wie Bränden, Blitzeinschlag und Wasserschäden schützen. Man kann auch Kerzen selbst herstellen und so bearbeiten, dass sie für das angestrebte Ritual dienlich sind. Wer sich die Mühe machen möchte, kann dann auch sicher gehen, dass er auf jeden Fall viel Energie in dieses Ritual gibt und es somit noch wirkungsvoller macht. Grundsätzlich gilt es, das Kerzenlicht niemals auszupusten! Bei der weißmagischen Arbeit ist es sehr wichtig zu beachten, dass die Kerzen am besten in einem Mal abbrennen können. Niemals werden die Elemente und deren Kräfte gegeneinander verwendet. Würde man sie auspusten, so würde man das Element Feuer mit dem Element Luft bekämpfen.

Ritualgewand

Während Ihrer magisch rituellen Tätigkeit tragen Sie ein Arbeitsgewand, welches aus Seide oder Baumwollstoff angefertigt sein sollte. Anfänger sollten darauf achten, dass es sich leicht ausziehen lässt und keine ausladenden Ärmel besitzt. Es mag Ihnen seltsam anmuten, aber ich halte es für äußerst wichtig, bei der Ritualarbeit auch auf Sicherheit zu achten. Immerhin wird hier mit Feuer gearbeitet und lange Ärmel sowie Roben, die nicht wie ein Mantel geschnitten sind, sind etwas umständlich auszuziehen, im Falle dass die Kleidung Feuer fängt. Also achten Sie grundsätzlich darauf, dass am Ritualplatz Sicherheitsvorkehrungen eingehalten werden. Dies gilt für den Altar im Haus genauso wie in der freien Natur. Es sollte immer sichergestellt werden, dass nichts in Brand gerät. Auch bitte feuerfeste Unterlagen wählen. Im Fachhandel gibt es spezielle Sprays, womit Stoffe vorab so behandelt werden können, dass sie nur schwer entflammbar sind. Deshalb achten Sie darauf, dass die Kleidung zweckmäßig ist und nicht einfach nur schön. Billige Synthetikstoffe, die oft schön glänzen und toll aussehen, haben bei der Ritualarbeit nichts zu suchen.

Auch die Länge des Ritualgewandes ist wichtig, es sollte bis zum Fußboden reichen. Denn Hände und Füße sollten bei Bedarf verdeckt werden können. Eine Kopfbedeckung ist unerlässlich! In den Märchen werden Hexen meist mit einem spitzen Hut abgebildet. Dies mit gutem Grund: Der Spitzhut soll laut Tradition die feinstofflichen Energien bündeln und eine Kommunikation zwischen Himmel und Erde erleichtern. Außerdem stellt er wie ein Helm einen Schutz des Kronenchakras dar. Betrachten wir zum Beispiel die Form der päpstlichen Tiara. Auch diese Kopfbedeckung erfüllt den gleichen Zweck.

Früher trug ein Magier eine sogenannte »Magusbinde«, versehen mit okkulten Zeichen, wohingegen Hexen schon immer ihren Hut hatten. Heute ist es wesentlich praktischer geworden, durch eine am Gewand befestigte Kapuze. Sie bedeckt direkt die empfindlichen und angreifbaren Stellen des Magiers oder der Hexe, sprich die Halswirbelsäule und den Kopf. Nähen oder sticken Sie auf den Rücken der Ritualkleidung ein goldenes Pentakel. Dies ist das Zeichen der weißen Magie und stellt den Schutz dar. Es ist sozusagen Ihr Rüstungsschild gegen negative Energieströme. Die Farbe der Kleidung richtet sich nach dem Wochentag, denn jedem Tag wird eine bestimmte Farbe zugeordnet. Ebenso wird zu Ritualen eine der den Wochentagen oder Zeremonialien zugeordnete Farbe getragen. Für den Anfang reicht allerdings eine Alltagsrobe vollkommen aus. Diese sollte von dunkler Farbe und ganz einfach geschneidert sein. Sie können sich diese Kleidung selbst nähen oder auch schneidern lassen. Im klassischen Sinne wird unter einer solchen Gewandung nichts getragen! Rituale werden in Räumen ohne Schuhe ausgeübt, damit eine bessere Erdung gegeben ist. Ausnahmen bilden die Arbeiten in freier Natur. Dort ist auf unwegsamen Untergrund und bei winterlicher Kälte selbstverständlich ein gutes Schuhwerk erlaubt.

Die Elemente

Äther / Geist

Luft

Feuer

Wasser

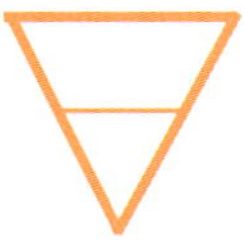
Erde

Der Äther

In der Magie kennen wir fünf Elemente. Der Äther steht für das geistige Potenzial. Die »Quinta Essentia«, was im lateinischen so viel wie »Fünfte Wesenheit« bedeutet, ist die Urenergie unseres Daseins. Ohne diese Energie wäre kein Leben – wie wir es kennen – denkbar, denn nur durch dieses Element wird alles Leben beseelt. Und nur durch den Einsatz unseres Geistes ist Handeln möglich.

Handeln stellt sich immer als die Folge unserer Gedanken dar, deren Ursprung im Geistigen liegt. Unser Gehirn lernt ein Leben lang dazu, niemals aus! Wie sehr der Mensch darauf aus ist, zu lernen und geistiges Gut weiterzugeben, erfahren wir mit jedem Buch, das wir lesen. Es drängt uns aus unserem Innern heraus, mit anderen darüber zu reden.

Doch das ist bei Weitem nicht alles. Wir lesen und lernen nicht nur Reales, sondern unser Geist streckt seine Fühler noch viel weiter aus, wie zum Beispiel in die Akashachronik. Dort stehen all unsere Erfahrungen und auch Schwachpunkte. Wer in der Akashachronik, also im Äther oder Geist lesen kann, erfährt, welche Aufgabe wir persönlich oder andere Menschen auf dieser Erde haben und woran wir noch arbeiten dürfen, um die höchste Stufe der Vollendung zu erlangen.

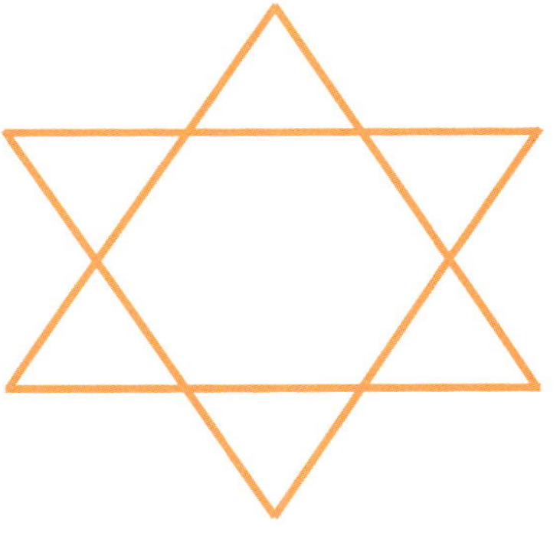

In der Symbolik der Alchemie wird deutlich, dass der Geist alle anderen Elemente vereint. Zwei ineinander verschlungene Dreiecke bilden das sogenannte Salomon-Siegel, eines der höchsten Schutzzeichen der Magie.

Der Geist befindet sich immer über der Materie und man sagt nicht ohne Grund, dass Gedanken und ein fester Glaube Berge versetzen können!

Bitte beachten Sie: Die Visualisierungsarbeit ist der wichtigste Punkt in jeder magischen Arbeit. Diese bildhafte Vorstellung symbolisiert immer die Arbeit mit dem Äther.

Element Luft

In der weißen Magie steht das Element Luft für Lebensenergie. Ohne Luft wäre kein Leben auf der Erde denkbar. Luft ist der Odem, der unseren Körper in seinen Funktionen erhält. Das Element Luft ist eine starke Kraft. Täglich können wir das erleben. Befinden wir uns in einem Sturm, lässt uns dieser spüren, wie stark Naturgewalten und wie schwach wir hingegen sind. Deshalb sollten wir immer sehr respektvoll mit den Elementen umgehen.

Im alltäglichen Sprachgebrauch verwenden wir, meist ohne es zu bemerken, sehr häufig das Wort Luft. Negative Energien nehmen uns sprichwörtlich »die Luft zum Atmen« oder andere können uns »die Luft abdrehen«. In Streitgesprächen wird viel »heiße Luft« erzählt und man spürt, wie »die Luft brennt«, wenn jemand kurz davor ist, den anderen »an die Luft zu setzen« und in die »Luft zu gehen«, wenn der nur von »Luftschlössern« erzählt, denn diese sind völlig »aus der Luft gegriffen« und lösen sich meist »in Luft auf.« Sehr viele Redensarten geben dies wieder.

Luft kann aber auch reinigend sein und uns den Kopf »freipusten«, um neue Wege und Möglichkeiten geistig entstehen zu lassen. In der weißen Magie wird das Element Luft durch ein Schwert verkörpert und die Himmelsrichtung ist der Osten. Erzengel Raphael ist der zugehörige Engel des Luftelementes, der zusätzlich seine heilende Kraft mit einbringt. Als Sylphen werden Luftgeister bezeichnet, die zwischen der manifesten und der feinstofflichen Welt herumschwirren. Gerne werden sie von Magieren oder Hexen als Schutzgeister angerufen. Im weitesten Sinne sind sie wie Elfen und Feen zu betrachten, die mit dem Wind spielen und so manchen Schabernack anstellen können, wie z. B. Haare durch den Wind zersausen, Blätter hochwirbeln und Hüte wegfliegen lassen. Die windigen Gesellen spielen in der Natur eine große Rolle – sie verteilen Blütenstaub, tragen Vögel in die Lüfte und lassen alles Lebende aufatmen. Luft ist Lebensenergie pur und ist nicht nur für den Menschen, sondern auch für die magische Arbeit unerlässlich.

Element Feuer

Feuer ist Licht und Energie. Selbst in jeder unserer Körperzellen ist eine bestimmte Lichtfrequenz zu messen. Unser Herz hat einen kleinen, lichtvollen Fleck, den jeder Herzchirurg kennt und tunlichst meidet, diesen bei Operationen zu verletzen. Er gilt als der Sitz der Seele und soll mit dem Göttlichen in Verbindung stehen. Ohne Licht würde in der Natur fast nichts gedeihen und unsere Welt wäre kalt und leer.

In der Magie hat das Element Feuer einen reinigenden und transformierenden Stellenwert. Nur wenn wir ein Licht anzünden, lassen sich Schatten erkennen und somit die dunkle Seite unseres Daseins. Denn weißes Licht ist nicht nur weiß, es birgt in sich das breite Farbenspektrum des Regenbogens. Dies in seiner Gesamtheit bildet die perfekte Einheit in uns. Daher wäre ohne Kerzen oder Feuer so manches Ritual nicht denkbar.

In fast allen Religionen wird die Kraft des Lichtes und dessen Leuchten an mystischen Orten zum Gebet genutzt. Da wir in der weißen Magie die Kraft des Feuers nutzen, um Transformationsprozesse zu begehen, werden Kerzen angezündet, Räucherwerk verbrannt und Feuerschalen erleuchten die magische Tätigkeit.

Element Wasser

Das Element Wasser spielt eine bedeutende Rolle, nicht nur in der Natur, sondern auch beim Menschen, denn dieser besteht zum größten Teil aus Wasser. Dieses Element ist dem Mond zugeordnet, der für die Gezeiten Ebbe und Flut verantwortlich ist, dessen Kraft wir nur erahnen können.

In der Magie werden dem Element Wasser Undinen, Nixen und Nymphen zugeordnet. Wasser ist ein hochpotenzierter Informationsträger und deshalb besonders »programmierbar«. Im Wasser entstand alles Leben auf dieser Erde. Nicht ohne Grund wird die Erde der »Blaue Planet« genannt, denn sie besteht zu ca. 72 Prozent aus Wasser, das seinen Weg überall hinfindet. Es entspricht dem ewigen Kreislauf.

Verdampft es, so steigt es nach oben, um anderswo auf dieser Erde als Niederschlag in Form von Regen, Nebel oder Schnee wieder herunterzukommen. Andererseits befinden sich Feuchtigkeit und Nässe im Boden, die für Pflanzen als Wachstumspotenzial gebraucht wird. Seen, Bäche und Flüsse transportieren Tausende Kilometer weit gewaltige Wassermassen Tag für Tag um den Erdball.

Lassen Sie uns nicht vergessen: Im Wasser werden wir geboren und ohne Wasser kann kein Mensch in dieser Welt existieren. Wasser ist unser Lebenselixier und deshalb sollten wir es mit Respekt behandeln und nicht sinnlos vergeuden.

Element Erde

Das Element Erde verleiht dem Magier sprichwörtlich die »Erdung«. In Mutter Erde findet sich alles Substanzielle wieder. Sie ist der Nährboden für unsere Nahrung und fungiert als Hüter und Beschützer der anderen Elemente. So ist das Element Erde sozusagen die Mutter allen Seins.

In anderen Kulturen und Religionen genießt sie einen deutlich höheren Stellenwert als bei uns. Ihr zu Ehren werden kleine Opfergaben gebracht, die zumeist aus den Feldfrüchten und deren Erzeugnissen bestehen. Mit natürlichen Gaben, wie Höhlen, Grotten, Bergen, Tälern und Seen, schenkt sie uns Menschen den Lebensraum. Das Element Erde mit seinen Bodenschätzen, wie Erzen, edlen Steinen, Gas und Öl, versorgt uns gut. Und alles, was in den Boden sinkt, wird von diesem Element umtransformiert. Altes zersetzt sich und lässt neues Leben gedeihen. Daher signalisiert die Erde den ewigen Kreislauf der Natur. Dieses Element gibt uns Halt und lässt uns die grobstofflichen Dinge wahrnehmen. Wenn sich etwas in der Magie manifestieren soll, dann steht uns das Element Erde mit seinen Eigenschaften kraftvoll bei.

Räuchern

Ich möchte Sie in die Kunst und Bedeutung des Räucherns einweihen und Ihnen einige der faszinierendsten Düfte vorstellen. Wenn Sie magisch arbeiten, esoterisch tätig sind, Karten legen, pendeln oder einfach nur meditieren, sollte das passende Räucherwerk nicht fehlen. Wir öffnen bei solchen Tätigkeiten sogenannte »Kanäle« und müssen uns vor negativen Energien schützen. Räucherwerk dient allerdings nicht nur als Schutz, sondern auch als Hilfsmittel, welches uns bei unseren Aktivitäten energetisch und aromatisch unterstützt. Es trägt mit seinem Rauch unsere Bitten und Gebete zu höheren Sphären. Wenn wir von Weihrauch sprechen, meinen wir damit meist das Olibanum. Das ist der klassische Weihrauch, welcher sich aus dem erhärteten Saft der Weihrauchpflanze bildet. Er gilt als einer der stärksten atmosphärischen Reiniger und wirkt daher entspannend und klärend. In der Antike wurde er für sakrale Zwecke verwandt. Selbst in der Bibel wird der Weihrauch erwähnt: »Und der Herr sprach zu Moses: Nimm Dir Duftstoffe, von jedem gleich viel und mache Räucherwerk daraus ...« In der indischen und tibetischen Heilkunde ist Weihrauch ein wichtiger Bestandteil. Es wird bei Atemwegserkrankungen, Darmbeschwerden, Infektionen und Hauterkrankungen genutzt. Auch eine stark entzündungshemmende Eigenschaft darf nicht außer Acht gelassen werden. Weihrauch eignet sich bestens (speziell das »Aurum Nero« – der schwarze Kirchenweihrauch) für die Anwendung bei magischen Ritualen. Weihrauch darf auf keinem Altar oder in keinem »Hexenhaus« fehlen.

Sehr spektakulär ist eine Räuchermischung namens »Kyphi«. Man fand es bei der Öffnung des Sarkophages von Tutenchamun. Auch nach so langer Zeit war der Geruch noch erhalten. Kyphi sagt man nach, dass es angenehme Träume und einen erholsamen Schlaf bringen soll. Kyphi besteht aus vielerlei Zutaten, wie Olibanum, Mastix, Zimt, Styrax, Iriswurzel, Myrrhe, Wacholderbeeren, Galgant, Zedernholz, Benzoe, Kalmus, Kardamom, Rosinen, Honig und Rotwein – um hier nur einmal die wichtigsten zu nennen.

Die ältesten bekannten Schriftstücke über das Räuchern in der Heilkunde sind ca. 5500 Jahre alt und auf Tontafeln in Keilschrift festgehalten. Schon damals kannte man die Vorzüge der Aromatherapie. Jedoch wissen viele Menschen nicht, dass sich unter dem Begriff »Weihrauch« viele Baumharze, Hölzer, Blüten sowie Räucherkompositionen verbergen. Es gibt etliche Variationen und Mischungen, deren einzelne Beschreibung hier den Rahmen sprengen würde. Im magischen Sinne beschrieb der berühmte Alchemist, Theologe und Arzt Agrippa von Nettesheim im 16. Jahrhundert in seinem Werk »De occulta philosophia« das Räuchern wie folgt: »Räucherungen, Opfer und Salbungen durchdringen alles und erschließen die Pforten der Elemente und der Himmel, dass der Mensch durch dieselben hindurch die Geheimnisse des Schöpfers, die himmlischen Dinge und was über den Himmeln ist, sehen und erkennen kann.« In seinen Werken findet man auch die Zuordnung des entsprechenden Räucherwerks zu den Planeten und deren Wochentage. Ich möchte Ihnen einige an die heutige Zeit angepasste Beispiele geben:

- **Sonne** – Wunschrituale (Sonntag)
  Weihrauch (Olibanum), Gummi Arabicum, Lorbeer, Safran, Sandelholz, Zimt, Wacholder, Eisenkraut, Myrrhe, Rosmarin, Angelikawurzel

- **Mond** – Reinigung (Montag)
  Myrrhe, Kampfer, Patschuli, Eukalyptus, Jasmin, Ylang Ylang, Ambra, weißes Sandelholz

- **Mars** – Erfolgsrituale (Dienstag)
  Galbanum, Aloeholz, Knoblauch, Kreuzkümmel, Drachenblut, Weißdorn, Fichte, Ingwer, Oponax

- **Merkur** – Prüfungsrituale (Mittwoch)
  Benzoe, Minze, Mastix, Nelke, Zimt, Eisenkraut, Myrte, Zitrone, Styrax, Lavendel, Wacholder

- **Jupiter** – Glücksrituale (Donnerstag)
  Salbei, Copal, Zeder, Eiche, Lavendel, Fünffingerkraut, Zimt, Nelke, Mastix, Styrax

- **Venus** – Liebesrituale (Freitag)
  Sandelholz, Damiana, Elemi, Kretischer Oregano, Ambra, Moschus, Rosenblütenblätter, Rosenholz, Styrax

- **Saturn** – Schutzrituale (Samstag)
  Myrrhe, Zypresse, Odermennig, Styrax, Nieswurz, Wacholderbeeren, Tabak

Da sich viele der klassischen magischen Räucherrezepturen unter anderem auch aus giftigen Pflanzen und psychoaktiven Substanzen zusammensetzen, bitte ich Sie um Ihr Verständnis, hier keine Angaben zu diesen Rezepturen machen zu können. Für Laien und nicht Eingeweihte könnte der Gebrauch unter Umständen sogar tödlich sein. Deshalb beschreibe ich hier nur Räucherrezepturen, welche bei ordnungsgemäßem Gebrauch unbedenklich sind!

In der klassischen Magie nutzen wir ausschließlich loses Räucherwerk. Räucherstäbchen haben häufig Beimischungen, die der magischen Arbeit sogar abträglich sein können, im Einzelfall sogar gesundheitsschädlich sind. Deshalb nehmen Sie, erst recht wenn Sie ernsthaft magisch tätig sein möchten, besser Abstand davon.

Besonders im Frühjahr haben Sie die Möglichkeit, viele Räucherpflanzen auch im eigenen Garten oder auf dem Balkon anzupflanzen. Rosmarin, Lavendel, Thymian, Salbei, – um nur wenige zu nennen – sind pflegeleicht und gedeihen auch unter einfachen Bedingungen. Wenn Sie die Kräuter trocknen wollen, stellen Sie einen Bund gleichartiger Kräuter zusammen und hängen sie kopfüber an einen trockenen und warmen Ort. Wenn Sie dazu Ihre Küche benutzen, haben Sie nicht nur eine schöne Dekoration, die Kräuter verbreiten auch einen angenehmen Duft. Nun aber zur Praxis!

Grundausstattung

- Feuerfestes Gefäß für Hausreinigung ∅ ca. 8–15 cm oder Räucherschale ∅ genauso oder Hexenkesselchen ca. 10–15 cm
- Sand (einfacher Sand, 1 Pckg. ist 2 bis 3 Kilogramm)
- 1 Stck. Rauchfasskohle (gibt es in Rollen zu 10 Stck. gepackt oder in vielen anderen Varianten zu kaufen)

Wie in der Grundausstattung genannt, benötigen Sie zunächst ein feuerfestes Gefäß. Für den Anfang reicht ein feuerfestes Schälchen aus der Küche aus. Wollen Sie gleich professionell arbeiten, so bekommen Sie in Esoterikgeschäften auch eine Vielzahl von diversen Räucherschalen und Hexenkesseln. Zunächst befüllen Sie das Gefäß zur Hälfte mit Sand. Danach legen Sie ein Stück Rauchfasskohle darauf und zünden diese an. Es gibt speziell mit einem Schnellzünder behandelte Rauchfasskohletabletten. Diese sind äußerst praktisch, da sie – einmal angezündet – von allein durchglühen, ohne dass Sie lange Luft zufächeln müssen. Meist knistern diese zu Anfang heftig, was von dem beigemischten Salpeter herrührt. Sobald das Knistern aufhört und die Kohle gut durchgeglüht ist, geben Sie etwas Räucherwerk darauf.

Grundsätzlich gilt es, nicht zu viel Räucherwerk auf einmal aufzulegen. Halten Sie sich an den Grundsatz, dass manchmal weniger mehr ist. Legen Sie lieber öfter einmal etwas Räucherwerk nach. In den letzten Jahren hat sich ein von mir nicht gerne gesehener Trend durchgesetzt, Räucherstövchen mit Metallsiebauflagen zu nutzen. Diese Gerätschaften machen auf den ersten Blick einen praktischen Eindruck, da keine Rauchfasskohle benötigt wird. Legt man auf die Siebe Harze zur Schmelze drauf, so bekommt man nach Erkalten der Harze diese kaum wieder von den feinen Metallsieben herunter. Häufig verbrennen sie zu schnell und es entsteht ein ekelhafter Geruch. In unserer modernen Zeit muss alles immer ganz schnell gehen, nur wenn Sie magisch arbeiten möchten, dann nehmen Sie sich bitte auch die Zeit dafür. Rauchfasskohle braucht zwar ein bisschen länger bis sie durchgeglüht ist, aber umso schöner kann das Räucherritual später erfolgsversprechend zelebriert werden.

Altaraufbau

Ein Altar sollte ausreichend groß sein, damit alle magischen Werkzeuge darauf Platz finden.

Es gibt unzählig viele Varianten, wie Ritualgegenstände platziert sein sollten. Je nach magischer Ausrichtung und Zugehörigkeit variieren die Angaben sehr. Ich beschreibe Ihnen hier eine klassische Anordnung der Utensilien. Ein quadratisches Tischchen, eine große Kommode oder andere Möbelstücke können als Grundlage genutzt werden. Darüber wird eine Decke ausgebreitet, die von der Farbe her, je nach Geschmack, für Ihre Ritualarbeit stimmig ist. Ich empfehle hier, ein Tuch zu nehmen, welches bis zum Boden das darunterstehende Möbelstück verdeckt. Am besten eignet sich ein neutraler dunkler Stoff. Der klassische Magier nutzt die Farben Rot, Schwarz und Weiß, persönlich bevorzuge ich ein tiefdunkles Blau oder Dunkelrot. Wünschenswert wären noch kleinere, einfarbige Tücher in mehreren Farben, damit sie passend zum jeweiligen Ritual auf das große Tuch aufgelegt werden können. Immer moderner werden auch mit einem Pentakel bedruckte Tüchlein oder aus Glas oder Metall gefertigte Platten, die ebenfalls ein Pentakel schmückt. Da ein Altaraufbau immer eine sehr persönliche Sache ist, bleibt es jedem selbst überlassen, für welche Art von Material er sich entscheidet. Nur der Grundaufbau mit den einzelnen, bereits in diesem Buch angesprochenen Utensilien bleibt gleich. In der Mitte wird die zentrale Altarkerze platziert. Diese sollte eine recht dicke Kerze sein, denn sie brennt ja immer während aller Handlungen mit. Die Mitte des Altars steht für das fünfte Element, den Äther und da dieser mit dem Feuer und dem Wasser als Analogie in Verbindung gebracht wird, drückt sich dies durch zwei gegensätzlich ineinander verschlungene Dreiecke aus, die zusammen ein Hexagramm ergeben. Dieses Salomon-Siegel hat eine hohe, geistige Schutzfunktion. Alles dreht sich darum und wird in ihm vereint. Um die Zusammenarbeit des im Äther enthaltenen Feuers und Wassers zu signalisieren, platziere ich meine Kerze auf einem blauen Untergrund, auch kann sie in eine niedrige, mit ein wenig Wasser gefüllte Schale gestellt werden.

Schutzkreis

Bevor mit einem magischen Ritual begonnen werden kann, sollte vorher ein richtiger »Arbeitsplatz« erschaffen worden sein. Dazu ist vor jeder weißmagischen Tätigkeit unbedingt ein Schutzkreis zu ziehen! Denn, indem wir die Tore zur Anderswelt öffnen, können wir etwas aussenden, aber dadurch können auch Energien und Wesenheiten zu uns finden. Deshalb sollte sich jeder magisch arbeitende Mensch dieses Hilfsmittel zunutze machen, um sich besser auf das eigentliche Ritual konzentrieren zu können.

Zunächst benötigen Sie einen Kompass und dann ermitteln Sie, wo sich Osten befindet und markieren die entsprechende Stelle. Bei Ritualen, die in der Natur abgehalten werden, kann man auf den Sonnenstand und die natürlichen Zeichen der Bäume zurückgreifen, um zu wissen, wo Osten liegt. In Räumlichkeiten wird es leicht zum Problem; man darf sich eines Kompasses behelfen. Markieren Sie, wo sich welche Himmelsrichtungen befinden. Klassisch werden dort große Altarkerzen zu Ehren der Elemente aufgestellt und angezündet. Auch das entsprechende Räucherwerk wird auf die gut durchgeglühte Rauchfasskohle aufgelegt.

Hier nun die vielfältigen Möglichkeiten einen Schutzkreis zu ziehen. Sie können dies mit dem Zauberstab tun oder auch mit einem Athame, dem Schwert, oder einen langen Schamanenstab dazu nutzen. Sobald Sie genügend Erfahrung damit haben, können Sie es wie die Profis machen. Diese ziehen den Schutzkreis durch die reine Kraft der Visualisierung und lassen den Energiestrom durch ihre Hände gebündelt und gezielt fließen. Wichtig ist jedoch, dass der Ritualplatz vorher symbolisch mit dem Besen gereinigt worden ist. Anschließend wird etwas Salzwasser versprenkelt, um auch die letzten, falschen Energien zu neutralisieren. Wir unterscheiden zwischen dem klassischen magischen Schutzkreis mit alchemistischen, astrologischen und althebräischen Zeichen und dem Kreis der Hexen, Druiden und Schamanen.

Beide erfüllen den gleichen Zweck, sind jedoch vollkommen unterschiedlich aufgebaut. Die Wirkung beider ist gleich, deshalb ziehe ich es vor, hier nur den Schutzkreis der Hexen zu beschreiben, da ein klassisch-magischer Kreis wesentlich aufwendiger ist und viel mehr Wissen und Erfahrung benötigt.

Um einen magischen Schutzkreis zu ziehen, benötigen Sie folgende Utensilien:

- Zauberstab, Athame oder Schwert
- Räuchergefäß
- Rauchfasskohle
- Räucherwerk, z. B. bestehend aus Weihrauch, Wacholderbeeren, Fichtenharz
- 4 große, weiße Altarkerzen
- Kompass
- Streichhölzer
- einen Kelch oder eine Schale mit Salzwasser
- Hexenbesen

Sollten Sie noch andere Menschen an dem Ritual beteiligen wollen, so bitten Sie diese, sofern sie dem Ritual dienlich sein können, mit in die Mitte des Kreises. Niemand sollte den Kreis, bevor er wieder geöffnet wird, verlassen! Dies ist sehr wichtig, sonst werden wertvolle Energien hinausgetragen und die Grenzen des Kreises unnötig durchbrochen. Stellen Sie sich in die Mitte des Kreises, wenden Sie sich nach Osten und öffnen Sie mit nach oben gerichteten Handinnenflächen die Arme. Halten Sie dabei den Zauberstab in der rechten Hand. Rufen Sie nun die Elemente wie folgt an:

1. Die Anrufung des Elements Luft

»Ich rufe an die Wächter des Ostens,
die Geschöpfe der Luft,
die Herrscher der Winde und Stürme,
und Dich – Erzengel Raphael,
bitte steht mit Eurer luftig, wehenden Kraft diesem Ritual bei.«

Verneigen Sie sich in Richtung Osten und ziehen Sie dann symbolisch mit dem Zauberstab das erste Viertel des Kreises nach. Stellen Sie sich dabei vor, wie ein heller Strahl aus der Spitze des magischen Utensils hervorschießt und Sie förmlich sehen können, wie sich eine gebogene Linie zieht. Nun stehen Sie automatisch gen Süden. Nun wird das zweite Element hinzugebeten.

2. Die Anrufung des Elementes Feuer

»Ich rufe an die Wächter des Südens,
Herrscher des Feuers und Dich – Erzengel Michael,
mit Deiner reinigenden Flamme,
bitte steht mit Eurer lodernden, hitzigen Kraft diesem Ritual bei.«

Nachdem Sie sich erneut verneigt haben, wird wie zuvor eine Vierteldrehung des Kreises mit dem Zauberstab gezogen. Nun stehen Sie Richtung Westen und gehen genauso wie bei den anderen Elementen vor.

3. Die Anrufung des Elementes Wasser

»Ich rufe Euch, Wächter des Westens,
Herrscher des Wassers – der Meere, Flüsse und Seen,
und Dich – Erzengel Gabriel,
bitte steht mit Eurer fließenden Energie diesem Ritual bei.«

Nun wird sich wieder verneigt und wie zuvor mit dem Stab eine Vierteldrehung beschrieben. Dann stehen Sie in Richtung Norden und gehen wie bereits beschrieben vor.

4. Die Anrufung des Elementes Erde

»Ich rufe Euch, Wächter des Nordens,
Herrscher der fruchtbaren Erde,
und Dich – Erzengel Uriel,
bitte steht mit Eurer mächtigen, erdenden Kraft diesem Ritual bei.«

Nach der letzten Vierteldrehung stehen Sie nun wieder in Richtung Osten. Dies wird nun magisch verschlossen.

5. Das Tor im Osten verschließen

Versiegeln Sie das Tor mithilfe Ihres Zauberstabes mit einer dreifachen nach links drehenden Spirale, welche Sie symbolisch mit dem Zauberstab in die Luft malen.

6. Das Ritual Ihrer Wahl

Nun ist es so weit, das eigentliche Ritual zu beginnen. Je nachdem, was Sie bezwecken möchten, finden Sie in diesem Buch eine Vielzahl von Ritualanleitungen zu vielen Wünschen und Möglichkeiten. Nachzusehen auf den Seiten 178 bis 273. Ist das Ritual dann durchgeführt, können Sie den Schutzkreis in umgekehrter Reihenfolge, entgegen dem Uhrzeigersinn wieder öffnen. Dies geht wie folgt:

7. Die Verabschiedung des Elementes Erde

Drehen Sie sich nach Norden und sprechen Sie:

> »Wächter der Erde – Erzengel Uriel,
> ich entlasse Euch aus diesem Kreis und danke für Euren Beistand.«

8. Die Verabschiedung des Elementes Wasser

Drehen Sie sich nach Westen und sagen Sie:

> »Wächter des Wassers – Erzengel Gabriel,
> ich entlasse Euch aus diesem Kreis und danke für Euren Beistand.«

9. Die Verabschiedung des Elementes Feuer

Drehen Sie sich nach Süden und sprechen Sie:

»Wächter der Luft – Erzengel Michael,
ich entlasse Euch aus diesem Kreis und danke für Euren Beistand.«

10. Die Verabschiedung des Elementes Luft

Drehen Sie sich gen Osten und sagen Sie folgende Worte:

»Wächter der Luft – Erzengel Raphael,
ich entlasse Euch aus diesem Kreis und danke für Euren Beistand.«

Den Schutzkreis wieder öffnen

Mit einer leuchtenden, dreifach-rechtsdrehenden Spirale öffnen Sie das Tor im Osten mithilfe des magischen Zauberstabes.

Nun ist der Schutzkreis aufgehoben und auch alle anderen etwaigen Teilnehmer können selbigen jetzt durch das virtuelle Tor im Osten verlassen.

Augen in der Magie

Haben Sie schon einmal darüber nachgedacht, wie vielen Menschen Sie bisher in ihrem Leben in die Augen geschaut haben? Ich denke, es werden Tausende gewesen sein und Sie werden unbewusst einiges wahrgenommen haben, worüber Sie sich bisher vielleicht noch nie Gedanken gemacht haben! Die Augen sind der Spiegel zur Seele und sie können viel mehr, als manch einer vermuten mag. Dieses Wunderwerk der Natur spielt seit jeher eine große Rolle in der Magie. Sie werden symbolisch benutzt, um zu schützen, Unglück abzuwenden, zu fokussieren und sind in der Visualisierungsarbeit ausgesprochen wichtig, da diese Arbeit sich vor dem sogenannten »Dritten Auge« abspielt.

Aus dem alten Ägypten ist uns das »Horusauge«, auch »Udjat-Auge« genannt, bekannt. Es symbolisiert das Auge des Himmelsgottes Horus, welches er in einem Kampf mit der Gottheit Seth verlor. Die anderen Götter jedoch halfen ihm und gaben ihm sein Auge heil wieder. Daher kommt der Name »Udjat«, was soviel heißt wie »vollständig, gesund«. Es besitzt eine große Zahlenmystik und steht seitdem für den Schutz gegen Krankheiten und den bösen Blick. Überall in Ägypten findet man dieses Auge: an Türen, als Schmuck, auf Gräbern und Papyrusrollen.

Nicht weniger bekannt sind im asiatischen Raum die allsehenden Augen Buddhas. Besonders spektakulär und schön gemalt sieht man sie auf den Wahrzeichen des Buddhismus, in Nepal und Tibet. Diese Bauten nennt man »Stupa«. Traditionell blicken diese Augen von allen vier Seiten der Stupa auf die Menschen und sollen beschützen und behüten. Vier Seiten deshalb, weil jede Stupa unter anderem auf den Gesetzen der Elemente (Feuer, Erde, Wasser und Luft) aufgebaut ist und somit die Kraft derer mit einbezogen wird.

Auch in Indien gibt es eine landestypische Besonderheit: das

»Shivaauge«. Es wird häufig aus einem speziellen »Augenachat« geschliffen, ein besonders schön gemaserter Naturachat, der nach dem Schleifen ausschaut wie ein mystisches Auge. Shivaaugen werden aber ebenso aus den Gehäusen der »Turbanschnecke« – einem Meerestier – gewonnen. Zu Lebzeiten schützt sich die Turbanschnecke mit einem Deckelchen, das sie zumacht, sobald ein Feind in der Nähe ist. Stirbt das Tier, fällt dieses »Türchen« ab, welches bei Tauchgängen gefunden wird und der Schmuckherstellung dient. Nach Bearbeitung des Gehäuses stellt es auf der einen Seite ein Auge dar, auf der Rückseite eine Spirale, die symbolisch für unsere DNA steht und den Code des Lebens beinhaltet. Da auch die Spirale als solches ein Schutzsymbol darstellt, ist dies sicherlich ein Talisman der besonderen Art. An Ketten oder als Ring getragen ist es ein wunderschönes Schmuckstück mit hoher Symbolik.

Im gesamten Orient kennt man »Das Auge der Fatima«. Oft als Hand mit einem Auge abgebildet findet man es in vielerlei Schmuckstücken wieder. Vom einfachen Glas bis zum kostbarsten Juwel ist alles vertreten. Schon Kleinkindern wird es mit in die Wiege gelegt, da sie laut Aberglauben besonders gefährdet sind. Meist sind diese Augen dunkel- oder hellblau. Dies kommt vom Glauben her, dass besonders Menschen mit blauen Augen gegen den bösen Blick geschützt sind.

Auch Mutter Natur macht sich die Kraft der schützenden Augen zunutze. Zum Beispiel das Tagpfauenauge, eine Schmetterlingsart, hat auf seinen Flügeln riesige Augen dargestellt, um Fressfeinde abzuhalten. Kommt ein Feind auf ihn zu, breitet er seine Flügel aus und zeigt die Augen, sodass der Gegner schnell Reißaus nimmt. Auch Nachtfalter, Motten und andere Insekten beherrschen diese Kunst in Perfektion. Man nennt dies auch Mimikry, wenn ein Tier sich das Aussehen des anderen zunutze macht.

Auch in der Heilkunst gehören Augen zu den aussagekräftigsten Organen der Menschen. Die Irisdiagnostik kann uns Aufschluss über jede Funktion des Körpers oder der Seele geben. Sind diese gestört oder beeinträchtigt, spiegelt sich dies sofort in der Iris wieder. Ein guter Heilpraktiker kann dann Empfehlungen und Medikamente verschreiben, um den Körper und den Geist wieder in Einklang zu bringen. Nach einiger Zeit wird der Genesungsprozess sich ebenfalls in der Iris darstellen. Augen stehen also für den »Durchblick«, die »Weitsicht«, »Einsicht« und »Sichtweisen«, die sich – Gott sei Dank – so facettenreich darstellen können. Der Augen-zu-Augen-Kontakt ist wohl der magischste Moment zwischen zwei Menschen. Er wird sowohl bei der Hypnose angewandt als auch in der Begegnung eines Liebespaares. Sofort verraten uns die Augen, ob ein Mensch willensstark, schwach, fröhlich, traurig oder nervös ist. Herzensmenschen können auch mit den Augen lachen, kalte Menschen nur mit dem Mund.

An der Blickrichtung erkennt man, ob ein Mensch die Wahrheit spricht oder fantasievoll Geschichten erfindet. Aber die Augen erzählen wesentlich mehr, als der Mund es jemals könnte. Dies alles können wir noch leicht erkennen, nur ein bestimmtes Auge und deren Fähigkeiten bleiben uns verborgen. Es ist nicht auf Anhieb zu sehen, das »Dritte Auge«. Es steht eng im Zusammenhang mit der Zirbeldrüse des Menschen und diese regelt gewisse Hormonvorgänge im Körper des Menschen. Man spricht im spirituellen Rahmen über eine »Öffnung des dritten Auges«, was nichts anderes bedeutet, als, grob gesagt, eine gewisse Erleuchtung zu bekommen, um andere Bewusstseinsebenen und feinstoffliche Vorgänge »sehen« zu können.

Aber das Wort »Erleuchtung« hat auch hier wieder einen erklärbaren Zusammenhang. Alte Lehren berichten, dass die Zirbeldrüse (Drittes Auge), welche sehr stark auf Licht reagiert, früher beim Menschen weiter außen lag. Dies gibt es bei einigen Lebewesen heute noch, die äußerst sensibel auf das Sonnen- oder Mondlicht reagieren. Zum Beispiel die Palolowürmer in der Südsee, die sich nur nachts und zu bestimmten Jahreszeiten im Meer alle auf einmal im Küstenwasser zeigen. Das heißt im Klartext, dass Menschen, Tiere und Pflanzen das Licht spüren, ohne es mit den Augen – so wie wir es als normales Sehen kennen –, sehen zu müssen. Interessant und nachdenkenswert ist die Tatsache, dass in vielen Fällen Hellseher, Schamanen oder andere spirituell arbeitende Menschen schlecht sehen können. Man vermutet, dass sie die anderen Menschen mehr mit dem Herzen wahrnehmen als mit den Augen. Ihnen wird vom

Universum nur das wesentliche gezeigt. Antoine de Saint-Exupéry schuf den berühmten Satz: »Man sieht nur mit dem Herzen gut!« Die Wahrheit geht immer über die Herzensebene.

In der Magie ist es durchaus üblich, sich durch die Augen anderer Lebewesen ein Bild zu verschaffen. In früherer Zeit wurden Raben an weit entfernte Orte ausgesandt, damit sich der Auftraggeber einen Überblick über eine Situation oder eine Person machen konnte. Durch die wunderbare Fähigkeit des Tieres, an fast jeden Ort zu gelangen und im Flug Wege zu sehen, die uns Menschen vom Erdboden aus meist verborgen bleiben, sind sie die idealen Späher der Magie. Sie helfen uns durch ihren scharfen Blick und ihre Intelligenz und warnen uns vor herannahendem Unheil, indem sie wie wild kreischen. Meist schließen sie ein Leben lang Freundschaft mit uns. Aber genauso gut können Sie vom Magier als Späher missbraucht werden.

Hier möchte ich Ihnen eine Technik näherbringen, die seit Jahrtausenden genutzt wird, um das Seelengesicht des Menschen zu erkennen. Wie wir alle wissen, hat jeder Mensch eine äußere Fassade, den Körper, den wir sehen. Doch sein inneres Gesicht, – das unsichtbare Seelengesicht – kann sich sehr von dem äußeren unterscheiden. Manchmal verbirgt sich hinter einem Frauengesicht eher ein Gesicht mit männlichen Zügen, manchmal hinter einem eher kantigen Gesicht ein zartes weibliches. Bei einigen Menschen ist es sogar ein eher androgynes geschlechtsloses Antlitz. Beschreibungen über androgynes Aussehen finden sich sehr häufig bei Engelserscheinungen. Ihnen wird eine hohe spirituelle Entwicklung zugewiesen. Man spricht dann von einer ganz »alten Seele«.

Seelengesichterkennung

Um das Seelengesicht einer anderen Person zu erkennen, wenden Sie folgende Übung an. Doch holen Sie sich bitte zunächst das Einverständnis des Anderen ein. Achten Sie darauf, sich in einer harmonischen Atmosphäre zu befinden.

Setzen Sie sich gegenüber und sehen Sie dem anderen auf die Nase, genau auf die Stelle, an der normalerweise der Mittelsteg der Brille sitzt, da wo einige Menschen einen kleinen Höcker auf der Nase haben.

Lassen Sie die Augen so stehen und schauen Sie so, als ob Sie an der Stelle durch den Menschen hindurchschauen würden. Bewegen Sie die Augen nicht von dieser Stelle weg. Nach etwa 30 Sekunden beginnt das Antlitz ihres Gegenübers zu verschwimmen. Nach und nach wird das Seelengesicht immer deutlicher. Für geübte Personen geschieht dies bereits nach wenigen Sekunden, Anfänger benötigen etwas mehr Zeit. Gehen Sie gelassen vor. In Anspannung und Hektik wird es nicht funktionieren. Wenn Sie dann plötzlich das »wahre Gesicht« erblicken dürfen, werden Sie Ihr Gegenüber im wahrsten Sinne des Wortes mit anderen Augen betrachten!

Sie werden staunen, so haben Sie einen Menschen noch nie gesehen. Ich finde es sehr schön, wenn sich zum Beispiel hinter dem Gesicht einer Greisin ein junges Mädel verbirgt. Erkennen Sie und entdecken auch Sie, welches Seelengesicht Ihr Partner oder Ihre Partnerin hat. Sie werden überrascht sein! Diese Übung ist nicht nur interessant, sondern kann uns helfen, den Partner besser zu verstehen, der uns manchmal wie ein unbekanntes »Wesen« vom anderen Stern erscheint.

Mit dieser Technik schulen Sie spielerisch Ihr Drittes Auge und geben somit ihrer Feinfühligkeit anderen Lebewesen gegenüber mehr Freiraum. Hervorragend geeignet sind auch unsere vierbeinigen Mitbewohner, denn auch Hunde und Katzen haben ein Seelengesicht – und dies ist meistens sehr, sehr alt und weise!

Vor Selbstversuchen mit dem eigenen Spiegelbild rate ich anfangs dringend ab. Dies ist nur geübten Personen vorbehalten und sollte aus autosuggestiven Gründen nicht von Laien ausgeführt werden. Es bedarf großer Erfahrung, um sich aus Trancezuständen allein wieder in die Realität zurückholen zu können. Üben Sie dies lieber mit Freunden oder der Familie.

Ich wünsche Ihnen beim Üben des »Magischen Blickes« viel Freude und ein gutes Gelingen mit vielen Ein- und Aussichten!

Haare in Magie und Hexentum

Seit Jahrtausenden spielen Haare in der Magie eine besondere Rolle. Haare sind unsere feinstofflichen Antennen. Laut alten Überlieferungen hat sich keine Hexe freiwillig ihre Haare abschneiden lassen. Schon in der Bibel spiegelt sich die mystische Bedeutung von Haaren wieder. Die Geschichte von Samson und Delila ist wohl eine der bekanntesten. Samson hatte seine Kraft durch seine lockigen Haare erhalten und besiegte somit manchen Gegner. Niemand wusste dies, bis Delila ihm auf geschickte Art dieses streng gehütete Geheimnis entlockte. Des Nachts schor sie ihm das Haupt kahl, um den nun kraftlosen Samson an die Philister auszuliefern. Die Philister nahmen Samson gefangen, blendeten ihn und machten ihn zu ihrem Sklaven.

Auch bei den Römern galt das Haar als Symbol des Lebens und der Willenskraft. Alle berühmten griechischen Helden trugen »goldenes« Lockenhaar. Starb einer dieser Helden, opferten Frauen ihre kostbare Mähne zwecks Ausdruckes ihrer Trauer. Ebenso bei den germanischen Gottheiten gibt es Überlieferungen, in denen Haare symbolisch eine Rolle spielen. So ist Sif, Göttin der ehelichen Treue und Vollkommenheit, auch Gemahlin von Thor, durch ihr goldenes Haar bekannt. Ihr wurde böse mitgespielt durch den Gott des Hasses und Neides mit Namen Loki. Er schnitt ihr das goldene Haar ab, worauf ein heftiger Streit mit Thor entbrannte. Er zwang Loki, als Entschädigung, das abgeschnittene Haar durch echtes Gold zu ersetzen und seitdem steht dieses wunderbar schimmernde Haar auch als Symbol für reifes Korn und Getreide.

Der ägyptischen Göttin Isis sowie der indischen Göttin Kali sagt man nach, dass sie angeblich durch das Flechten oder Lösen ihrer Haarpracht das Wetter bestimmen konnten. Im Mittelalter führte man sogar das Haareabschneiden als Strafe ein. Während der Zeit der Inquisition wurden den Hexen, bevor sie verurteilt wurden, als Erstes die Haare abrasiert, weil man in dem irrigen Glauben war, dass sie mit offenen Haaren Katastrophen herbeiführen, Stürme entfesseln, ja sogar Dämonen herbeirufen konnten. Davor hatte die Kirche Angst, also wurden die Haare vor der Gerichtsverhandlung einfach abgeschnitten. Besonders verfolgt wurden junge Frauen mit rotem Haar. Diese galten immer schon als Hexen, weil das feurige Haar für den Teufel stand. Widersprüchlicherweise war es aber auch den Frauen im Mittelalter verboten, sich die Haare zu schneiden! Der wohl berühmteste Fall betrifft die Heilige Jungfrau von Orleans – auch Jeanne d'Arc genannt, die sich ihre Haare abschnitt. Sie wurde von der Kirche zum Tod auf dem Scheiterhaufen verurteilt, weil einer der Anklagepunkte lautete: »Diese Frau ist eine Abtrünnige, weil sie sich das Haar, das ihr von Gott als Schleier geschenkt wurde, vor der Zeit abschnitt!« Verheirateten Frauen wurde im Mittelalter von der Kirche verboten, ihr Haar öffentlich zu zeigen. Grundsätzlich signalisierten kurze oder geschorene Haare, dass ein Mensch ein Unfreier oder Bauer war. Lange Haare standen für einen höheren Stand. Jedoch christliche und buddhistische Mönche rasierten sich das Haupthaar, um die vollkommene Entsagung zum Irdischen zu demonstrieren.

Der Aberglauben rund um das Haar entstand im Mittelalter und hält sich bis in die heutige Zeit: Zum Beispiel, dass man Kindern im ersten Lebensjahr nicht die Haare schneiden durfte, sonst würden sie nicht schlau oder man abgeschnittenes Haar nicht einfach wegwirft, weil sonst ein Vogel, der es zum Nestbau verwenden könnte, dem Menschen eine Krankheit, die sich grauer Star nennt, zukommen lässt. Nun ja, ich persönlich denke nicht, dass die gefiederten Freunde an solchen Krankheiten Schuld tragen, sondern dass ganz andere Gründe, wie zum Beispiel unsere Lebensumstände und erblich bedingte Schwachpunkte, dazu beitragen.

Gerne pflegen wir auch heutzutage noch die Tradition, die erste Locke des Kindes oder eine Haarsträhne des Partners wie ein Amulett bei uns zu tragen. Eine richtige Hexe wird ihr Haar niemals schneiden, denn es sind unsere »Antennen« zur feinstofflichen Welt! Interessant ist es auch zu beobachten, zu welchen Frisuren Menschen ihre Haare gestalten. Sehr häufig kann man das Temperament oder auch die Intention der Person daran erkennen. Eine wuschelige Löwenmähne steht für einen hohen Freigeist und Kraft, ein eher unauffälliger Pagenkopf mehr für die Gradlinigkeit und Ruhe, während der aufmüpfige Punker sich von der Gesellschaft mit seiner bunten, extravaganten Frisur deutlich abheben möchte. Die Haarfarbe findet man auch immer im Märchen wieder, wo sie eine besondere Symbolik einnimmt. Da gibt es die Goldmarie, die das positive Gute darstellt und die Pechmarie mit ihrem schwarzen Haar die Faulheit und das Negative. Den Teufel mit den drei goldenen Haaren genauso wie die liebliche Rapunzel, die ihr langes blondes Haar aus dem Turm fallen lässt, damit ihr Prinz sie erretten kann und die Geschichte doch noch zum »Happy End« führt. Auch im Sprachgebrauch finden wir viele Redewendungen, die damit in Verbindung stehen. Manchmal betrachten wir etwas »haargenau« oder neigen dazu etwas »haarklein« zu analysieren, geraten zeitweilig in »haarige Situationen« oder betreiben in Diskussionen »Haarspalterei«! Im schlimmsten Fall wachsen so manchem »Haare auf den Zähnen« und manchmal könnte man sich »vor lauter Wut die Haare ausrupfen«. In fast allen Kulturen spielt das Haar eine faszinierende Rolle und das meine ich sprichwörtlich, denn dieses Wort ist lateinischen Ursprungs und kommt von »fascinare« also von »ver- oder bezaubern« her.

Im Ritualteil dieses Buches finden Sie bei der magischen Erstellung der »Witchbottle« ein Ritual, für das Sie ein wenig Ihres eigenen Haares benötigen. Dadurch wird jedem Anwender die große Bedeutung und Kraft der Haare bewusst.

Symbolik des Ringes

Ringe haben seit alters her eine große Bedeutung in der Magie. Auf der ganzen Welt schenkt man sich Ringe für die Treue, aus Freundschaft oder als Zeichen der Zugehörigkeit. Ein Ring hat keinen Anfang und kein Ende und symbolisiert die Ewigkeit. Im alten Rom wurde nur der Frau ein eiserner Ring geschenkt. Dies hatte die Bedeutung, dass die Frau vergeben war und die Mitgift empfangen hatte. Wir würden es heute quasi als Verlobungsring betrachten. Bei Ausgrabungen fand man auch erste Inschriften in Ringen. »Pignus amores habes«, was so viel bedeutet wie »Du hast meiner Liebe Pfand«. Das Volk durfte bis zu Kaiser Hadrians 76 – 138 n. Chr. Zeiten ausschließlich eiserne Eheringe tragen. Hadrian verfügte dann über den Entschluss, dass auch die einfachen Bürger von nun an schlichte goldene Ringe als Zeichen der Treue tragen durften. Dieser schöne, alte, römische Brauch wurde im Jahre 600 n. Chr. von den Christen übernommen. Der Ring als Zeichen der Treue gewann bereits um 1200 n. Chr. so an Bedeutung, dass eine bischöfliche Anordnung den jungen Männern untersagte, einem Mädchen im Scherz einen Ring an den Finger zu stecken. Schließlich verstärkte man im 14. und 15. Jahrhundert noch die bindende Kraft des Ringes, indem man ihm einen unlösbaren »Liebesknoten« aus Golddraht zufügte. In vielen Sagen und Märchen finden wir die starke Symbolik des Ringes wieder.

Bei den alten Germanen schenkte Siegfried seiner Brunhilde einen Ring. Das tragische Ende der Nibelungen, sei auf Siegfrieds Treuebruch und den Ring zurückzuführen, denn er erlangte nur die Macht des Welt beherrschenden Ringes, indem er auf die Liebe verzichtete. In Tolkiens »Herr der Ringe« ist bislang in unübertroffener Art die mystische Symbolik des Ringes beschrieben, denn alle magischen Eigenschaften des Kreises lassen sich hier wieder finden.

Besonders interessant ist ein Ring aus dem Jahre 1150, der sogenannte »Paußnitzer Ring«. Er beinhaltet eine alte Form der irischen Geheimschrift, die bereits seit dem 9. Jahrhundert nach Christi bekannt war. Buchstaben wurden so verdreht angeordnet, dass nur sein Träger den wahren Inhalt kannte. Eine Folge mystischer und christlicher Zahlen ergibt die Zahlenfolge drei und vier sowie den Satz »+ Naine Mi XPS« (Christus), was soviel bedeutet wie »Verneine mich Christus«. Doch gänzlich wurde weder über den Ringträger noch über deren Bedeutung etwas bekannt.

Die Zugehörigkeit durch einen Ring zu demonstrieren zeigt sich auch in vielen literarischen Werken. So wurde ein Roman: »Die Geschichte der O.« weltberühmt durch einen wie ein Sklavenhalsband mit einer kleinen Öse geformten Ring, den auch heute noch viele Liebhaber einer bestimmten erotischen Richtung tragen, um zu signalisieren, welche partnerschaftlichen Praktiken sie bevorzugen.

In einem ägyptischen Grab wurde 1860 ein seltsam gestalteter Ring gefunden, den man auch »Ring der Schützer« oder »Ring von Atlantis« nennt. Angeblich wurde er von den Atlantern angefertigt. Seine geometrischen Zeichen sollen einen besonderen energetischen Schutz aufbauen und seinen Träger für feinstoffliche Sphären öffnen ebenso wie die Wahrnehmung harmonischer Energien verstärken. Oft wurde dieser Ring von verschiedenen Forschungsinstituten untersucht und jedes Mal stellte man tatsächlich eine besondere Ausstrahlung fest. So verhielt es sich auch bei Nachbildungen aus anderen Materialien, denn der ursprünglich gefundene Ring war aus Sandstein. Letztendlich bleibt nur die Tatsache, dass ihm die grafischen Muster seine Ausstrahlung gewährleisten. Metaphysisch betrachtet weckt er das Verständnis für die komplizierten Zusammenhänge der Natur und der heiligen Geometrie. Auch Ohrringe wurden als Erkennungszeichen und Zahlungsmittel genutzt. Seefahrer, fahrendes Volk, Musikanten und Heimatlose trugen goldene Ohrringe, die für den Pfarrer und das christliche Begräbnis als Zahlungsmittel dienten, wenn sie verstarben.

Wir kennen alle den Ausdruck: »Ein Schlitzohr zu sein«. Dies kommt von der alten Tradition, als im Mittelalter einem Handwerksgesellen bei jeglichem Regelverstoß gegen die Zunft der Ohrring als Zeichen der Zunftszugehörigkeit, ausgerissen wurde. Auch Betrügern und Dieben soll im Mittelalter das Ohr geschlitzt worden sein. Das Ergebnis war dann für jedermann sichtbar: »Achtung! Das ist ein Schlitzohr!«

Kräuter, Bäume, Pflanzen und Wurzeln

Natur- und Hexenheilkunde

Susanne Klimt in einem Oratorium von Kutna Hora in der Tschechei

Durch altes, überliefertes Wissen haben sich im Hexentum, dem naturheilkundlichen- und medizinischen Bereich einige Schätze der Natur positiv wie auch negativ hervorgehoben. Einige Bäume, Kräuter, Pflanzen und Wurzeln werden in ihren Eigenschaften und Wirkungen beschrieben. Doch alle Helfer von Mutter Natur, welche von Hexen und Naturheilkundigen benutzt werden hier aufzuführen, wäre zu viel, deshalb beschränke ich mich auf diejenigen, die uns leicht zugänglich, äußerst dienlich oder äußerst giftig sind.

Bitte beachten Sie: Einige der nachfolgend beschriebenen Pflanzen sind hochgiftig! Sie gehören absolut nicht in die Hände von Laien! Die Beschreibungen beruhen auf uralten Mythen und abergläubischen Heilweisen, aus Zeiten, in denen vieles noch als harmlos galt, was heute medizinisch gesehen sehr exakt als pures Gift ausgewiesen ist.

Bitte beachten Sie: im Ungewissen oder im Krankheitsfalle sofort einen Arzt zu konsultieren!

Bitte beachten Sie: Halten Sie Kinder und Tiere von giftigen Pflanzen fern und handeln Sie bitte niemals eigenmächtig, bei Erkrankungen jeglicher Natur! Dies ist ausschließlich Ärzten und Heilpraktikern vorbehalten!

Wichtiger Hinweis: Die Beschreibungen stellen keine geeignete Anleitung zur Selbstmedikation dar, um eine bestehende Behandlung durch einen Arzt oder Heilpraktiker abzubrechen oder zu ersetzen. Rezepturen für Medikamente, Therapien oder Beratung unterliegen ausschließlich Ärzten, Apothekern und Heilpraktikern. Alle Angaben sind Teil alten Hexenwissens und erfüllen nicht die Voraussetzung zu einer Therapieanweisung. Eigenbehandlungen mit Heilkräutern sollten immer zuerst mit einem Arzt oder einer anderen entsprechend qualifizierten Person abgeklärt werden, um eventuelle Unverträglichkeiten oder Allergien auszuschließen. Alle Informationen zu Heilpflanzen vermitteln Ihnen in diesem Buch nur einen allgemeinen Überblick über die Verwendung von Heilpflanzen und können keinesfalls eine Beratung durch Arzt, Apotheker oder Heilpraktiker ersetzen. Schadenersatzansprüche sind ausgeschlossen. Der Vollständigkeit halber und um Verwechselungen mit ungiftigen Pflanzen auszuschließen, werden auch die Pflanzen vorgestellt, die giftige Bestandteile enthalten. Von einer Verwendung, sie medizinisch oder sonst wie gesundheitsschädigend einzusetzen, ist dringend abgeraten!

Ich bitte die werten Leser dies zur Kenntnis zu nehmen!

Sagenumwobene magische Pflanzen

Alraune (Mandragora officnarum)

Eine der sagenumwobensten Wurzeln in der Magie ist die Alraune. Sie zählt zur Familie der Nachtschattengewächse und findet heute noch Verwendung in vielen Hexenrezepturen sowie magischen Ritualen. Um kaum eine andere Pflanze ranken sich so viele Mythen und Legenden. Und so ist es nicht weiter verwunderlich, dass sie innerhalb der faszinierenden Welt der Pflanzen das Geheimnisvolle und Lockende schlechthin verkörpert. Sie ist eine der zauberkräftigsten Pflanzen überhaupt, obwohl sie vom Äußeren her keinen besonderen Eindruck macht. Aber wie so oft ist das Unscheinbare, Nichtssagende dasjenige, welches die meiste Kraft entfalten kann. Die Kraft der Alraune liegt unter der Erde in ihrer Wurzel verborgen.

Die Germanen nannten sie Alruna, was von der großen sagenumwobenen Prophetin Alruna – der römische Schriftsteller Tacitus berichtete von dieser – abgeleitet war. Runa ist ein gotisches Wort und bedeutet soviel wie »Geheimnis«. Es hat sich in abgewandelter Form bis heute erhalten. Wenn jemand etwas leise und geheimnisvoll spricht, sagen wir auch »Raunen« dazu.

In Russland nennt man diese Pflanze auch »adamowa golowa« (Adamshaupt) oder »pevenka trava« (das Kraut, was schreit). Die Isländer nennen sie Diebeswurzel. Auch findet man im Hebräischen die Pflanze unter dem Namen Jebruchin oder Duduim wieder. Priester nutzten sie zwecks kultischer Handlungen.

Im Mittelalter wurde die Alraune wegen ihrer Verbindung mit den Hexen fast ausgerottet. Man ließ zu damaliger Zeit die Alraunen von Hunden mit einem schwarzen Fell ernten und verstopfte sich vorher sorgfältig die Ohren, denn es hieß, wer den Schrei der Alraune hört, stirbt kurze Zeit später. Man band dem armen Hund ein Seil an den Schwanz und das andere Ende an die etwas frei gegrabene Alraune und lockte ihn sodann mit einem Leckerbissen zu sich. Auf diese Weise zog der Hund dann die Alraune aus dem Boden. Nun wurde sie mit Rotwein abgewaschen, in ein rotes Seidenkleidchen gehüllt und in ein Kästlein gelegt. Abends gab man eine Münze hinzu und die Alraune sollte das Geld des Besitzers vermehren. Eine Alraunenwurzel wird innerhalb von Familien von Generation zu Generation weitervererbt, traditionell immer an den jüngsten Sohn. Derjenige, in dessen Besitz sich eine Alraune befindet, ist laut Überlieferung vor Unheil ein Leben lang geschützt. Sie bringt Glück, Geld, Liebe und Kindersegen ins Haus.

Warnung! Diese Pflanze ist giftig! Bitte tragen Sie bei der Ritualarbeit mit einer Alraune immer Handschuhe! Und bitte sicher vor dem Zugriff von Kindern und Tieren aufbewahren!

Wenn Sie sich eine Alraune zulegen wollen, finden Sie diese in gut sortierten Gärtnereien. Verkauft werden diese Nachtschattengewächse allerdings nur als Jungpflanzen im Topf. Im getrockneten Zustand als Wurzel ist der Verkauf in Deutschland wegen der hohen Giftigkeit und halluzinogenen Wirkung verboten. Dies ist auch gut so, denn nur erfahrene Biologen und Toxikologen sollten damit umgehen! Dennoch bleibt die Alraune das Hexengewächs Nummer eins und als lebende Pflanze auf Balkonien oder im Garten schön anzusehen.

Andererseits gibt es viele Stauden für den Garten frei im Handel zu kaufen die nicht minder giftig sind, wie z. B. der Fingerhut (Digitalis) oder das Eisenkraut. Nun, wie wir erkennen, ist die Regelung der Giftpflanzenzuordnung in Deutschland noch verwirrend.

Daher sehe ich es für wichtig an, darauf zu achten, dass Kinder, unwissende Menschen und Tiere damit nicht in Kontakt geraten können. Sollten Sie also Ihre eigenen magischen Pflanzen im Garten anbauen, so sorgen Sie bitte immer dafür, dass ein ausreichender Zaun das Beet umgibt!

Mistel (Viscum album)

Sie ist eine alte, magische Pflanze mit vielfältigen Kräften. Die Kelten bezeugten der Mistel höchste Verehrung und sie wurde als »All-Heilerin« betrachtet. Diese Verehrung erstreckte sich auch auf den Baum, auf dem sie wuchs, besonders dann, wenn es sich um eine Eiche handelte. Eine Eichenmistel wurde von den Druiden im Rahmen einer großen Feier, am sechsten Tage nach Neumond vom Baum geholt, indem einer von ihnen auf den Baum kletterte und sie mit einer geweihten Sichel, die nur für die Mistelernte bestimmt war, abschnitt. Unter dem Baum stand ein Helfer, der mit einem weißen Tuch die abgeschnittene Mistel auffing. Misteln dürfen nach altem Glauben niemals den Boden berühren, denn dann verlieren sie ihre Kraft! In diesem Tuch eingewickelt wurde Sie dem Hohepriester übergeben.

Sie wirkt laut Überlieferung gegen vielerlei Gifte und soll auch unfruchtbare Tiere fruchtbar machen. Außerdem hat die Mistel Macht über den Nachtmahr (Alp, Gespenst), denn man glaubt, dass sie nur auf Ästen wächst, auf denen ein Nachtmahr jemals gesessen hat. Die Mistel wirkt bannend gegen negative Kräfte und zieht positive Energien an. Sie ist seit jeher dem Mond und der Sonne geweiht und fördert zudem die Intuition und Hellsicht.

Probieren Sie es aus. Mischen Sie die getrockneten Blätter der Pflanze sparsam in Ihre Rauchwerkmischung. Sie werden sehen, dass sich Visionen bei der Zukunftsschau klarer erkennen lassen. Immer häufiger findet sich die Mistel als zusätzliche Substanz in den medizinischen Präparaten in der Krebstherapie wieder. Ihre heilsame Wirkung ist mittlerweile dokumentiert und in naturheilkundigen Kreisen hoch geschätzt.

Rose (Rosa, Rosaceae)

Die mit der Rose verknüpfte Symbolik ist vielleicht die reichste und komplexeste die mit irgendeiner Pflanze verbunden wird. Traditionell assoziiert man sie mit Venus, der Göttin der Liebe und Schönheit. In der Rose verbirgt sich die Geometrie des Pentagramms. Symbolisch wurde das Zeichen der Rose oft genutzt, um in Geheimsprachen und Zeichen auf bestimmte Schwingungen aufmerksam zu machen. Betrachten Sie einmal so manche Kirche. Dort findet sich die Rose in fast jedem Kirchenfenster wieder.

Auch die Vereinigung der Rosenkreuzer nutzte die starke Ausstrahlung dieser Pflanze für ihr Zeichen. Den Freimaurern dient unter anderen heute noch eine weiße und eine rote Rose als Erkennungszeichen bei ihren Treffen. Im religiösen Sinne treten die Rosen immer wieder in Erzählungen um die Mutter Maria auf. Sie wird assoziiert mit dem blühenden Rosenbusch und steht als Zeichen der wahren Liebe. Auch bei Erscheinungen von Heiligen stellt sich oft parallel dazu ein starker Rosenduft ein. Der berühmte Pater Pio litt sein ganzes Leben lang unter ständig blutenden Stigmata. Ihn umhüllte immer ein ausgeprägter Rosenduft. Lange nach seinem Tod und bis heute ist es so geblieben, tauchen immer wieder Berichte auf, die von einem seltsamen Rosenduft im Kloster erzählen. Die Menschen sagen, dass er ihnen, in ihrer tiefsten Not gerufen, heute noch als Geistwesen erscheint.

Rosenöl ist unerlässlich in der weißen Magie. Es wird bei allen Partnerschafts- und Liebeszaubern angewandt. Sogar eine einfache Rosenräucherung wirkt stark antidepressiv und aphrodisisch. Hervorragend eignet sich dafür ein wunderbarer Rosenweihrauch vom

Berg Athos in Griechenland. Dieser wird nach alten Rezepturen von den Mönchen produziert. Ein Weihrauch der Rosenblüten stellt eine warme, weiche Atmosphäre her, in der Milde, Güte und Verständnis gedeihen können. Die Rose symbolisiert die Herzensliebe, die liebevolle Zuneigung und vermittelt inneren Frieden. Sie hilft beim Loslassen schmerzhafter Erinnerungen und wirkt beruhigend, entspannend und gegen Nervosität. Richten Sie Ihr nächstes Bad mit Rosenöl und Rosenblüten angereichert her, und Sie werden ein Fest der Sinne erleben.

Rose von Jericho

Diese Pflanze sieht aus wie ein vertrocknetes Büschel. Legt man sie in eine Schale und übergießt sie mit lauwarmem Wasser, so geschieht etwas Unglaubliches. Sie erwacht zu neuem Leben!

Aus dem vertrockneten Büschel wird wieder eine grüne Pflanze. Nach etwa zehn Tagen sollte man Sie wieder eintrocknen lassen und ihr eine Ruhepause von zwei Monaten gönnen. Danach kann man dieses Schauspiel beliebig oft wiederholen. Das hat ihr den Namen Auferstehungspflanze eingebracht. Denn sie wurde von den Kreuzrittern und Pilgern aus dem heiligen Land mit nach Europa gebracht. Dort wird die Rose von Jericho als heilige Pflanze verehrt. Die Jungfrau Maria soll sie auf der Flucht von Nazareth nach Ägypten gesegnet und ihr ewiges Leben gegeben haben.

Vieles an guter Hilfe wird ihr nachgesagt, wie dass sie Ungeziefer fernhält oder unters Bett gelegt bei Schlafstörungen hilft. In früheren Jahrhunderten legten Hebammen die Rose ans Bett der werdenden Mutter und ließen sie erblühen, denn nach altem Brauch heißt es, wenn die Rose aufgeblüht ist, dann ist auch das Kind geboren.

Seit alters her ist es nun Tradition geworden, die Rose von Jericho von Generation zu Generation in den Familien weiterzugeben. Genauso blieb die schöne alte Sitte erhalten, bevor man die Pflanze mit Wasser übergießt, eine kleine Überraschung, sprich einen Ring oder ein kleines Schmuckstück hineinzugeben. Kleinere Kinder können es kaum fassen und staunen, wie die Pflanze etwas so Kostbares in sich tragen kann.

Traditionell lässt man die Rose zu Weihnachten und Ostern aufblühen und es heißt, dass derjenige, in dessen Besitz sie sich befindet, mit Glück gesegnet sein soll.

Wacholder (Juniperus)

Seine Beeren lassen sich auf vielfältige Art zubereiten. Den Herren dürfte vor allem der Gin bekannt sein. Dieses stark alkoholische Getränk wird aus Wacholderbeeren destilliert. In der Naturheilkunde werden die Beeren als Tinktur bei Gelenksbeschwerden eingesetzt. Zerstoßen und gekaut helfen sie bei Mundgeruch.

Im magischen Gebrauch soll der Wacholderstrauch vor bösen Geistern und negativen Übergriffen schützen. Deshalb wurden so viele dieser Büsche auf Gräber gesetzt, damit niemand die Totenruhe des Verstorbenen stören konnte. In Pestzeiten räucherte man mit dem Holz Häuser und Ställe aus. In vielen Kulturen aller Herren Länder werden Wacholderzweige verbrannt und zum Klären und Reinigen genutzt, um besser mit der feinstofflichen Welt in Verbindung zu treten. Zusammen mit Beifuß als Räucherwerk ist diese Kombination unschlagbar.

Kräuter

Ackerschachtelhalm (Equisetum arvense)

Schachtelhalm wird nicht ohne Grund auch »Zinnkraut« genannt. Die grünen Sommertriebe dieser Pflanze eignen sich vorzüglich, um damit Zinn-, Messing- oder Kupfergeschirr zu polieren.

In der Medizin findet sich eine Vielzahl von Rezepturen gegen allerlei Beschwerden. Wegen seines hohen Kieselsäuregehaltes stärkt er das Bindegewebe. Im Handel sind viele fertige Präparate zu erwerben, die mit einem gewissen Gehalt an Zinnkraut angereichert sind. Von Selbstmedikationen und Zubereitungen einer Arznei rate ich jedoch ab, weil der Schachtelhalm einen nicht unerheblichen Teil an Giftstoffen enthält. Dies wird besonders deutlich, wenn man weiß, dass dieses Kraut, wenn es von einem Pferd gefressen wird, das Tier ins Taumeln versetzen kann!

Bitte handeln Sie niemals eigenmächtig, außer Sie nutzen die Triebe zum Putzen Ihres Zinngeschirrs. In traditionellen Kräutersträußen gehören immer ein paar Zweige des Zinnkrautes mit eingearbeitet. Sie wehren Verhexung und negative Beeinflussung ab.

Angelikawurzel (Angelica archangelica)

Der Sage nach hat der Erzengel Raphael diese Pflanze auf die Erde gebracht, deshalb hat sie auch den Namen Engelwurz bekommen. Die Angelikawurzel ist eine starke Schutzpflanze, die unsere spirituellen Kräfte verstärkt und uns mit Engelsenergien in Verbindung bringen kann. Für den einen mag das bedeuten, tatsächlich Begegnungen mit Engeln zu erleben, Engelsvisionen zu haben oder Botschaften von Engeln zu empfangen oder auch, ohne etwas zu sehen oder zu hören, spürbar eine segensreiche Macht wahrzunehmen. Für den anderen mag es heißen, im Einklang mit seinem höheren Selbst zu sein. Engelwurz wird auch dazu verwendet negative Einflüsse abzuwehren. Im Mittelalter wurde die Angelikawurzel gegen schwarze Magie, Hexen, Geister und Kobolde sehr häufig geräuchert. Weil es im mittelalterlichen Denken so viele dieser bösen Geister abzuwehren galt, wurde die Pflanze dabei fast ausgerottet.

Arnika (Arnica montana)

Als Tinktur ist Arnika unschlagbar bei Zerrungen, Muskelverhärtungen und stumpfen Verletzungen. Jedoch sollte Arnikatinktur immer stark verdünnt angewandt werden.

Als Talisman oder Amulett getragen, sollen die Blüten der Pflanze energetisch ausgleichend und beschützend sein.

Augentrost (Euphrasia officinalis)

Wie der Name schon sagt, ist er Trost und eine große Hilfe bei vielen Augenleiden. Nehmen Sie einen Esslöffel getrockneter Blätter auf einen halben Liter Wasser. Kochen Sie dieses 10 Minuten. Nach dem Abkühlen ist der Sud fertig. Danach nimmt man ein sauberes Tuch und wäscht damit vorsichtig die Augenlider ab. Wahre Wunder können Sie hier bei müden Augen erwarten.

Bärlapp (Lycopodium clavatum)

Als Hexenpflanze ist er sehr beliebt, weil seine Sporen ins Feuer geworfen wie ein Feuerwerk verbrennen. Daher wird er oft bei Ritualen eingesetzt. Auch Feuerspucker nutzen Bärlappsporen für ihre Shows.

Baldrian (Valeriana Officinalis)

Nicht ohne Grund nennt man ihn auch «Katzenkraut«. Der intensive Geruch zieht Katzen an und die Tiere scheinen sich regelrecht in diesem Duft zu ergehen. So aufregend diese Heilpflanze für Katzen erscheinen mag, so beruhigend wirkt sie als Medizin bei menschlichen Wesen. Von der Pflanze selbst wird nur die Wurzel zu pflanzlichen Heilmitteln verarbeitet. Bei Nervosität, Schlaflosigkeit als auch psychosomatischen Beschwerden kann der Baldrian ausgleichend und beruhigend wirken.

Die Zubereitung eines Tees aus den getrockneten Wurzeln sollte man jedoch dem Apotheker überlassen, da die Pflanze nicht ganz ungiftig ist. Außerdem verfügt der Handel über eine große Vielzahl an Präparaten, sodass man auf ausgewogene fertige Produkte zurückgreifen sollte.

Im Mittelalter wurde dem Baldrian eine sehr mystische Bedeutung beigemessen. Bei gar manchen Ritualen fand er seinen Einsatz, so auch gerne als Talisman bei Liebeszaubern, was sich bis heute erhalten hat. Auch als Amulett gegen Böses und Augenerkrankungen wurde er symbolisch in kleinen Säckchen mitgeführt.

Beifuß (Artemisia vulgaris)

In Ritualen findet der Beifuß vielseitige Verwendung. Er soll vor bösen Geistern schützen und Häuser vor Naturkatastrophen, wie Gewitter, Hagel und Blitz, behüten. Als Räucherpflanze hat er reinigende Eigenschaften, die bereits die indianischen Stämme Nordamerikas kannten. In der Johannisnacht werden aus ihm Gürtel gefertigt, die später nach den Feierlichkeiten dem Sonnenwendfeuer übergeben werden. In einem Beutelchen bei sich am Körper getragen, soll er helfen Stärke und Ausdauer zu fördern.

Beinwell (Symphytum officinale)

Seit Jahrtausenden besitzt der Beinwell in der Naturheilkunde einen hohen Stellenwert. Seine Blätter ebenso die Wurzel helfen bei Venenleiden, Prellungen, Zerrungen, Schwellungen, Blutergüssen, Knochenhautentzündungen, Knochenbrüchen u. v. m. Durch die enthaltenen Allantoine wird er auch in der Kosmetikindustrie in vielen Aknecremes verwendet. Klassisch jedoch werden die Blätter als Auflage bei stumpfen Verletzungen genutzt. Dazu rollt man mit einem Nudelholz und kräftigen Druck die frischen Blätter so lange ab, bis der Pflanzensaft leicht austritt. Danach werden die Blätter direkt als Auflage auf die schmerzenden Stellen gelegt. Die Wurzel wird sowohl frisch als auch getrocknet angewendet. Frisch wird diese in einem Mörser so lange verrieben, bis ein Brei entsteht. Selbigen gibt man auf ein sauberes Leinentuch und legt die Packung mit dem Brei direkt auf die zu behandelnde Stelle. Im getrockneten Zustand muss die Wurzel für etwa 20 Minuten aufgekocht werden und erst dann kann sie aus der mittlerweile breiig gewordenen Masse ebenfalls als wunderbare Packung gegen Verstauchungen, Zerrungen und Prellungen angewandt werden.

Doch Vorsicht, legen Sie Beinwell niemals auf offene Wunden, da er Pyrrolozidinalkaloide enthält, die nach neuesten Erkenntnissen krebserregend sein können. Deshalb sollte die Anwendung ausschließlich auf die Behandlung von stumpfen Verletzungen ohne offene Wunden erfolgen! Der lateinische Name Symphytum officinale kommt nicht von ungefähr! Im lateinischen bedeutet »symphein« etwas zusammenwachsen zu lassen. Da der Beinwell in früherer Zeit als unterstützendes Heilmittel bei Knochenbrüchen galt, bekam er auch den Namen »Wallwurz«. Das Wort wallen bedeutet nichts anderes als zusammenheilen.

Im magischen Sinne soll ein Stück der Wurzel des Beinwells bei sich getragen Glück und Schutz auf Reisen bringen!

Brennnessel (Urtica dioica)

Diese häufig als Unkraut bezeichnete Pflanze ist eine der wirksamsten gegen Rheuma und Artrithis. Schon im Mittelalter benutzte man die abgeschnittenen Stängel als eine Art Geißel, um die Haut und die Durchblutung zu stimulieren. Der brennende Schmerz wird ausgelöst durch Ameisensäure, die in den winzigen Haaren der Nessel enthalten ist. Als Tee getrunken, hilft sie bei Erkrankungen der Blase und Niere. Als Nahrungsmittel kann man aus ihr Gemüse, wie eine Art Spinat zubereiten, Pfannkuchen backen und eine sehr schmackhafte Suppe kochen. Natürlich werden dazu nur die ganz jungen Triebe und Spitzen genutzt, die wesentlich weniger von der starken Säure beinhalten.

Um günstige Bekleidung herzustellen, kann man aus den Fasern der Nessel den Nesselstoff weben. In Krieg- und Notzeiten trugen viele, arme Menschen Hemden aus Nesselstoff. Im Märchen von Hans Christian Andersen namens »Die wilden Schwäne« musste die arme Königin sieben Hemden aus Nesseln weben und nähen, um ihre sieben Brüder zu erlösen.

Die Brennnessel ist für den Naturkundigen ein gutes Indiz für die Bodenbeschaffenheit. Meist befindet sich darin ein hoher Anteil an Stickstoff. Aber nicht nur die Bodenbeschaffenheit kann sie uns anzeigen, sondern nach altem Glauben auch den Gesundheitsstand eines Menschen. Früher legte man eine Brennnessel mitsamt der

Wurzel in den Urin des Kranken. Blieb sie grün, so wies dies auf eine baldige Genesung. Zerfiel die Pflanze, wurde sie braun oder schrumpfte sogar zusammen, dann war es um den Kranken nicht so gut bestellt. An diese mittelalterlichen Tests sollte man sich heute nicht mehr halten, es gibt sicherere und aussagekräftigere Diagnoseverfahren.

In der Magie nutzt man diese Pflanze für allerlei Liebeszauber, denn man sagt ihr nach, dass sie als Speise zu sich genommen, die Lust steigere.

Damiana (Turnera diffusa)

Bei den Indianerstämmen Mittel- und Südamerikas wird dieses Kraut oft als Tabakersatz genutzt. Es wirkt luststeigernd und als Räucherwerk stimmungsaufhellend auf die Seele. In der indianischen Heilkunde ist es ein beliebtes Mittel gegen Asthma. In Mexiko wird es als Trank für Potenzsteigerung zubereitet. Da diese Pflanze zu den halluzinogen wirkenden Stoffen gehört, sollte sie nur in minimalen Mengen im Räucherwerk eingesetzt werden.

Efeu (Hedera helix)

Obwohl es verschiedene Arten von Efeu gibt, gehe ich nicht näher darauf ein, denn jeglicher Efeu ist in seiner Wirkung und Eigenschaft in etwa gleich.

Ein Efeu ist immer auf der Suche nach Nähe. Er braucht einen Halt, wo er sich anlehnen und emporranken kann. Nicht ohne Grund wird in der weißen Magie diese Pflanze auch mit Partnerschaft assoziiert. Und nicht ohne Grund findet man auf vielen alten Grabmalen, Sarkophagen und Gedenksteinen eingemeißelte Efeublätter. Das Efeu steht für die Verbundenheit, auch über den Tod hinaus. Deshalb symbolisiert der Efeu genau wie der Ring auch Treue und Liebe.

Gerne nutzt man es noch heute als Orakel. Ich sage Ihnen wie: Man nehme eine flache Schale, befülle diese mit Wasser und lege zwei Efeublätter auf die Wasseroberfläche. Lassen wir es einige Stunden ruhen. Nun sehen wir nach, ob diese Blätter zueinander getrieben sind oder nicht. Wenn sie miteinander ganz eng in der Schale schwimmen, steht einer treuen und engen Partnerschaft nichts mehr im Wege und der Herzensmann wird die Liebe bald mit Heirat und Verlobung besiegeln. In vielen Ländern darf der Efeu in einem Brautstrauß auf gar keinen Fall fehlen.

Eisenkraut (Verbena officinalis)

Das Eisenkraut wird in der Magie eingesetzt, um virtuelle, auch eingebildete Fesseln zu sprengen. In Analogie zu Eisen, vergleicht man die Pflanze mit der Stärke des Metalls. Schmiede gaben früher Eisenkraut mit ins Wasser, um das Metall noch härter zu machen.

Als magische Schutzpflanze findet das Eisenkraut vielfältigen Einsatz. Im Hause aufgehängt, soll sie vor bösen Geistern und Unwetterschäden schützen. Als ob eine eherne Kugel über das Haus gestülpt wird.

Die Pflanze selbst ist sehr widerstandsfähig und in der Naturheilkunde sehr beliebt. Diese Widerstandskraft soll sich nach altem Glauben auch auf den Patienten übertragen. Eisenkraut stärkt das Immunsystem, hilft bei entzündlichen Nasennebenhöhlen und Schleimhautproblemen, stärkt die Verdauungsorgane, lässt Migräne abklingen, hilft äußerlich als Tee oder Sud bei der Behandlung von Wunden und war auch in der Frauenheilkunde sehr beliebt. Die Druiden nutzten das Eisenkraut, um sich mit der Anderswelt in Verbindung zu setzen, während auf römischen Jupiteraltären Eisenkraut ausgelegt wurde. Bei Hexen und Magieren ist es in fast jedem Zaubertrank zu finden und wird häufig für Liebes- und Sexualmagie angewandt. Als Räucherwerk soll es Erfolg, Wohlstand und Schutz bringen.

Fenchel (Foeniculum vulgare)

Vom Geschmack her lässt sich der Fenchel ein wenig mit Anis vergleichen. Seit Jahrtausenden hat er sich als Tee getrunken bei Blähungen und Husten sehr bewährt. Er findet Verwendung in Backwerk und eignet sich auch hervorragend als Gemüse.

Im magischen Gebrauch wird der Samen genutzt, um von einer Person Flüche und auferlegte Zauber zu beseitigen und zu verbannen.

Fenchel ist nach alter Tradition ein potenzsteigerndes Mittel. Deshalb darf es in keinem Liebestrank fehlen. Einfach ein wenig Fenchelpulver oder Samen zum Essen oder in Brot eingebacken, können den Liebsten in ungeahnte Ausdauer und Energie bringen.

Frauenmantel (Alchemilla Vulgaris)

weitere Namensbezeichnungen: Taumantel

»Das Kräutlein treibt ein rundes Blatt
wie keines ringsherum es hat.
Mit zierlich eingekerbtem Rand
ist für den Tau es angespannt,
Recht als ein Schälchen hingestellt,
in welches Perl' auf Perle fällt.

So hebt es auf des Himmels tau,
der niedersinkt auf Flur und Au',
Manch Elflein gegen Morgen kommt,
das dürstet, dem zu trinken frommt,
schöpft aus dem Schüsselchen und spricht:
Ein bess'res Labsal gibt es nicht!«
(*Johannes Trojan*)

Wie Recht der Dichter mit diesen wunderbaren Worten hatte. Der Frauenmantel (Alchemilla Vulgaris), auch Frauentrost, Taubecher, Alchemistenkraut oder Muttergottesmantel genannt, ist vielseitig einsetzbar.

Im naturheilkundlichen Sinne hilft er als Tee bei allerlei Frauenleiden, wie Menstruationsbeschwerden und Hitzewallungen in den Wechseljahren. Hebammen gaben Schwangeren während des Geburtsvorganges Tee aus Frauenmantel zu trinken, um die Geburt zu erleichtern und nach der Geburt, um eine schnellere Blutstillung zu erreichen. Außerdem regt Frauenmanteltee den Milchfluss der Mutter an. Äußerlich angewandt hilft Frauenmantel als Sitzbad bei Weißfluss und als Umschlag bei Ekzemen und Furunkeln.

Doch nicht nur Frauen, auch die Herren der Schöpfung profitieren von dieser Heilpflanze. Sie hilft bei Kopfweh, stärkt das Herz, wirkt durchblutungsfördernd und beruhigt die Nerven bei Schlaflosigkeit und Nervosität.

Von den Alchemisten bekam er den Namen »Alchemilla«. Sie sahen in dem von den Blättern aufgefangenen Tau eine Reagenz zur Erstellung des Steins der Weisen. Symbolisch gesehen zieht diese Pflanze das Wasser aus dem Erdreich und gibt es durchflossen mit der großen Heilkraft an den Himmel wieder ab. Daher auch noch der Name »Himmelstau«. Die Tröpfchen wurden vorsichtig gesammelt und in den alchemistischen Laboratorien diversen Rezepturen zugeführt, um den »Stein der Weisen« herzustellen.

Als wundersame Heilpflanze wird der Frauenmantel auch heute noch gegen vielerlei Krankheiten eingesetzt. Im Räucherwerk wirkt er in der Kombination mit Ringelblume und hellem Weihrauch äußerst wohltuend und beruhigend.

Goldrute (Solidago)

Sie ist dem heiligen Sankt Laurentius von Rom geweiht. Aufgrund ihrer heilenden Eigenschaften findet sie Verwendung als Blasen und Nierenmittel. In Räucherungen, zusammen mit Tannennadeln und Himbeerblättern, wirkt sie reinigend und erfrischend in Räumen mit abgestandener Energie.

Heidekraut (Calluna vulgaris)

Heidekrauttee hilft vorzüglich bei Erkrankungen der Harnwege. Als Heilbad eingesetzt lindert es rheumatische Beschwerden und hilft bei Ekzemen.

In der Magie wird das Heidekraut als Räuchermittel benutzt. Es hat ähnliche Eigenschaften wie der Lavendel. Für reinigende und klärende Räucherungen ist es ebenso geeignet wie für die Förderung der Kommunikation zwischen dem Menschen und der geistigen Welt. Ein kleines Heidekrautbüschel unters Kopfkissen gelegt soll schöne Träume bringen und Wünsche wahr werden lassen.

Hirtentäschel (Bursa pastoris)

Ein Aufguss oder Tee aus Hirtentäschel hat eine blutstillende Eigenschaft. Dies ist seit Jahrhunderten der Volksmedizin bekannt. Allerdings sollten Schwangere diesen Sud nicht einnehmen, da er wegen seiner zusammenziehenden Eigenschaft wehenfördernd sein kann. Bei Menstruationsbeschwerden ist dieser Tee jedoch sehr hilfreich. Wird er nach Absprache mit dem Arzt oder Apotheker genau nach Verordnung eingesetzt, entfaltet er eine ausgleichende Wirkung und bringt die Menstruation ins Gleichgewicht. Selbst ein verrückt-spielender Blutdruck wird sich so harmonisieren.

Früher gaben Kräuterfrauen und Hexen den Frauen getrocknetes Hirtentäschel zur Zubereitung eines Sudes mit. Im magischen Glauben soll Hirtentäschel jungen Frauen helfen, Gefühle zu zeigen und die Scheu vor Emotionen zu lösen.

Holunder (Sambucus nigra)

Dieser Strauch ist ein richtiger Schatz! Eine riesige Apotheke, die Mutter Natur uns schenkt und die bei sehr vielen Leiden hilft. Dies sah auch der berühmte Hippokrates so, denn er nannte den Holunderbusch »Medizinschrank«. Auch alle anderen Promis des alten Griechenlands, wie Plinius der ältere, Dioskurides und Theophrastus von Eresos, huldigten ihm. Später beschrieben Paracelsus, Hieronymus Bock und Thomas von Aquin vielfältige Rezepturen.

Holundersaft hilft zur Stärkung des Immunsystems.

Doch Vorsicht! Holunderbeeren sind im rohen Zustand giftig!

Holundertees entschlacken und wirken abführend. Bei Fieber und Erkältungskrankheiten wirken sie schweißtreibend und durch den hohen Gehalt an Vitamin C auch antioxidativ. Aus den Blättern wird eine Salbe gegen Prellungen, Quetschungen und Wunden hergestellt. Doch gehen wir noch ein Stück weiter in der Vergangenheit zurück.

Der Name Holunder stammt von der germanischen Göttin »Holla«. Laut Überlieferung ist der Holunderbusch der Sitz dieser Göttin. In den Grimmschen Märchen wird sie dann Frau Holle genannt. Der Glaube an diese Göttin war vor allem in Süddeutschland, im Elsass und der Schweiz sehr verbreitet. In manchen Regionen hieß sie auch Frau Perchta. Der Glaube an die gütige Göttin war so stark, dass es strikt verboten war, einen Zweig vom Holunder abzubrechen. Wer es dennoch tat, würde sich des Zornes der Göttin nicht erwehren können, es hieß, sie würde denjenigen solange verfolgen, bis er stirbt.

Da ausschließlich gute Geister im Holunderbusch wohnen, sollte man die Geister vorher um Erlaubnis und Verzeihung bitten, wenn man einen Holunder fällen muss. Am besten tut man dies, indem man ihnen einen neuen Holunder pflanzt und ihnen diesen als neue Behausung anbietet. Viele Menschen achten diese Überlieferungen, deshalb befinden sich auch heutzutage noch viele uralte Holunderbüsche an alten Bauernhöfen und Häusern. Der Holunder beschützt mit seinem guten Wesen Heim und Hof und hält Negatives fern.

Der große Heidedichter Hermann Löns schrieb:

»Vollmond scheint in mein Fenster,
der Himmel sternenklar blinkt,
im blühenden Nachbargarten
laut eine Nachtigall singt.

Der weiße Holunder duftet
schwer in mein Zimmer hinein,
auf meines Bettes Kissen
fällt der Mondenschein.

Die Nachtigall singt im Garten,
hell ist der Mondenschein,
schwer duftet der Holunder
und ich bin so allein.«

Die tiefere Botschaft liegt darin, dass der Dichter um die alten Geschichten wusste und die Nachtigall nur singt, wenn sie paarungswillig auf Brautschau ist. Dies tut sie mit Vorliebe im Holunderbusch sitzend. Er beschreibt in seinem Gedicht, dass er so alleine ist und ich denke, dass auch er so wie die Nachtigall vielleicht gerne eine passende Partnerin betört hätte.

Hopfen (Humulus lupulus)

Im weißmagischen hat der Hopfen in vielen Fruchtbarkeitszaubern eine große Bedeutung und wird oft bei Liebes- und Partnerschaftszaubern genutzt. Besonders im slawischen Raum gab man Brautsträußen und Hochzeitsgeschenken symbolisch einige Hopfenzapfen zu. Laut Tradition sollte dies reichen Kindersegen bringen. So sind auch viele Hexentränke bekannt, die als Tee mit Honig vermischt wie ein natürliches Aphrodisiakum wirken. Doch die Inhaltsstoffe des Hopfens können noch viel mehr!

Speziell zubereitet kann er auch das Gegenteil von Lust bewirken, denn die in ihm enthaltenen Hopfenbitterstoffe sind beruhigend und verhelfen zu einem guten Schlaf. Eine schöne Variante stellt das Hopfenkissen dar, das Sie auch selbst anfertigen können. Nehmen Sie ein kleines Kissen mit den Maßen 40 x 40 cm. Dieses wird mit den Hopfenzapfen gefüllt und des Nachts neben das Kopfkissen gelegt. Die guten ätherischen Öle wirken wie ein entspannendes Schlummerlied auf unsere Seele.

Für Frauen stellt diese vielseitige Pflanze nach neuesten, medizinischen Erkenntnissen einen wunderbaren Östrogenersatz dar. Vielseitig einsetzbar kann er sogar als Auflage bei Prellungen, Gliederschmerzen und Muskelzerrungen dienen. Dazu nimmt man eine

Handvoll Hopfenzapfen und übergießt diese in einer Metallschüssel mit kochendem Wasser. Nach etwa 15 Minuten nimmt man ein sauberes Küchen- oder Leinentuch und gibt die nun gut durchgeweichten Blüten in selbiges. Nach dem Auspressen und Abkühlen legt man das »Hopfenbreipäckchen« auf die betroffene Stelle und deckt das Ganze noch einmal mit einem trockenen Tuch ab. Mindestens 1 Stunde sollte der Wickel auf der betroffenen Stelle verbleiben.

Doch Hopfenrezepturen sollten nicht bei Schwangeren oder Kindern unter 12 Jahren angewandt werden!

Im Aberglauben sagt man wegen des starken Wuchses der Pflanze, dass, wenn man sieben Hopfenstecklinge mit einigen Haaren der eigenen Person vergräbt, die Haare auf dem Kopf wieder genauso schnell anfangen zu sprießen, wie der Hopfensteckling wächst!

Huflattich (Tussilago farfara)

Bei Erkrankungen der Atemwege ist der Huflattich ein wichtiges Heilmittel. In der Antike nutzte man den Huflattich, der auf Kohlen lag, die aus der Zypresse geräuchert wurden. Eingeatmet half das Mittel gegen Asthma und Verkrampfungen der Bronchien. Auch Hildegard von Bingen und Paracelsus priesen die guten Eigenschaften dieses Heilkrautes. Bei schamanischen Sitzungen hilft diese Pflanze, böse und negative Energien einfach »auszuhusten«. Auch spielt die Pflanze im magischen und traditionellen Denken eine wichtige Rolle. Sie soll sprichwörtlich gesehen einem Menschen frischen Wind und neues Leben einhauchen.

Ein frei fließender Atem ist nicht nur für die magische Tätigkeit, sondern auch für jeden Körper eines Menschen sehr wichtig. Nur so können die Energieströme im Körper ungehindert und harmonisch fließen.

Der Name Huflattich stammt von der Form der Blätter, die einem Pferdehuf ähneln. Im Beutelchen bei sich getragen soll er das Glück anziehen.

Kamille (Matricaria chamomilla)

Die »echte Kamille« ist ein richtiger »Tausendsassa« in der Medizin! Wohl kaum eine Pflanze kann bei so vielen Erkrankungen hilfreich sein. Sie ist entzündungshemmend, beruhigend, antibakteriell und hilft innerlich und äußerlich angewandt. Ihre Blüten verströmen einen einzigartigen Geruch. Als Tee hilft sie bei Verdauungsbeschwerden, nervösen Leiden, Menstruationsbeschwerden, Blasen- und Nierenbeschwerden und soll sogar bei Gicht helfen. Äußerlich als Tee oder Tinktur kann sie Wunden schneller abheilen lassen und als Mundspülung bei Zahnfleischbluten sehr hilfreich sein. Früher sagte man, dass man mit dünnem Kamillentee bei Augenentzündungen Waschungen vornehmen kann. Davon rate ich ab. Ohnehin ist medizinisch erwiesen, dass Kamille auf gar keinen Fall bei Augenleiden angewandt werden soll, denn sie wirkt leicht reizend und würde alles nur verschlimmern. In der magischen Bedeutung jedoch heißt es nach altem Brauch, kann die Kamille den Liebenden die Augen füreinander öffnen und verspritzt man etwas Tee im Schlafzimmer, so soll es die Leidenschaft anregen. Als eine der Sonne zugeordneten Pflanze sagt man ihr symbolisch gesehen nach, dass sie bei negativer Verstimmung der Seele helfen kann. Wer gerne um Geld spielt, sollte stets ein wenig Kamille ins Spielkasino mitnehmen. Nach altem Brauch soll Kamille Geld und Gold anziehen.

Lavendel (Lavandula angustifolia)

Im magischen Sinne wird Lavendel zur energetischen Reinigung genutzt und wirkt in Räucherungen stark desinfizierend, reinigend und klärend. Er besänftigt unsere Gefühle, beruhigt und entspannt unsere Nerven, vertreibt schlechte Gedanken und böse Geister. Es entsteht eine Atmosphäre von Reinheit, Frische und Ordnung und der Seelenhaushalt kommt wieder ins Gleichgewicht. Auf der spirituellen Ebene hat er die Fähigkeit, positive Kräfte anzuziehen.

Außerdem wehrt geräucherter Lavendel Mücken und Motten ab.

Liebstöckel (Levisticum officinale)

Man gab ihm viele Namen wie »Maggikraut«, »Luststecken« und »Liebrohr«. Dies nicht ohne Grund! In gekochtem Zustand erinnert er stark an Maggiwürze und ist daher als Suppengewürz nicht mehr aus unseren Küchen wegzudenken. In rohem Zustand erinnert er leicht an Sellerie und gibt so vielen Speisen eine interessante Würze. Im magischen Denken kommt der Liebstöckel in vielen Hexentränken zum Einsatz. Er soll die Lust und Anziehung steigern und somit den oder die Geliebte anziehen. Gibt man Liebstöckel ins Badewasser, so soll er eine sehr erotisierende Eigenschaft besitzen. Früher pflanzten die unverheirateten Burschen gerne der Angebeteten ein Liebstöckel Pflänzchen in den Garten, um ihr Interesse auf sich zu richten.

Löwenzahn (Taraxacum)

Unter dem Namen »Pusteblume« landläufig bekannt, bringt der Löwenzahn viele gute Eigenschaften mit. Er wirkt harntreibend und regt den Gallefluss an. Zudem reagiert der gesamte Stoffwechsel positiv auf diese meist als Unkraut verkannte Pflanze. Der lateinische Name »Taraxacum« leitet sich vom griechischen Wort »taraxis«- Augenentzündung ab. In der Antike nutzte man diese Pflanze gegen allerlei Augenleiden.

Die Blüten können vielseitig als Nahrungsmittel eingesetzt werden. Der Löwenzahnhonig ist bis heute ein Klassiker geblieben und als sirupartiger Honigersatz schmeckt er köstlich auf Brot oder aufgelöst in schwarzem Tee. In Kriegszeiten wurde aus der Wurzel eine Art Kaffee-Ersatz gewonnen.

Ähnlich wie beim Schöllkraut nutzt man den in den Stängeln enthaltenen Saft gegen Warzen.

Lorbeer (Laurus Nobilis)

Der Lorbeer ist aus der klassischen und modernen Küche nicht mehr wegzudenken. Er aromatisiert Suppen, Fisch, Fleischspeisen und Eintöpfe. Seit alters her steht das Lorbeerblatt als Zeichen des Sieges und der Anerkennung. Schon die römischen Kaiser zogen nach gewonnen Streitzügen mit einem Lorbeerkranz auf dem Kopf in die Städte ein. Diese Tradition hat sich bis in die heutige Zeit erhalten und eine der höchsten sportlichen Auszeichnungen des deutschen Staates ist das sogenannte »Silberne Lorbeerblatt«.

Im Magischen ist diese Pflanze äußerst beliebt und findet hauptsächlich in Geld- und Erfolgsritualen Verwendung. Ein Lorbeerbäumchen am Eingang eines Geschäftes oder Restaurants soll Kunden und Gäste anziehen. Im alten Glauben sagte man dem Lorbeer nach, dass er Negatives fernhält und Wohlstand anzieht. Als Heilpflanze früher sehr beliebt sollte er vor parasitären Erkrankungen schützen und als Öl bei Rheuma und Muskelzerrungen hilfreich sein.

Mädesüß (Filipendula ulmaria)

Mädesüß ist eine Pflanze, die starren unflexiblen Menschen hilft, sich zu entspannen und für das Leben und seine Freuden zu öffnen. Besonders gut wirkt es bei jungen Frauen, die eine negative Einstellung zu ihrer Sexualität haben, noch sehr schüchtern sind und in Selbsthass oder dem Gefühl nicht geliebt und begehrt zu sein, leben, neuen Mut zu fassen und ein wenig selbstbewusster zu werden.

Als Tee getrunken hilft das Mädesüß wegen seines Gehaltes an Salizylsäure (ist auch in Aspirin enthalten) ebenso bei leichten Schmerzen. In Räucherungen soll es liebevolle Energien entstehen lassen.

Mariendistel (Carduus marianus)

In der Medizin ist die Mariendistel ein wirksames Leberpräparat. Der Name Mariendistel entstammt der Legende: Als Mutter Maria das Jesuskind stillte, fielen einige Tropfen ihrer Muttermilch auf diese Pflanze und dadurch bildeten sich auf den Blättern weiße Rinnen und Flecken. Diese hat die Mariendistel heute noch.

Im magischen Denken wehrt die Mariendistel Menschen ab, die in Unehrlichkeit und mit Lügen auf einen zukommen. Sie lässt erkennen, wer es wahrhaftig und herzlich mit einem meint und wer nicht. Deshalb wird sie gerne auch von Wahrsagern genutzt, um Lügen und energetische Angriffe zu erkennen.

Melisse (Melissa officinalis)

Das Wort »Melisse« stammt aus dem griechischen und kommt von »méli« was Honig bedeutet und im altgriechischen nannte man es »Melissa« – Honigbiene. Geschichtlich ist einiges über diese Heilpflanze zu berichten. Plinius und Dioskurides erwähnten die Pflanze als großartiges Heilkraut. Als frisch gepresster Saft zusammen mit Honig vermischt soll sie sich heilsam auf den grauen Star auswirken. Schon früh erkannten die Menschen der Antike auch die nervenberuhigende Wirkung der Melisse bei Depressionen, Angst und Aufregungszuständen.

Auch die Menschen des Morgenlandes wussten um diese entspannende Wirkung. Im alten Arabien wurde die Melisse genutzt, um die Ausgeglichenheit der Seele zu bewirken. Sie waren die ersten, die im größeren Stil die Melisse anbauten und zu einem »Must have« eines jeden Heilgartens machten. Später nahmen sie die Melisse mit nach Spanien und von dort aus verbreitete sich diese Pflanze in ganz Europa.

Hildegard von Bingen war begeistert von dieser Heilpflanze. Sie nannte sie »Binsuga« – Bienensaug. Eine wahrhaft treffende Bezeichnung, denn Melisse zieht während ihrer Blütezeit die Bienen wie magisch an. Hildegard sah in der Melisse eine herzstärkende und stimmungsaufhellende Wirkung. Sie liebte diese Pflanze und setzte sie bei allerlei Beschwerden ein. Sechshundert Jahre später führte Paracelsus die Erkenntnisse fort und fand heraus, dass die Melisse eine große antibakterielle Wirkung hat. Dies ließ sich später auch beweisen. Die in ihr enthaltenen Öle und Säuren haben tatsächlich eine zellschützende Wirkung und sind nicht nur antibakteriell, sondern auch antiviral einsetzbar. Als Salbe bei Gürtelrose und Herpes angewandt, stellt sich schnell eine heilende Wirkung ein.

Im siebzehnten Jahrhundert kreierten französische Karmeliternonnen das wohl berühmteste Heilpräparat im Siegeszug der Melisse, den Melissengeist. Zusammen mit verschiedenen ätherischen Ölen ist der Melissengeist bis heute ein hochwirksames und unschlagbares Medikament bei Kopfweh, Traurigkeit, Verkrampfungen, Asthma, Erkältung, Magen- und Darmkrämpfen, prämenstruellem Syndrom, Wechseljahrsbeschwerden, Herzrasen psychosomatischer Natur, Schlaflosigkeit, Unruhe u. v. m. Ein wahrer »Tausendsassa« und unerlässlich in jeder naturheilkundlichen Apotheke.

Melisse wird in der Magie genutzt, um neuen Lebensmut und Zuversicht in ein Ritual einfließen zu lassen und um als Aroma die Sinne während der magischen Tätigkeit wach und konzentriert zu halten.

Myrte (Myrtus communis)

Schon im alten Griechenland wurde die Myrte als Symbol der Liebe und Treue genutzt. Der Göttin Aphrodite geweiht trugen viele Partnersuchende ein Zweiglein bei sich, um den oder die Richtige anzuziehen. Als Symbol für Jungfräulichkeit und Reinheit ist die Myrte in vielen Brautkränzen und Sträußen zu finden.

Als Räucherwerk schafft sie Klarheit und die Verbindung zu höheren Sphären.

Odermennig (Agrimonia)

Die Pflanze hat eine große Heilkraft bei Halsentzündung, Zahnfleischbluten, Wunden und rheumatischen Problemen. In der weißen Magie wird die ausstrahlende positive Schwingung der Pflanze zur Stärkung genutzt, wenn Menschen unsicher sind, aber versuchen diese Unsicherheit hinter einer humorvollen Maske zu verstecken. Odermennig soll im traditionellen Glauben als kleines Sträußchen mit sich getragen helfen, wichtige Entscheidungen richtig zu treffen.

Petersilie (Petroselinum crispum)

Durch das enthaltene Apiol verfügt sie über eine extrem aphrodisierende Wirkung. Wenn Sie einen Mann verführen wollen, so streuen Sie etwas Petersilie über sein Essen und er wird Sie stärker beachten. Früher fand Petersilie auch in Brautsträußen Verwendung, da man ihr nachsagt, dass sie böse Geister fernhält und die Fruchtbarkeit symbolisch fördert. Reibt man sich mit frisch gepresstem Petersiliensaft ein, hält dies Mücken fern.

Pfefferminze (Mentha piperita)

Diese schon zu antiker Zeit sehr beliebte Heilpflanze hat ihren mythologischen Ursprung in der Götterwelt Griechenlands. Mit der Pfefferminze wird die Nymphe Minthe in Verbindung gebracht. Sie war die Geliebte des Gottes der Unterwelt namens Hades. Als dies seine Frau Persephone erfuhr, zerriss sie Mintha in tausend Stücke und verteilte diese auf der Erde. Aus denen entstand, laut Sagenwelt, die Pfefferminze. Die Schönheit der Nymphe sollte für immer verborgen bleiben, damit sie keinen Mann mehr betören konnte. Doch wie die göttliche Gerechtigkeit so wundersam sich zeigt, wurde diese Pflanze zu einer der betörendsten Duftpflanzen dieser Zeit.

Wann immer man einen Stängel abbricht, verströmt sie sofort ihren erfrischenden, lieblichen Duft. So blieb die anziehende Ausstrahlung Minthas erhalten. Auch im alten Ägypten kannte man die enorme Wirkung der ätherischen Öle dieser Pflanze. Man gab sie als Grabbeigabe den Toten mit, um im Leben nach dem Tod gegen böse Geister gewappnet zu sein. Im alten Rom nutzte man schon die erfrischende Eigenschaft dieser Pflanze bei Kopfweh und Hals-, Nasen- und Ohrenbeschwerden. Es hieß, wenn man einen Esstisch mit den frischen Blättern abreibt, würde der Appetit angeregt.

In der Bibel wird die Minze als Wunder bringend benannt und deshalb findet sie auch heute noch großen Anklang als Duft in Kirchen. In vielen alten Schriften werden die verschiedensten Rezepturen beschrieben. So auch in vielen Klöstern des Mittelalters. Die heilige Hildegard von Bingen empfahl ihren Patienten, sich mit zerdrückten Minzezweigen und -blättern abzureiben, um sich Parasiten, wie Läuse, Krätze und Flöhe, vom Leib zu halten. Außerdem half das ätherische Öl gleichzeitig bei den Folgeerscheinungen eines parasitären Befalls – dem Ausschlag. Durch seine adstringierende Eigenschaft half diese Abreibung mit den Blättern, die Wunden zusammenzuziehen und durch die Wirkung, ähnlich eines leichten Antiseptikums, verschwanden meist auch Infektionen schneller.

Pfefferminze ist im Altertum ein beliebtes Mittel gewesen, um Leidenschaften bei der Herrenwelt zu verstärken. Als Vorgänger des Riechsalzes war die Pflanze ein »muss« in jedem Haushalt. Heutzutage nutzen wir die Pfefferminze hauptsächlich als Tee bei Magenverstimmungen, Durchfall und Erbrechen. Sie wirkt beruhigend und wird ebenso bei Erkältungskrankheiten sehr geschätzt. Minzöl in Aroma-Lampen erhellt die Sinne und frischt den Geist auf. Für Menschen, die eine schnelle Auffassungsgabe benötigen oder Studierende ist sie das ideale Unterstützungsmittel. Als Räucherwerk zusammen mit Lavendel und Tannennadeln reinigt sie Räume und schützt gegen negative Energien. Der Name »Pfefferminze« entstand durch einen britischen Naturkundler namens John Ray. Er fand vor ca. 400 Jahren diese duftenden Triebe in Unmengen in einem Garten. Weil die Pfefferminze für den damaligen Geschmack als äußerst scharf empfunden wurde, nannte er sie »Peppermint« also Pfefferminze. Im Garten ins Gemüse- oder Obstbeet gepflanzt, hält sie Schädlinge fern und zieht nutzvolle Helfer, wie Bienen und Hummeln, in Scharen an.

Salbei (Salvia officinalis)

Salbei wirkt wahre Wunder im energetischen als auch medizinischen Bereich. So ist es nicht verwunderlich, dass in der Volksmedizin und Naturheilkunde unzählige Rezepturen entstanden sind. Ob als Tee bei Halsweh oder bei Magenverstimmungen wirkt er wohltuend und lindernd. Sänger schwören auf Salbeibonbons, um ihre Stimmbänder zu pflegen. Auch als Küchenkraut ist Salbei ein Genuss. Was wäre ein »Saltimbocca alla Romana« ohne ein Salbeiblättchen?

Im mystischen Sinne hilft Salbei, energetisch zu reinigen und zu schützen. Allen voran nutzen die indianischen Stämme Amerikas den weißen Salbei für ihre Zeremonien. Salbeistiele als Bündel zusammengebunden – auch Smudgesticks genannt – werden direkt angezündet und helfen bei Reinigungsritualen, Anrufung der Ahnen und dienen als Schutzmagie. Salbei ist auch im europäischen Raum ein unerlässliches Räucherwerk. Als Büschel getrocknet und kopfüber aufgehängt soll er böse Geister von Türen und Eingängen fernhalten.

Schafgarbe (Achillea)

Früher nannte man die Schafgarbe auch »Soldatenkraut«, weil sie imstande ist, Wunden schneller heilen zu lassen und den Menschen dadurch schneller auf die Beine zu bringen. Selbst in der griechischen Mythologie wird sie erwähnt. Sie soll die Pflanze gewesen sein, mit der Achilles seine berühmte Ferse von seiner Mutter behandeln ließ.

Laut alten Überlieferungen soll ein Strauss aus Schafgarbe an Türen, über Kinderwiegen oder in Ställen aufgehängt allerlei Böses fernhalten.

Schöllkraut (Chelidonium majus)

Man nennt es auch »Warzenkraut« und das aus gutem Grund. Bei abnehmendem Mond bricht man einen Stiel von der Pflanze ab und betupft mit dem austretenden orangefarbenen Saft die Warze. Dies sollte an drei aufeinanderfolgenden Tagen geschehen und die Warze wird verschwinden.

Im Frühjahr zeichnet sich das Schöllkraut durch seine kleinen gelben Blüten aus. Man findet es an Wegrändern, Zäunen und meist auch am Wald. Schöllkraut lässt sich auch gut im Blumentopf kultivieren, weil diese einfache Pflanze äußerst anspruchslos ist und keiner aufwendigen Pflege bedarf.

Achtung: der Saft ist giftig und darf auf keinen Fall in die Hände von Kindern gelangen. Er dient nur zur äußerlichen, nicht zur inneren Anwendung.

Sonnenhut (Echinacea)

In den Schwitzhütten der Indianer findet der Sonnenhut seit Jahrhunderten Verwendung. Sie waren es, die als erste die wohltuende Wirkung dieser göttlichen Pflanze entdeckten. Der Sonnenhut wirkt sich immunstimulierend auf den Körper des Menschen aus. Er hilft bei Erkältungskrankheiten ebenso wie bei Harnwegsinfekten. Äußerlich angewandt lässt er kleine Wunden und Schnitte besser heilen. In der medizinischen Forschung wird der Pflanzenwurzel immer mehr an Bedeutung beigemessen.

Wird die Wurzel der Pflanze zerkleinert und einer Räuchermischung beigemengt, so reinigt und klärt sie Räume. Die indianischen Ureinwohner räuchern gerne mit ihr, um Parasiten und Schädlingsbefall fernzuhalten.

Spitzwegerich (Plantago lanceolata)

Er wächst wirklich auf fast allen Wiesen der nördlichen Halbkugel und zeichnet sich mit seinen schleimlösenden Inhaltsstoffen besonders in der Zubereitung von Hustensäften aus. Als uraltes Desinfektionsmittel bei Schürf- und Schnittwunden, erfuhr er seinen Siegeszug durch alle Häuser der letzten Jahrhunderte. Zerkaut man einige der Blätter des Spitzwegrichs, kann man ihn auf eine Wunde auflegen. Dies erweist sich als besonders nützlich, wenn man in Wald oder Feld unterwegs ist und gerade keinen Verband, Pflaster oder ein Desinfektionsspray zur Verfügung hat.

Im Weißmagischen nutzte man ihn früher gerne für Räucherungen gegen negative Einflüsse. Ich rate davon ab. Es gibt bessere Räuchermittel als den Spitzwegerich. Verbrannt verströmt er einen abnormen penetranten Geruch.

Weißdorn (Crataegus)

Er ist aus der heutigen Medizin nicht mehr wegzudenken. Schon im Mittelalter waren seine herzstärkenden Eigenschaften hoch geschätzt. Er reguliert den Blutdruck und die Durchblutung. Als Zaubermittel gegen den »Bösen Blick« stärkt es so manchen, wenn er etwas Weißdorn als Amulett in einem Beutelchen bei sich trägt.

Wermut (Artemisia absinthium)

Wermut galt jahrhundertelang als hilfreiches Mittel gegen Magenbeschwerden. Als Tee getrunken halfen die in ihm enthaltenen Bitterstoffe, Magen und Darm wieder ins Gleichgewicht zu bringen. Leider geriet im 19. Jahrhundert der Wermut durch die Herstellung von Absinth sehr in Verruf. Im Wermut sind giftige Stoffe enthalten, die bei übermäßigem Genuss Schädigungen hervorrufen können. Schwangeren ist von dem Genuss von Wermutprodukten absolut abzuraten, da er menstruationsfördernd wirkt und so eine Fehlgeburt bewirken kann. Zugleich ist er eine halluzinierende Droge, welche die Sinne verwirrt. Somit rate ich Laien von der Zubereitung eines Tees dringend ab. Spätestens, wenn wir uns die Lebensgeschichte Van Goghs betrachten, dürfte klar werden, dass ein durch Wermut verursachter Rausch schlimme Folgen haben kann. Er schnitt sich nach größerem Genuss ein Ohr ab.

Zwiebel (Allium Cepa)

Die so günstig zu erwerbende Zwiebel ist ein wahres Wunder der Medizin. Nicht umsonst wird sie die Medizin der armen Leute genannt. Aus ihr kann zusammen mit Honig ein hervorragender Hustensaft gewonnen werden, der in Minutenschnelle Linderung bringt. Die in ihr enthaltenen Stoffe, wie Kalium, Kalzium, Magnesium und Vitamin C machen sie zu einem wahren Powerpaket. Menschen mit Osteoporose können, wenn sie jeden Tag frische Zwiebeln essen, der Krankheit positiv entgegenwirken. Zu hohe Cholesterin- und Blutfettwerte können günstig beeinflusst werden, indem man dem Essen jeden Tag frische Zwiebeln hinzufügt. Wanderer sollten nach einem Insektenstich eine durchgeschnittene Zwiebel auf den Stich auflegen und die Stelle mit dem Saft der halbierten Zwiebel einreiben, so wirkt sie abschwellend und nimmt den Schmerz. Auch bei Haarausfall soll die einfache Küchenknolle hilfreich sein. Mit frischem Saft eingerieben, fördert der Zwiebelsaft die Durchblutung der Kopfhaut und kann helfen, Haarausfall zu stoppen.

In der Magie betrachten wir die Zwiebel als Glücksbringer! Sie hat die berühmten »Sieben Häute«. Die mystische Zahl Sieben signalisiert symbolisch die 7-mal wiederkehrende Erneuerung des Menschen. Es braucht 49 Jahre, um den wahren Kern seines Ichs zu erkennen. Darauf baut dann unsere karmische Aufgabe auf. Wir alle möchten gerne den Zweck unseres Daseins erfahren und die damit verbundene Botschaft mit ihrem göttlichen Auftrag. Deshalb sprießt im Inneren der Zwiebel der Keim für alles Neue und bringt uns dem göttlichen Licht näher. Haben wir einmal symbolisch gesehen die siebte Haut entfernt, sehen wir die Wahrheit. Wenn wir geboren werden, sind wir im Schoss der Mutter Erde. Entwickeln wir uns weiter im Leben, dann kommen wir an den Keim heran und können über uns hinaus wachsen, so wie die Zwiebel es tut. Aus dem Dunkel lässt sie ihre wahre Schönheit ans Licht. Aus den grünen Sprossen werden wunderschöne Blüten, die anderen Lebewesen dienlich sein können. Bienen suchen mit Vorliebe diese kugeligen Blütenköpfe auf und sammeln eifrig den Blütenstaub. So ist es auch beim Menschen. Wenn wir an den Kern herankommen, uns in unserer positiven Botschaft erkennen, dann werden wir plötzlich Teil der Natur und geben anderen Lebewesen ebenfalls Nahrung und lichtvolle Stunden.

Bäume

Birke (Betula alba)

Schon bei den Germanen und Kelten war die Birke ein heiliger Baum. Als Frühlingsbote ist sie der erste Baum, der ergrünt. Wenn sich die Birkenblätter zeigen, wird es rasant auf die wärmere Jahreszeit zugehen. Die Birke ist in vielen Kulturen der »Schutzbaum«. Aus ihrem Holz wurden früher Wiegen gefertigt, damit das Kind behütet und beschützt sei. Ein paar Birkenzweige und Reisig über der Tür aufgehängt, soll vor Unheil schützen. Ein schöner Brauch, der sich bis in unsere Zeit weitergetragen hat, ist der Maibaum. Junge, ledige Männer brachten früher den Liebsten ein kleines Birkensträußchen zum Zeichen der nahestehenden Verlobung und Heirat. Hexenbesen werden auch aus Birkenreisig gemacht. Als blutreinigend gilt der Birkensaft, zudem kann aus der Birkenrinde ein hochwirksames Öl gegen Rheuma und Gicht gewonnen werden. In Notzeiten wurde aus der inneren Rinde, dem sogenannten »Kambium« ein Mehl gewonnen und getrocknet. Aus ihm kann man Brot und eine Art Pfannkuchen backen. Birkenblättertee soll bei der Ausscheidung von Wasser helfen, wenn es sich durch unzureichende Herz- und Nierenfunktion im Körper angestaut hat.

Und hier nicht nur eine Hexenweisheit, sondern es wurde zum allgemein prägenden Satz: Eine Birke im Garten beschützt Haus und Heim!

Eibe (Taxus baccata)

Dieser in seinen Blättern hochgiftige Baum kann über tausend Jahre alt werden. Daher vergleicht man ihn gerne mit dem ewigen Leben. Doch leider ist dieser Baum alles andere als gesundheitsfördernd. Alle Pflanzenteile, vor allem die Blätter weisen giftige Substanzen auf. Unter keinen Umständen sollten Menschen und Tiere in irgendeiner Form davon essen oder nach Berühren der Eibe die Finger in den Mund stecken. Der Kontakt mit den Blättern und Beeren kann durch das Eindringen über die Schleimhaut von leichten bis zu schweren Vergiftungen führen.

Mir persönlich ist es völlig unverständlich, wie solche Bäume in der Nähe von Kinderspielplätzen von den städtischen Gemeinden gepflanzt werden. Offenbar wird hier die Gefahr unterschätzt oder das darauf folgende Krankheitsbild anderen Ursachen zugeordnet. Selbst Pferde können, nachdem sie von den giftigen Nadeln des Baumes gefressen haben, innerhalb kürzester Zeit sterben! Dies wurde früher auch so manchen Pferden, welche auf dem Friedhof die Leichenkarren zogen, zum Verhängnis. Während des Beerdigungszeremonials fraßen sie häufig von den immergrünen Sträuchern, die auf Gräbern gern als Grabdekoration gepflanzt wurden und starben jämmerlich schon nach ein bis drei Stunden. Das gemeine Volk führte das auf Flüche der Verstorbenen zurück, doch es lag einzig und allein an den vielen Eiben. Das Volk fürchtete sich bereits davor, unter einer Eibe einzuschlafen. Das sollte den Tod bringen, sagten sie und so mieden viele Menschen im großen Bogen diesen Baum. Doch wie jede Pflanze und jeder Baum hat auch alles eine gute Seite.

Seit einigen Jahren wird ein Wirkstoff aus der Eibe in der modernen Medizin als Krebstherapeutikum erfolgreich eingesetzt! Das Holz der Eibe eignet sich hervorragend zum Bau von Waffen und Saiteninstrumenten und war im Mittelalter so begehrt, dass die Eiben in

Deutschland fast ausgerottet wurden. Stellmacher nutzten gerne das kräftige Eibenholz für Wagenräder.

In der Magie fertigt man aus Eibenholz gerne auch Zauberstäbe, um die uralte Kraft dieser Bäume in die Magie einfließen zu lassen.

Eiche (Quercus)

Mit dem hohen Gehalt an Gerbsäure ist die Eichenrinde besonders in naturheilkundlichen Rezepturen beliebt. Diese müssen allerdings von Fachleuten zubereitet werden, da alle Bestandteile der Eiche giftig sind. Äußerlich kann eine Waschung mit Eichenrindensud bei vielen Ekzemen helfen. Innerlich hilft ein Tee bei Magen- oder Darmentzündungen. In Notzeiten wurde aus den Eicheln Nahrung und auch Kaffee-Ersatz produziert. Durch langes Wässern kann man einen Großteil der giftigen Stoffe und Gerbsäure entziehen, sodass danach aus den zuvor zerstoßenen Eicheln ein Mehl gewonnen werden kann.

Die Eiche ist in den alten Religionen den hohen Göttern geweiht. In Rom ordnete man die Eiche dem Gott Jupiter zu, im alten Griechenland war es Zeus, den man mit der Eiche assoziierte und bei den Kelten Tanaris – der Wettergott. Die Germanen sahen in der Eiche den Gott Thor, weil sie die meisten Gewitter überstand. Thor wird auch Donar genannt, wovon sich noch heute das Wort Donner ableitet. In dieser Zeit entstand das Sprichwort: »Eichen sollst Du weichen, Buchen sollst Du suchen!« Dies ist natürlich vollkommener Unfug, nur früher dachte man, dass die dem Donar geweihte Eiche besonders viele Blitze anzog.

Die Eiche ist ein äußerst hartes Holz, welches sich durch die Gerbsäure besonders lange auch in sehr feuchter Umgebung hält. Dies wird bewusst, wenn wir uns die Städte Venedig oder Amsterdam betrachten, welche ausschließlich auf Eichenpfählen errichtet wurden.

Genau wegen dieser Langlebigkeit und Stärke wird der Baum auch im magischen Wirken verehrt.

Hasel (Coryllus avellana)

Aus Haselnussholz werden Zauberstäbe und Wünschelruten gefertigt. Es gibt unzählige Geschichten und Mythen rund um den Haselnussstrauch. Die Germanen sahen in ihm die ursprüngliche Kraft allen Lebens. Daher nutzten sie die Zweige symbolisch als Glücksbringer bei der Zeugung von Kindern. Drei Haselnusszweige über dem Bett aufgehängt versprachen viele Nachkommen. Auch die Nüsse bargen nach alter Anschauung diese Kraft in sich. Laut Analogiegesetz heißt es, dass je mehr Nüsse gegessen werden, umso mehr kräftige Nachkommen bald geboren sind. Dies macht sogar Sinn, denn in den Früchten der Haselnuss sind viele gute Inhaltsstoffe enthalten. Ein hoher Anteil an ungesättigten Fettsäuren sowie viele Vitamine, wie Vitamin A, B1, B2, C und E ebenso wertvolle Mineralien, wie Kalzium, Magnesium und Kalium machen diese Nuss für den Menschen so wertvoll. Weitere Bestandteile, wie Eiweiß, Kupfer, Phosphor, Mangan und Flavonoide sind wahre Energiespender. Sie geben Kraft und Power für den Tag. Also wirkt sich die Haselnuss positiv auf den Organismus aus.

Die Haselnuss war aber auch ein wichtiger Helfer im Alltag. So wurden Späne von Haselnussholz in Klöstern zum Bierbrauen benutzt, um die Trübstoffe auszuziehen. Die Korbmacher nutzten die Biegsamkeit der Zweige, um schöne Körbe zu flechten. Tischler bevorzugten die leichte Bearbeitung des Holzes, um daraus Stuhl und Tischbeine zu drechseln und das »einfache Volk« machte daraus

Zäune und Gehstöcke. In der Magie nannte man die Hasel auch Zaubernuss«. Ein alter tschechischer Märchenfilm mit dem Namen »Drei Nüsse für Aschenbrödel« verdeutlicht dies sehr anschaulich. Man schenkt einem Menschen Haselnüsse, die er mit einem Wunsch belegen kann. Diese werden ins Feuer geworfen und wenn sie hoch springen heißt es, dass dieser Wunsch in Erfüllung gehen kann.

Nicht ganz nett ist dagegen so mancher mittelalterliche Brauch rund um die Hasel. So heißt es z. B. bei Warzen soll man über diese mit einem Haselnusszweig streichen und diesen hinter sich auf einen Weg werfen. Wenn jemand anderer diesen Zweig aufhebt, verschwinden die Warzen und derjenige bekommt sie dann. Das gleiche gilt nach altem Glauben auch bei Fieber, Schwindsucht, Husten etc. Ich persönlich finde den Gedanken nicht gut, einem anderen Menschen seine Krankheit auflasten zu wollen und werde deshalb hier auch nicht weiter auf so einen Quatsch eingehen. Viel erfreulicher finde ich da die Betrachtungsweise, dass der Strauch für Liebesorakel und den dazugehörigen Zaubern genutzt wird. Treffen sich junge Leute unterm Haselbusch, so wird ein Paar daraus. Früher hat man in Kreisen junger heiratsfähiger Menschen gerne Haselnüsse geknackt und wurde ein doppelter Kern (»Vielliebchen«) im Inneren gefunden, so hieß es, dass derjenige noch in diesem Jahr heiraten würde. Das Vielliebchen war aber auch ein lustiges Spiel. Fand man ein Vielliebchen, so musste man am nächsten Morgen dem Anderen »Guten Morgen Vielliebchen!« sagen. Dann hatte man gewonnen und der Verlierer durfte dem Gewinner ein kleines Geschenk machen. In meiner Familie gibt es auch den Brauch, bei doppelten Haselnuss- oder Mandelkernen zu sagen: »Wir dürfen uns was wünschen und leben noch lange zusammen!«

Die Hasel ist auch im Aberglauben ein Blitzableiter. Sie soll Blitze anziehen und diese in den Boden ableiten. Deshalb findet man auch heute noch auf alten Bauernhöfen – und natürlich an jedem Hexenhaus einen Haselstrauch, damit kein Blitz das Haus treffen kann. Somit ist die Hasel auch eine gute Schutzpflanze. Haselnussbüsche zeigen laut Überlieferung Eingänge zu verborgenen Welten und Schätzen an. Deshalb wird sie gerne als Wünschelrute benutzt. Sie spürt Erze und Wasser auf. Auch sagt man, dass sie überirdische

Kräfte durch den Anwender der aus ihr gemachten Stäbe fließen lässt. In alten Büchern heißt es, dass Milch und Wein mit einer Haselnussrute umgerührt, nicht so schnell sauer werden. Zimmerleute, die auf der Walz sind, tragen immer noch Haselzweige bei sich, um vor Unheil bewahrt zu werden. Schäfer kennen diesen Talisman ebenfalls. Es gibt eine Erzählung, dass sich Mutter Maria vor einer Schlange in Sicherheit gebracht habe, indem sie Schutz in einem Haselnussbusch gesucht hatte. Seitdem sagt man, dass Haselzweige gegen Schlangen helfen sollen. Auch heißt es, dass man Schlangen nur mit einem Haselzweig erschlagen kann ... dazu nehme ich hier besser keine weitere Stellungnahme. Dies führte dazu, dass man in manchen Ländern und Regionen Stuhl- Bett- und Tischbeine aus Haselholz geschnitzt hat. Ich persönlich sehe im Haselnussstrauch einen wirksamen energetischen Schutz und nutze gerne Haselnusszweige zum Fertigen meiner magischen Stäbe. Sie transformieren hervorragend die Kraft und die Eigenschaften dieses Strauches.

Linde (Tilia)

Wer kennt nicht den Tanz unterm Lindenbaum? Diese uralte Tradition erlebt derzeit wieder einen großen Aufschwung. Wohl kaum ein anderer Baum wurde in der dörflichen Gemeinschaft so als Mittelpunkt betrachtet und anerkannt. Unter der Linde wurde aber nicht nur gefeiert, sondern auch gerichtet, verheiratet, Liebesschwüre gesprochen und Frieden geschlossen. Schon die alten Germanen sahen in ihr die Göttin Freya. Sie war die Göttin der Liebe und des Glückes. Deshalb wurden Straßen und Alleen beidseitig mit Linden bepflanzt, um den Menschen bereits auf dem Weg mit den guten, glücksbringenden Eigenschaften der Linde zu betören.

Die Linde, die meist mitten im Dorf stand, war schon immer ein Treffpunkt für Jung und Alt. Die Tradition hat sich bis heute gehalten, dass im Wonnemonat Mai viele Tanzfeste unter ihr abgehalten werden. Früher gab es sogar richtige Tanzlinden! Man legte zuvor über die waagerechten starken Äste der Linde lange Bretter und verband diese untereinander. So entstand ein stabiler Tanzboden, der selbst bei schlechtem Wetter den Regen durch das dichte Blattwerk der Krone von den tanzenden Menschen abhielt. Sah man von Weitem die Bretter nicht, so schaute es aus, als ob die Menschen in den Kronen tanzen, ja schweben würden.

An eine Linde konnte man aber auch Kummer und Sorgen abgeben. So war es üblich, bei Krankheiten den Baum zu bitten, die schwere Last von den eigenen Schultern wegzunehmen. Aus der Lindenblüte wird ein hervorragender Tee gewonnen, der vorzüglich bei Erkältungskrankheiten helfen kann.

»Sieh das Lindenblatt,
du wirst es wie ein Herz gestaltet finden,
drum sitzen die Verliebten
auch am liebsten unter Linden.«
(Heinrich Heine)

Weide (Salix)

Aus ihr wird der Wirkstoff Salicylsäure gewonnen. Dieser Wirkstoff ist weltweit bekannt als entzündungshemmendes, schmerzstillendes und blutverdünnendes Mittel.

Die Weide ist der »Hexenbaum« schlechthin! Seit Jahrhunderten sagt man, dass in der Weide die Geister wohnen. Die Weide wird der Erdgöttin Demeter zugeordnet und von Menschen, welche den alten Weg gehen, hoch verehrt. Aus der Weide werden Wünschelruten geschnitten. Da die Weide meist in der Nähe eines Flusses, Sees oder Baches steht, kann man mit Wünschelruten aus Weidenzweigen ebenso Wasser aufspüren. Manche Zauberstäbe werden ebenfalls aus Weidenzweigen gemacht.

Giftpflanzen

Um Verwechslungen mit harmlosen Pflanzen zu vermeiden, sind nachfolgend hochgiftige Pflanzen bildlich dargestellt, die bei unsachgemäßer Anwendung die Gesundheit stark beeinträchtigen bzw. zum Tode führen können.

Bilsenkraut (Hyoscyamus)

Das Bilsenkraut gehört zur Gattung der Nachtschattengewächse. Es ist auch wie die Tollkirsche Bestandteil mittelalterlicher Hexensalben und hochgiftig! In der Antike wurde es wegen seiner giftigen Bestandteile auf vielfältige Art im Hexentum und Schamanismus eingesetzt. Ich verzichte hier auf jegliche Anwendungsformen, denn Bilsenkraut gehört keinesfalls in Laienhände. Es darf nur von Medizinern oder ausgebildeten Personen aus pharmazeutischen Berufen verwendet werden. Auch erwähne ich die Pflanze nur, weil sie zum klassischen Hexentum gehört.

Fingerhut (Digitalis pupurea)

Der Name »Fingerhut« entstand durch die einem Fingerhut ähnelnde Form der Blüte. In einem Hexengarten sollte diese imposante Pflanze nur als Zierde dienen, denn sie ist hochgiftig! Eine Selbstmedikation wäre absolut tödlich. Deshalb bitte außer Reichweite von Kindern und Tieren pflanzen!

In der Medizin jedoch wäre Digitalis nicht mehr wegzudenken. Mit seinen Digitalisglykosiden, welche aus den Blüten gewonnen werden, wird aus ihm eines der bekanntesten Herzmedikamente. Bei Angina Pectoris, Herzschwäche sowie Ödemen kann der Fingerhut wahre Wunder bewirken. Als fertiges Medikament hat Digitalis weltweit seinen Siegeszug angetreten und viele Menschenleben gerettet. Nur den Schulmedizinern ist es gestattet, diese Präparate zu verschreiben und ich bitte Sie, liebe Leser, im Krankheitsfalle einen Arzt aufzusuchen und mit dieser Pflanze in keinem Falle allein zu experimentieren. So schön sie ist und eine Zierde für jeden Garten darstellt – sie bleibt hochgiftig! Schon der Verzehr eines einzigen Blattes kann zum Tode führen!

Im magischen Sinne beschützt der Fingerhut Haus und Heim vor bösen Geistern. Seine Blüten sind nach altem englischem Glauben das Zuhause der Elfen und Feen.

Fliegenpilz (Amanita muscaria var. Muscaria)

Der optisch sehr schöne, rote Pilz fand früher Verwendung in den sogenannten »Flugsalben« der Hexen. Da dieser Pilz durch seine Inhaltsstoffe psychedelische Symptome auslöst dachten die Hexen, dass sie fliegen können und sprangen zum Teil auch von Bergen und Dächern. In den Zeiten der Germanen bekamen Krieger einen Trank mit den Inhaltsstoffen, weil damit ein hohes Aggressionspotenzial ausgelöst werden konnte.

Hier muss ich sicher nicht an Ihre Vernunft appellieren, denn es ist bekannt, dass dieser Pilz hochgiftig ist und seine toxische Wirkung absolut tödlich ist! Deshalb bitte ich Sie, solcherart alte Rezepturen nicht selbst auszuprobieren. Eine genauere Beschreibung ist nicht wünschenswert. Ich erwähne ihn nur, um ihm als Sinnbild der Hexengewächse und als symbolischen Glücksbringer mit einzubeziehen.

Sollten Sie bei einem Spaziergang im Wald einen Fliegenpilz entdecken, so lassen Sie ihn stehen. Berühren Sie ihn nicht, bewundern Sie ihn nur mit den Augen oder machen Sie lieber ein Foto, dass Sie statt des Pilzes als Erinnerung mit nach Hause nehmen.

Stechapfel (Datura)

Beim Stechapfel verhält es sich ähnlich wie mit vielen anderen hochgiftigen Gewächsen. Diese Pflanze war im Mittelalter auch ein weiterer Bestandteil von Flugsalben, aber auch hier rate ich von jeglichem eigenmächtigen Gebrauch dringend ab! Schamanen,

Magier und Hexen verwandten die vorsichtig dosierten Stoffe zur Bewusstseinserweiterung und spielten vollkommen unverantwortlich mit ihrem Leben.

Dies ist sträflich und für eine moderne Hexe absolut undenkbar! Die Inhaltsstoffe sind tödlich und können selbst bei Überleben der Prozedur zu chronischen und lebenslang anhaltenden Wahnvorstellungen führen. Ein jahrelanger Aufenthalt in der Psychiatrie ist so gut wie sicher.

Manche Menschen sind sich dieser Gefahr leider nicht bewusst. Denn selbst heute noch finden sich solche Pflanzen in der Nähe von Schulen, Spielplätzen oder gar Kindergärten.

In seiner zweiten Version als große Schwester des Stechapfels, die wir im Volksmund unter dem Namen »Engelstrompete« kennen, ist sie eine wunderschön anzuschauende Pflanze. Betrachten wir aber ihre Giftigkeit, so stellen wir fest, dass es ein Risiko darstellt, solche Gewächse im Hausgarten oder gar in Blumentöpfen auf dem Balkon zu pflanzen. Kinder und Tiere dürfen auf gar keinen Fall Zugriff zu dieser Pflanze haben! Im magischen Schaffen benötigen wir solche Pflanzen definitiv nicht!

Halten sie sich immer vor Augen, dass Sie für die rituelle Arbeit stets einen klaren Kopf benötigen. Denn nur so sind klare Visualisierungen möglich. Alles andere ist Illusion und hat in der weißen Magie nichts verloren.

Dennoch gilt es, diese Pflanze hier zu erwähnen, weil sie noch in vielen Rezepturen alter, magischer Schriften enthalten ist. Vor solchen Anwendungen, welche den Geist und die Ergebnisse vernebeln oder die gar in geistiger Verwirrung enden, möchte ich Sie ausdrücklich warnen.

Tollkirsche (Atropa belladonna)

Achtung – die Tollkirsche ist hochgiftig und tödlich! Dennoch erwähne ich sie in diesem Buch, da sie zu den ältesten Hexenpflanzen gehört. Bereits wenige Beeren führen unweigerlich zum Tod! Deshalb bitte ich Sie, diese krautige Pflanze nur zu betrachten und keinesfalls in irgendeiner Form zu nutzen!

Die Tollkirsche erhielt ihren Namen durch die Auswirkungen des in ihr enthaltenen Giftes. Bevor die Menschen an den giftigen Substanzen starben, benahmen sie sich wie »Toll« – soll heißen – verrückt, unberechenbar und wahnsinnig. In Flug- und Hexensalben soll sie fester Bestandteil gewesen sein.

Belladonna kommt aus dem Italienischen und bedeutet »Schöne Frau«. In der Antike nutzten die Frauen das enthaltene Hyoscyamin zur Erweiterung der Pupillen, damit sie schön und groß glänzten. Im Laufe der Zeit entstanden sogar einige Medikamente in der klassischen Medizin. Jedoch sind ihre Wirkungen noch immer sehr umstritten.

Geheimnisvolle Kräfte

Steine, Kristalle und Edelsteine

Steine sind Informationsträger und senden die unterschiedlichsten Energien aus. In der Magie können sie hilfreich sein, indem sie magische Utensilien aufladen oder entladen sowie reinigen, klären oder als Talisman besondere Funktionen erhalten. Die heilige Hildegard von Bingen sah in den Halbedelsteinen wichtige Helfer zur energetischen Heilung von Menschen. Im Christentum zieren noch heute traditionell viele Halbedelsteine Trinkgefäße, Bischoffsstäbe, Bucheinbände und vieles mehr, denn auch die Geistlichkeit weiß um die Kraft der funkelnden Kleinode. Dies steht schon in der Bibel beschrieben, wie zum Beispiel der berühmte Brustschild des Priesters: 2. Buch Moses 39,8–21, Altes Testament. »Das Brustschild des Rechtsspruchs sollst du in kunstvoller Arbeit anfertigen, in der gleichen Arbeit wie das Ephod (Gewand des Hohepriesters) sollst du es anfertigen, aus Gold, aus blauem und rotem Purpur, Karmesin und gezwirntem Leinen sollst du es machen. Viereckig soll es sein und doppelt gelegt, eine Spanne lang und eine Spanne breit und du sollst es mit eingefassten Steinen besetzen, vier Reihen von Steinen; eine Reihe sei ein Rubin, ein Topas und ein Smaragd, das sei die erste Reihe; die zweite Reihe ein Granat, ein Saphir und ein Diamant; die dritte Reihe ein Opal, ein Achat und ein Amethyst; die vierte Reihe ein Chrysolith, ein Onyx und ein Jaspis. In Gold sollen sie gefasst sein bei ihrer Einsetzung und es sollen zwölf dieser Steine sein, entsprechend den Namen der Söhne Israels, für jeden ihrer Namen; in Siegelgravur, ein Stein für jeden Namen der zwölf Stämme«.

Die recht mystische Kombination macht deutlich bewusst, wie mit den richtigen Steinen eine Wirkung erzielt werden kann.

Heute noch sind diese in Jahrmillionen entstandenen Kostbarkeiten wichtige Ritualgegenstände. Ihre Kraft ist unbeschreiblich und unsere Suche danach führt uns oft an geheime mystische Orte. Diese Kraft wird von dem Platz, an dem sie gefunden wurden, dann von Ihnen mit nach Hause genommen. Steine besitzen, so seltsam es auch klingen mag, ein Gedächtnis. Sie speichern die Dinge, die in den vielen Jahren ihrer Entstehung an ihrem Platz geschehen sind. Zu vergleichen mit der Festplatte Ihres Computers, die wichtige Informationen speichert.

Probieren Sie folgende Übung aus und sehen Sie selbst, welche Informationen Sie erhalten:

Nehmen Sie sich von einem besonderen Ort Ihrer Wahl einen Stein mit. Versetzen Sie sich in eine ruhige und entspannte Atmosphäre. Halten Sie den Stein in beiden Händen. Schließen Sie die Augen und versuchen Sie die Schwingung des Steines zu erspüren. Fühlen Sie, ob er kalt ist und so bleibt. Möglicherweise erwärmt er sich schnell. Wenn dem so ist, dann wird ganz langsam eine Energie Ihren Körper durchströmen, die Sie wohl kaum beschreiben können.

Besonders feinfühlige Menschen nehmen mit geschlossenen Augen plötzlich Bilder, Gerüche und Töne wahr. Wie in einem Film wird Ihnen der Stein Situationen zeigen. Lassen Sie diese Bilder ruhig fließen, bleiben Sie Beobachter, erschrecken Sie nicht und sperren Sie sich nicht dagegen. Das Universum hat Sie nicht ohne Grund an den Ort geführt, wo Sie den Stein gefunden haben.

Es geschieht nichts durch Zufall, denn Zufälle gibt es nicht!

Die Aura

Kennen Sie den Satz: »Wow, der hat aber eine geheimnisvolle Ausstrahlung!« Diese Redensarten kommen nicht von ungefähr, denn es gibt sie wirklich, diese »Ausstrahlung«! Jeder Mensch und jedes Lebewesen hat sie, eine sogenannte Aura. Diese setzt sich aus mehreren Schichten zusammen. Stellen Sie sich vor, der Mensch wäre eingepackt wie eine Zwiebel und wir schauen uns nun jede einzelne dieser Schichten an.

Zunächst wäre da der Ätherkörper. Man nennt ihn auch Ätherleib, da er sich von der Form her wie der physische Körper darstellt. Nicht ohne Grund wird er auch »Ätherisches Doppel« genannt. In der ganzen Welt sowie in sämtlichen Kulturen weiß man seit alters her von seiner Existenz. Das Wort Äther stammt ursprünglich aus der Alchemie und bedeutet: Fluid. In anderen Kulturen nennt man es Od, Chi oder Prana. Sehr häufig wird er auch »morphogenetisches Feld« genannt. Er stellt die Lebensenergie dar, welche wir bei der Geburt neu bekommen und beim Tod nach ca. 3 bis 5 Tagen wieder verlieren. Mit ihm sind wir durch eine sogenannte »Silberschnur« verbunden. Diese ist auch die »Leitung« zum Göttlichen, mit der wir z. B. Heilenergien empfangen und weiterleiten dürfen.

An zweiter Stelle folgt der Emotionalkörper. Man bezeichnet ihn auch als Astralkörper. Er ist der Träger unserer Gefühle und Charaktereigenschaften. Von ihm gehen auch Gefühle wie der berühmte Phantomschmerz sowie Spukerscheinungen und Sinnestäuschungen aus. Bei allen magischen Handlungen wird mit Hilfe von Visualisierung der Wunsch so fest im Emotionalkörper verankert, dass er sich in späterer Zeit auch im Manifesten darstellen wird. Die Ausstrahlung des Emotionalkörpers kann sich mehrere Meter um einen Menschen herum zeigen. Hellsichtige nehmen ihn als Umriss um den physischen Körper des Menschen deutlich wahr. Im Gegensatz zu spirituell sehr weit entwickelten Menschen, deren Emotionalkörper klar, hell und von ovaler Form ist, zeigt er sich bei jenen mit minder spiritueller Entwicklung meist nicht so strahlend und weist unregelmäßige Konturen auf. Jedes Gefühl verfärbt über den Astralkörper sofort die Aura.

An dritter Stelle steht der Mentalkörper. Dieser hat eine höhere Schwingung als der Emotionalkörper und beschreibt unsere Intuition, Ideen und Erfahrungen. Auch beinhaltet er alle Erfahrungen früherer Inkarnationen und deren Botschaften.

Zuletzt folgt der Kausalkörper. Ihn nennt man auch den spirituellen Körper des Menschen. Er verfügt über die höchste Schwingungsfrequenz von allen. Jedoch erscheint er im Gegensatz zu den anderen »Schichten« eher kugelförmig und strahlt bei spirituell weit entwickelten Personen manchmal viele Meter vom Körper ab. Seine Farbe ist eher perlmuttartig und leuchtet Gold bis Weiß.

Manchen ist der Begriff »Astralwanderung« bekannt und sie können auch recht gut auseinanderhalten, wann es sich um gewöhnliche Träume oder um Astralwanderungen handelt. Astralwanderung bedeutet, dass sich das Feinstoffliche von unserem Körper trennt und auf Reisen geht. Dies kann durch spezielle Meditation hervorgerufen werden oder ganz von selbst im Schlaf geschehen. Auch bei Nahtoderfahrungen löst sich der Astralkörper ein Stückchen vom physischen Körper, bleibt jedoch durch die Silberschnur mit ihm verbunden. Oft erzählen die Menschen von unwahrscheinlich farbintensiven Erlebnissen oder sie sahen sich auf dem Operationstisch liegen und konnten das gesamte Geschehen beobachten, bevor sie wieder mit ihrem Körper verbunden waren.

Dieser komplexe Aufbau der Aura steht in direkter Kommunikation zu den Chakren. Chakren sind Energiezentren, die sich nach alter Betrachtungsweise entlang der Wirbelsäule senkrecht darstellen. Chakra kommt aus dem indischen Sanskrit und bedeutet so viel wie »Rad«.

Es gibt sieben Chakren, die sich aus verschiedenen Abteilungen zusammensetzen:

7. Scheitelchakra
6. Stirnchakra
5. Halschakra
4. Herzchakra
3. Nabelchakra
2. Sakralchakra
1. Wurzelchakra

1. Chakra

Das Wurzelchakra steht für das Element Erde und symbolisiert unser Urvertrauen, Stabilität, Lebenswille und Durchsetzungskraft. Körperlich steht es in Verbindung mit dem Becken, dem Darm, dem unteren Wirbelsäulenbereich und den Beinen. Über das Wurzelchakra »erden« wir uns und nehmen neue Energie auf. Um eine energetische Störung auszugleichen, empfiehlt sich häufiges Barfußgehen (sich erden), wohltuende Aromatherapie mit Düften, wie Zeder, Nelke, Zypresse und Rosmarin als auch Massagen und Yoga.

2. Chakra

Das Sakralchakra ist der Sitz der Sexualität, der Sinnlichkeit und der schöpferischen Energie. Physisch ordnet man ihm die Lendenwirbelsäule, die Geschlechtsorgane sowie Nieren, Blase und Blutkreislauf zu. Ausgleichend für das Sakralchakra sind Bäder mit Düften, wie Orange, Vanille, Sandelholz ebenso, wie alle Tätigkeiten, die mit dem Wasser, welches als Element diesem Chakra zugeordnet wird, in Verbindung stehen. Ein schönes Bad, ein Spaziergang am Meer und natürlich das Schwimmen sind Tätigkeiten, die sich wohltuend auf das zweite Chakra auswirken.

3. Chakra

Der Solar Plexus ist der Sitz des Nabelchakra. In ihm steckt der Wille und die Durchsetzungskraft des Menschen. Ist dieses Chakra störungsfrei, geht von ihm die Intuition, also das »Bauchgefühl« aus. Im Volksmund kennt man ja auch die Redewendung: »Aus dem Bauch heraus zu handeln«. Von Vorteil ist es, wenn man, um diesem Chakra Gutes zu tun, auf seine Bauchatmung achtet. Fenchel, Kamille, Pfefferminze und Lavendel sind hier die bevorzugten Aromen bei Blockaden des dritten Chakras.

4. Chakra

Schenken Sie gerne von Herzen? Dann ist das vierte Chakra, auch Herzchakra, angesprochen. Mit ihm gehen alle liebevollen Gefühle in die Welt hinaus. Zuneigung, Herzensgüte und Geborgenheit stehen als oberstes Motto für die Menschheit. Es ist unsere Aufgabe in einer manchmal rauen Welt, diese Emotionen weiterzutragen und das tun wir mit diesem Chakra. Sind hier Blockaden vorhanden, so lebt der Mensch in Furcht und Einsamkeit. Kommt dieses Chakra nicht auf seine Kosten, so drohen körperliche Beschwerden, wie Herz-Kreislauferkrankungen, Allergien, Durchblutungsstörungen und nicht selten auch Rheuma. Deswegen schenken wir diesem Chakra hier besondere Aufmerksamkeit. Es tut ihm gut, wenn wir ihm liebevolle Zuwendung geben in Form von vielen Spaziergängen in der Natur, ein gemütliches Zuhause, eine harmonische Partnerschaft und sich selbst beschenken als auch unseren Mitmenschen eine Freude machen. Jegliche negative Belastung blockiert alle liebevollen Gedanken, deswegen versuchen Sie immer in Ihrem Leben diese Negativität in positive Emotionen umzuwandeln. Hinter jedem zunächst negativen Ereignis steht auch ein Neuanfang und bringt uns eine Botschaft des Universums. Es liegt an Ihrer Betrachtungsweise, wie Sie damit umgehen und ob Sie in Enttäuschung, Wut und Hass leben oder in Glück, Hoffnung und Zuversicht! Positiv wird dieses Chakra durch Rosenöl, Rosenblütenbäder, duftenden Yasmintee und Liebe beeinflusst.

5. Chakra

Weiter geht's mit dem Hals- oder Kehlchakra. Nacken, Schultern, Hals und Ohren gehören seiner Zuordnung an. Die Stimme, Kommunikation und der gewandte Umgang mit Worten werden durch dieses Chakra bestimmt. Günstig für ein ausgeglichenes Kehlchakra ist das Singen, Sprachen sprechen, Ehrlichkeit in Worten und die Farbe Himmelblau.

6. Chakra

Das Stirnchakra bestimmt unsere Wahrnehmung. Im physischen Sinne schwingt es in Dualität mit der Nase, den Augen, Gehirn und dem Nervensystem. Sämtliche Beschäftigung mit spirituellen, philosophischen und religiösen Themen kommen daher. Unterstützt wird dieses Chakra mit Räucherungen, die Weihrauch, Lemongras, Minze und Palo Santo enthalten. Bei Meditationen wirkt indigoblaue Farbe in Form von Tüchern ebenso unterstützend wie das Violett eines Amethysten.

7. Chakra

Zu guter Letzt wenden wir uns dem Kronenchakra zu. Bei Erleuchteten strahlt dieses Chakra besonders stark. Zugeordnet wird es der Zirbeldrüse und dem Mittelhirn. Sofern es frei von Störungen ist, hat der Mensch ein tiefes spirituelles Verständnis in Verbindung mit großem Frieden. Durch das Scheitelchakra fließt das höchste göttliche weiße Licht in uns ein und stellt die Verbindung zum Himmel dar. Alle weißen und violetten Gegenstände beeinflussen das Kronenchakra positiv. Auch Düfte, wie heller Weihrauch, Rosen, Rosenholz, Veilchen und Flieder unterstützen den leichten Fluss.

Sie werden sich jetzt bestimmt fragen, wie lassen sich die Aura und die Chakren erkennen? Hellsichtige Medien, Kinder sowie Tiere erkennen die Ausstrahlung ohne Übung von alleine. In früherem Jahrhundert, als der Mensch noch Naturverbundener war, fiel es auch den Erwachsenen leichter, die Aura zu sehen. Dies wird uns schnell deutlich auf religiösen Bildern in der Kirche. Dort werden Heilige mit dem uns allen bekannten Heiligenschein dargestellt. Diesen nennt man auch Aureole. Er ist nichts anderes als ein Teil der Aura. Bei heiligen Menschen leuchtet die Aura besonders stark.

Wollen auch Sie die Aura bei einem Menschen erkennen, so fangen Sie damit an, indem Sie eine Person vor eine weiße Wand stellen und auf diesen Menschen schauen, so als ob Sie durch ihn hindurchschauen. Langsam stellt sich bei Ungeübten ein weißer Schein um die Person ein. Dies ist der erste Schritt zum Aurasehen. Mit etwas mehr Übung werden Sie auch Farben wahrnehmen. Hier eine kleine Liste, was welche Farbe bedeutet:

Rot

Kräftiges Rot steht für Energie, Aktivität und Tatendrang.
Trübes, blasses Rot zeigt Nervenschwäche, Reizbarkeit, Stolz.
Braunes Rot: Geiz.

Orange

Kräftiges Orange bedeutet Gesundheit, Vitalkraft, Lebensenergie.
Rötliches Orange zeigt Egoismus und Trägheit.

Gelb

Strahlendes goldgelb zeigt hohe Spiritualität, geläuterte Gedanken, Gnade und Verbindung zu Christus.
Schmutziges Gelb steht für Materialismus, Feigheit, Willensschwäche.

Grün

Klares, reines Smaragdgrün ist die wahre Herzensliebe und Heilung. Auch werden der Bezug zur Schöpfung und die Liebe zur Natur dadurch sichtbar.
Verwaschenes, schmutziges Grün das olivfarben wirkt, zeigt Neid, Hinterlistigkeit, Heuchelei und Lüge.

Blau
Indigoblau bedeutet hohe Spiritualität, Intuition, Ehrlichkeit, Offenheit.
Graublau zeugt von Pessimismus, Schüchternheit und Misstrauen der Umwelt gegenüber.

Violett
Die Steigerung von Blau – höchste Spiritualität, Opferbereitschaft, tiefe Religiosität, Reinheit.

Weiß
Die Farbe Jesu Christi, Verbindung zur geistigen Welt, Erleuchtung und Reinheit.

Braun
Die Farbe des Manifesten. Sie steht für Handeln, Ordnung, Fleiß.
Schmutziges Braun bedeutet auch Geiz, Habgier, niederes Denken.

Grau
Dunkles Grau zeigt Angst, Besessenheit, Depressionen, Krankheit.

Schwarz
Befinden sich in der Aura schwarze Flecken deutet dies auf negative Gedanken, Energieverlust oder Besetzung durch erdgebundene Seelen hin. Auch kann eine Tendenz zur Schwarzen Magie oder Behaftung dadurch angezeigt werden. Eine energetische Reinigung sollte schnellst möglichst erfolgen. In diesem Fall sollte auf eine professionelle Unterstützung nicht verzichtet werden, desgleichen sollten Sie auf einen ärztlichen Befund nicht verzichten, um auszuschließen, dass die schwarzen Flecken in der Aura durch eine schwere Krankheit hervorgerufen wurden.

Eine weitere Möglichkeit, um die Aura eines Menschen zu erkennen, stellt eine sogenannte Aurakamera dar. Mithilfe dieser modernen Technik kann man eine Fotografie mittels Sensoren anfertigen. Sehr häufig findet man diese Geräte auf Esoterikmessen. Neueste Modelle zeigen die Aura in ihrer ganzen Pracht sogar als Video in Bewegung. Doch diese Sensoren, die Ihre Aura bildlich widerspiegeln können, sind zumindest in der Kontaktsekunde, wenn Sie mit dem Gerät in Berührung kommen, noch von der starken Energie eines Vorgängers belegt. Dies kann Ihre eigene Aurafarbe sowohl positiv als auch negativ verwischen.

Hausgeister

Kennen Sie das Gefühl nicht allein zu sein, obwohl sich außer Ihnen niemand im Haus befinden kann? Hören Sie da gerade nicht ein Knacksen und Knistern? War da nicht gerade ein Klopfen und Knarren? Ist da nicht etwas an Ihnen vorbeigehuscht? Richtig unheimlich wird Ihnen zumute.

In der Regel schaut man dann im Hause nach, ob noch jemand da ist. Nur man stellt fest, dass dies nicht der Fall ist. Dann fängt man an, sich selbst gut zu zureden: es muss wohl Einbildung gewesen sein oder der Wind oder die Dachsparren sind es gewesen, die uns diese Wahrnehmungen vorgegaukelt haben. Sehr häufig aber findet man keine natürliche Ursache für diese unerklärlichen Begebenheiten und bemerkt dann, dass plötzlich auch Gegenstände verschwinden und an anderen Orten wieder auftauchen. Dies alles geschieht besonders oft, wenn man einen Hausgeist hat!

Menschen mit hoher Sensibilität nehmen diese übersinnlichen Energien besonders stark wahr und je sensitiver man entwickelt ist, desto mehr treten auch Erscheinungen auf. Geerdete Menschen halten dann häufig jene, die diese Dinge wahrnehmen können, für verrückt oder unheimlich.

Doch heute ist dank des Erfindungsreichtums unseres Menschseins diese Art der übersinnlichen Phänomene nun belegbar geworden. Geräte mit Messtechniken wurden entwickelt, mit denen man diese feinen Schwingungen aufzeichnen und somit auch belegen kann. Durch ausführliche Studien mit vielen Objekten in vielen Erdteilen wurde belegt, dass es wirklich so etwas wie Hausgeister gibt. Zum Beispiel hat man in alten Schlössern und Burgen Kameras installiert, um zu beobachten, ob nachts wirklich die weiße Dame oder das kopflose Gespenst durch die Räume geistert. Das Erstaunen war groß, wenn dann tatsächlich etwas auf den Filmen zu sehen oder auch zu hören war. Vor allem im zauberhaften England gibt es eine Fülle dieser Erzählungen und besonders auf »Craig Y Nos Castle« – einer märchenhaften Burg in Südwales, ist das Geisterleben live zu erleben!

Es ist die Hochburg der paranormalen Phänomene und dort geistert jede Nacht noch Madame Petty durch das Schloss. Es gibt sogar ein Gästezimmer, in dem man eine Nacht umsonst wohnen darf, wenn man die erste ohne gruseln »überstanden« hat! Auf dieser Burg sind nun übersinnliche Phänomene nachgewiesen worden, wie gut für die dort lebenden Menschen. Keiner hält sie länger für verrückt! Auch aus zahlreichen Burgen und Schlössern in Deutschland sind uns diese Erscheinungen bekannt. Hausgeister und nicht erlöste Seelen gibt es aber auch in ganz normalen Wohnungen und Häusern.

In meiner Praxistätigkeit habe ich viele Beispiele vorzuweisen, dass durch eine energetische Hausreinigung, die ich vorgenommen habe, um Seelen ins Licht zu schicken, sich alles zum Guten wendete. Ich habe schon Aufträge erlebt, wobei plötzlich der Schrank mitten in der guten Stube stand, oder Gläser aus unerfindlichen Gründen im Schrank zersprangen.

Die Aufgabe einer Hexe oder Magierin besteht auch darin, die Ursachen für diese Erscheinungen herauszufinden und sich medial und hellsichtig in das Geschehen hineinzuspüren. In der Regel unterscheidet man zwischen guten und leider auch negativen Geistern. Meistens steckt eine traurige Geschichte dahinter und diese gilt es zu klären.

Bei Poltergeistern wohnt in der Regel im Haus ein unzufriedener Jugendlicher. Poltergeister nutzen besonders die Energien, die ein pubertierender Mensch aussendet. Deshalb gilt es nicht nur den Geist zu verjagen, sondern auch die Ängste, Sorgen und Nöte des jungen Menschen zu verstehen.

Es gibt aber auch Geister von Verstorbenen, die unmittelbar oder auch Jahre nach dem Tod plötzlich in Erscheinung treten können. Merkwürdigerweise sehen sie genauso aus wie die Verstorbenen, wobei es nicht selten vorkommt, dass derjenige auf einmal wieder jung und frisch ausschaut. Angehörige stehen hier völlig fassungslos und plötzlich sehr erschrocken dem Geschehen gegenüber. Auch hier nach einem solchen Vorfall gilt es sofort die Hinterbliebenen zu beruhigen, um danach medial mit dem Geist in Kontakt zu treten und in Erfahrung zu bringen, was er noch mitteilen möchte.

Manchmal handelt es sich um eine Kleinigkeit, manchmal ist es mehr an Aufwand, doch nach Klärung dieser Dinge kommt alles in Ordnung und die häusliche Ruhe kehrt wieder ein.

Es gibt aber auch spezielle Orte, die durch diverse Geschehnisse sehr negativ durch Geistwesen besetzt sind. Aus meiner eigenen Praxis kann ich auf ein besonderes Beispiel zurückgreifen. Eine Kundin, die einen wunderschönen Reiterhof besaß, rief mich an. Sie erzählte, dass alle Pferde und Menschen auf dem Anwesen eine seltsame Verhaltensweise aufzeigten. Die Pferde scheuten, die Hunde waren bissig und die Menschen wurden depressiv, sodass ein harmonisches Miteinander kaum noch möglich war und jeder nur noch schnellstmöglich versuchte, das wunderschöne Gehöft zu verlassen. Sie hörte sich todunglücklich an, da ihr dieser Hof sehr gefiel und auch sehr idyllisch lag und als sie ihn damals kaufte, war er geradezu ein Schnäppchen gewesen, worüber sie sich sehr gefreut hatte.

Ich machte mich auf den Weg, um mir dieses Spektakel anzuschauen. Bei Eintreffen wurde mir sofort klar, dass es dort nicht nur einen Hausgeist gab, sondern viele. Die Pferde erschraken bei jedem Geräusch und waren kaum zu bändigen und selbst die Singvögel schienen diesen Ort zu meiden. So begab ich mich medial in die Situation hinein und siehe da, ich sah mich vielen Menschen und Tieren gegenüberstehen, die mir mit trauriger und hasserfüllter Miene entgegentraten. Da war mir klar, es musste ein fürchterliches Unglück auf dem Hof gegeben haben, denn das Entsetzen in den Gesichtern der Geistwesen war unbeschreiblich und es kostete mich sehr viel Kraft, dies zu ertragen. Die unruhigen Seelen vermittelten mir Bilder, die Szenen eines Krieges zeigten. Ich signalisierte Ihnen in Gedanken zu recherchieren und die Wahrheit ans Licht zu bringen.

Die Eigentümerin hatte mich die ganze Zeit beobachtet und war nun sehr gespannt, was ich gesehen hatte. Ich versuchte ihr vorsichtig die Bilder zu beschreiben und sie starrte mich zweifelnd an. Ich bat sie, umgehend auf dem Rathaus und in alten Kirchenbüchern nachzusehen, was da geschehen sei. Danach segnete ich den Hof und ging wieder heim.

Einige Tage später rief mich die Dame erneut an und teilte mir mit, dass sie Unglaubliches erfahren hatte.

Genau an dem Ort des alten Gutshofes hatte sich im Dreißigjährigen Krieg Dramatisches abgespielt. Die gesamte Familie des Hauses wie auch Knechte, Mägde, Angehörige und Tiere waren an diesem Ort gnadenlos abgemetzelt und nie würdig beerdigt worden. Der Hof wurde von Soldaten besetzt und einige Wochen später wieder verlassen. Die Toten hatte man einfach auf die entfernter gelegene Weide geworfen. Anscheinend hatte sich niemand um die getöteten Lebewesen gekümmert, da auch das nahe gelegene Dorf vom Krieg betroffen war und viele Menschen in andere Städte flüchteten.

Die Eigentümerin meinte, dass sie sofort – wie alle vorherigen Besitzer des Hauses – schnellstmöglich das Gestüt wieder verkaufen müsse. Ich unterbrach sie und erklärte ihr, dass dies vollkommen unnötig sei, da es zu bereinigen wäre. Sie als jetzige Besitzerin müsste den Boden unverzüglich weihen lassen und zum Gedenken an diese furchtbare Tat eine Tafel aufstellen, um die Menschen und Tiere, die dort einstmals lebten, zu würdigen. Außerdem bat ich sie, das Haus nach der Familie zu benennen, die damals ums Leben gekommen war. Rasch gab sie alle diese Dinge in Auftrag und ich begann damit, in einer ausgiebigen besonderen »Meditation« die Seelen liebevoll ins Licht zu schicken. Mit einem speziellen Weihwasser und alten Gebeten arbeitete ich mich durch jeden Winkel des Gehöfts und der Koppeln. Nach einigen Stunden war die Arbeit getan und es zog eine seltsame Ruhe auf dem Hof ein. Zu guter Letzt segnete ich die Tiere und Menschen die dort lebten und bat die Dame zu dem neuen Schild einen roten und einen weißen Rosenstock zu pflanzen, der symbolisch für Unschuld und Herzensliebe steht. Erstaunt stellte die Dame des Hauses fest, das zum ersten Mal die Vögelchen auf dem Dach des Hauses saßen und anfingen in brillierenden Tönen zu zwitschern.

Viele Jahre danach erzählte mir die nun zufriedene Besitzerin, dass sich nach dieser energetischen Reinigung nichts mehr an negativen Vorfällen ereignet hatte. So könnte ich unzählige Fälle von Geisterhäusern aufzählen, die ich in meiner langen beruflichen Laufbahn aufklären durfte.

Es gibt viele Namen für verschiedene Arten von Geistern. Auf Schiffen ist es der Klabautermann oder der Fliegende Holländer, der bei Nacht und Nebel die Seefahrer erschreckt. Im Orient halten sich nach altem Glauben schlechte Geister, auch Dschinns genannt, gerne in Badezimmern auf, weshalb es dort zumeist keine Spiegel gibt, damit man vor ihnen nicht erschrickt, wenn sie sich bildhaft zeigen. Die Mär von Flaschengeistern ist nicht weit von der Realität entfernt, denn es ist auch heutzutage immer noch Brauch, Geistenergien in Flaschen zu komprimieren. Dies hat nichts mit dem Weingeist, Himbeergeist oder sonstigen alkoholischen Getränken zu tun!

Vielerorts, ob in England die hohen Logen oder im Voodoo und nicht selten auch im südamerikanischen Glauben, versucht man diese Geisterscheinungen in Flaschen einzusperren, um sie jederzeit zu seinem eigenen Vorteil einsetzen zu können. In unseren Breitengraden sind es die Naturgeister, die jeder Hexe oder jedem Magier gerne willkommen sind. Ob sie sich Elfen, Trolle oder Gnome nennen oder ob es sich um Tiergeister handelt, die uns in ihrer großen Symbolik Kraft spenden, wie es indianische Volksstämme gerne sehen, sie sind die Helfer, die uns jederzeit auf unser Bitten hin gern zur Seite stehen. In der klassischen Magie verbindet man die Elemente mit verschiedenen Naturgeistern. In diesem Falle spricht man auch gerne von sogenannten »Elementargeistern«.

So wie jedes Element einer Himmelsrichtung zugeordnet ist, so gehören zu den Elementargeistern auch jeweils bestimmte Aufgaben. Gnome, Baumgeister und Trolle stehen für das Element Erde und dies steht für den Norden. Im Westen sind es die Undinen und Nixen, welche das Element Wasser darstellen. Im Süden sind die Salamander die Hüter des Feuers und im Osten regieren die Sylphen das Element Luft. In der Magie sind diese Helfer unerlässlich.

Zu guter Letzt hat nach altem Glauben auch jeder Mensch einen Schutzgeist. Dieser begleitet uns von der Stunde unserer Geburt an bis zu unserem Tod. Die innere Stimme hat auch mit diesem Schutzgeist zu tun. Sehr häufig bekommen wir in den kuriosesten Fällen auf einmal eine Eingebung, zu bestimmten Anlässen nicht zu erscheinen oder vielleicht das nächste Flugzeug zu nehmen statt des eigentlich gebuchten. Diese Eingebungen kommen uns nicht ohne

Grund in den Kopf. Unser Schutzgeist, den manche Menschen heute auch Schutzengel oder Höheres Selbst nennen, macht uns auf etwaige Gefahren aufmerksam, und versucht uns in Sicherheit zu führen und zu leiten. Hören Sie ruhig ab und zu mal auf »Den kleinen Mann« im Ohr! Meist bekommen wir kurze Zeit später die Bestätigung, dass es richtig war, so zu handeln.

Engel

Engel sind unsere himmlischen Helfer und sie begleiten uns mit ihren wunderbaren Fähigkeiten Tag für Tag. Da sie direkt von Gott geschaffen worden sind, drücken sie das göttliche Licht und die göttliche Liebe in reiner Form aus. Das Wort Engel leitet sich ab von dem griechischen Wort »Angelos« bedeutet Bote oder Gesandter. Die Körper der Engel sind feinstofflicher, energetischer Natur, da diese am besten für die Fortbewegung in den himmlischen Sphären geeignet sind. Sie können sich allerdings auch sichtbar machen.

Kennen Sie das Gefühl, dass Sie an so manchen Tagen ein Schutzengelchen zur Seite haben? Engel können jedoch nur dann dauerhaft einen materiellen Körper annehmen oder darin inkarnieren, wenn Gott es wünscht, d. h., wenn sie einen göttlichen Auftrag auszuführen haben.

Hildegard von Bingen (1098 bis 1179) sagt hierzu in ihrem Werk »Scivias«: »Der allmächtige und unaussprechliche Gott, der vor aller Zeit war, doch ohne Anfang ist und am Ende der Zeiten nicht aufhören wird zu sein, hat jedes Geschöpf wunderbar nach seinem Willen erschaffen und wunderbar ausgestattet. Er bestimmte, dass die einen der Erde verhaftet sind, die anderen dem Himmel angehören. Er berief die seligen himmlischen Geister sowohl zum Heil der Menschen als auch zur Ehre seines Namens. Er bestimmte die einen dazu, den Menschen in ihren Nöten zu Hilfe zu kommen, die anderen den Menschen seine geheimen Urteile kundzutun.«

In der Magie spielen Engel eine große Rolle. Durch die Kabbala wurde uns überliefert, dass bei den himmlischen Heerscharen herrsche: Die »himmlische Wohnung« Gottes unterteilt sich in drei große Ebenen, wobei jeder dieser Bereiche eine Hierarchie repräsentiert. Die erste Hierarchie – auch Serafim genannt – spendet Kräfte in Form von reinigendem Licht. Zu dieser Hierarchie gehören auch die Cherubim, welchen man die Kraft der Allwissenheit nachsagt. Dritter Bestandteil der ersten Hierarchie sind die sogenannten Throne, dessen Eigenschaft es ist, die göttliche Majestät zu verkörpern und zu tragen.

Die zweite Hierarchie steht für Gewalten, Tugenden und Mächte. Die dritte Hierarchie beinhaltet sogenannte Fürstentümer, Erzengel und Schutzengel.

Beginnen wir mit den oben aufgeführten Engeln der ersten Hierarchie, den Serafim. Sie sind dem Herzen Gottes mit seiner unbeschreiblichen Energie am nächsten. Wie eine feurige Aura bilden sie einen Flammenring um die ewige Mitte. Aus dieser Betrachtungsweise heraus hat sich ihr Name entwickelt, der sich aus dem hebräischen Begriff »saraph« (=brennen) ableitet. Im Gegensatz zu den anderen Engelsgestalten geben die Serafim durch ihre Flammenhülle von ihrem eigentlichen Körper nichts preis. So wie sie den unsichtbaren Gott umhüllen, so verdeckt ihr feuriges Flügelkleid den eigenen Leib.

Hildegard von Bingen, die in einer ihrer Visionen die Serafim ebenfalls mit sehr vielen Flügeln und brennend wie Feuer erblickte, deutete diese Erscheinungsform als Ausdruck unzähliger himmlischer Geheimnisse, die der Mensch noch nicht erfassen kann und die deshalb vor ihm verhüllt werden. Vielen Heiligen erschienen Lichtwesen der Serafim. Der heilige Franz von Assisi wurde nach einer 40-tägigen Fastenkur von einem Serafen stigmatisiert.

Den Serafim folgt in der ersten Hierarchie der Chor der Cherubim. Diese Engel gelten in der christlichen Mystik als wesenhafte Verkörperungen der göttlichen Weisheit. In enger Wechselbeziehung ergänzen sich die Aspekte der Liebe (Serafim) und der Weisheit (Cherubim) zum göttlichen Paar. Die Cherubim tauchen auch als geflügelte Mischwesen in der Bibel auf; dort heißt es, dass zwei mit

Schwertern bewaffnete Cherubim vor dem Paradies wachen, damit die Menschen nicht mehr zum Baum des Lebens gelangen können, nachdem sie vom Baum der Erkenntnis gekostet haben. Als Thronengel und Herrscher der Weltenenden wird den Cherubim auch das geistige Wächteramt zugeschrieben. Sie wachen als »Hüter der Schwelle« über die Eingänge zum Himmel. Während sich in den Erscheinungsweisen der Cherubim erstmalig die Gestalt des Menschen in einem Flügelkleide andeutet, gelangen wir mit dem Chor der Throne in eine Sphäre von Himmelsgestalten, die den Wirkungskräften des Heiligen Geistes entsprechen.

Die Engel der zweiten Hierarchie, die Herrschaften, Gewalten und Fürstentümer erscheinen als personenhafte Mächte, die in die kosmischen Welten hinein die göttliche Ordnung gestalten. Diesen gewaltigen Engeln wird die Verwaltung des gesamten Universums mit seinen unzähligen Sternensphären zugeschrieben. Diese Engel sind die Beschützer der Elemente. Die Gewalten stehen als fünfter Engelschor in der Mitte zwischen den oberen und unteren Engelswelten. Den Fürstentümern ist die Verwaltung von Sternenwelten und Ländern anvertraut.

Gelangen wir nun zu den Mächten und Erzengeln. Die Chöre der dritten Hierarchie bilden das Fundament des Himmelsgebäudes in der irdischen Welt. Sie gelten bereits in den Überlieferungen der Antike und der jüdischen Tradition als Streiter des Lichts gegen die Finsternis, wobei Finsternis im Christentum mit den Wesen der gefallenen Engelscharen Luzifers identifiziert wird. Die uns allen bekanntesten Engel sind die Erzengel. In der jüdischen und christlichen Tradition kommen wir auf vier, während in gnostischen Schriften noch einige mehr vorhanden sind. Wir nennen diese vier: Erzengel Michael (»Wer ist wie Gott?«), Gabriel (»Gott ist stark«), Raphael (»Gott hat geheilt«) und Uriel (»Licht Gottes«). Sie gelten als Himmelswächter, die rund um den Thron Gottes stehen, dabei schaut jeder in eine Himmelsrichtung, Michael in den Osten, Uriel in den Süden, Raphael in den Westen und Gabriel in den Norden. In dieser Reihenfolge werden die Namen der Erzengel auch den Kreuzpunkten magischer Quadrate zugeordnet.

Die mittelalterliche Alchemie entwickelte Zusammenhänge von

Engeln und Elementen. Heute ist sie das Fundament jeglicher seriösen magischen Arbeit. Im Laufe der Zeit wurden und werden die Engelskräfte immer mehr in die Ritualarbeit eingebunden. Gern finden die Symbole der Engelsnamen auch Verwendung in sogenannten Sigillen. Das sind magische Siegel, die in recht aufwendiger Weise bestimmte Wünsche erfüllen sollen. Agrippa von Nettesheim, einer der berühmtesten Magier, erstellte folgende Tabelle:

Luft	Wasser	Feuer	Erde
Engelschor	Erzengel und »Gekrönte«	Serafim »Tugenden« und »Kräfte«	»Herrschaften« und »Fürstentümer« Cherubim
Himmelsrichtung			
Norden	Süden	Osten	Westen
Spielkarten			
Pik	Herz	Kreuz	Karo
Tarot			
Schwerter	Kelche	Stäbe	Münzen, Scheiben
Tierkreiszeichen			
Zwillinge/Waage/ Wassermann	Krebs/Skorpion/ Fische	Widder/Löwe/Schütze	Stier/Jungfrau/Steinbock
Gestirne			
Jupiter und Venus	Saturn und Merkur	Sonne und Mars	Sterne und Mond

Engel, denen wir in Regel unsere Fragen stellen, sind die Engel der 9. und 8. Ebene. Mein persönlicher Favorit unter den Engeln heißt Metatron. Der Überlieferung nach war er ursprünglich ein Mensch, jener Henoch, siebter Nachkomme Adams, der wegen seiner Rechtschaffenheit nicht starb, sondern zu Gott entrückt wurde (Gen 5,21–24). Die Herkunft des Namens leitet sich vom griechischen »meta thronou«, d. h. »beim Thron« ab. Der Engel Metatron wird als der mächtigste der Serafim bezeichnet. Man nennt ihn auch den König der Engel, auch als Engel der Verheißung bekannt. Er gilt als wichtiges Bindeglied zwischen dem menschlichen und dem göttlichen Königreich. In der Kabbala wird er oft der höchsten Sphäre – des Lebensbaumes – Kether und auch der Basis, Malkuth zugeordnet. Metatron sendet ein gold-weiß-farbenes Licht aus und überstrahlt mit demselbigen selbst den Erzengel Michael, dem er übergeordnet sein soll. Dem Erzengel Metatron wird eine ganz besondere Eigenschaft zugesprochen. Er nimmt die unerfüllten Wünsche der Menschen in seine Obhut und leitet sie an die geistige Welt weiter.

Natürlich dürfen wir uns die Hilfe der himmlischen Heerscharen dazuholen. Jedem Menschen ist dies erlaubt, denn das Universum hilft uns gerne, wenn es in Liebe und zum Wohle aller Menschen geschieht.

In der Bibel werden nur drei Erzengel namentlich genannt: Michael, Raphael und Gabriel. In jüngerer Zeit kam noch der Erzengel Uriel dazu, was soviel bedeutet wie: »Licht Gottes«. In der Kabbala werden zehn Erzengel genannt: Metatron, Rasiel, Tzaphquiel, Tzadiel, Khamael, Raphael, Haniel, Michael, Gabriel und Sandalphon. Es gibt viele Theorien, in denen die Engel in anderer Reihenfolge genannt werden: Uriel, Haniel Chamuel, Gabriel, Raphael, Michael, Jophiel, Zadkiel, Metatron. Die Namen der Erzengel enden alle auf der Silbe »el«, was so viel bedeutet wie »strahlen«, »leuchten« oder sogar »Gott«. Da wir hier leider nicht auf alle himmlischen Helfer eingehen können, beschränken wir uns auf jene, welche wir für unser großes Friedensgebet und Ritual benötigen.

Der Erzengel **Michael** wird als Ritter in schimmernder Rüstung dargestellt, der den Drachen mit seiner Lanze durchbohrt sowie im Kampf mit Luzifer, auch mit einer Waage, die ihn als Schützer der Gerechtigkeit ausweist. Er ist derjenige, der Satan aus dem Himmel stürzte. Ein dem Erzengel Michael geheiligter Ort befindet sich auf dem Monte Sant' Angelo in Italien. Hier sei er am 8. Mai 495 einigen Hirten erschienen. Dieses Ereignis wurde zu einem Kult erhoben, der auf das Abendland übersprang. 709 erschien er in der Normandie dem Bischof Autbert, der ihn in einer Vision auf einem Felsen im Atlantik erblickte. Daraufhin entwickelte sich der Mont-Saint-Michel als Wallfahrtsort. Im Jahre 590 soll Michael über der damals von der Pest heimgesuchten Stadt Rom erschienen sein. Eine Bittprozession bewegte sich durch die Stadt und über dem Hadriansmonument sah man Michael mit seinem Schwert hell erstrahlen. Deswegen heißt dieses Grabmal der römischen Kaiser seitdem auch »Engelsburg«. Michael wurde nun zum Patron der katholischen Kirche und insbesondere der Deutschen erhoben (»deutscher Michel«).

Raphael wird als der zweite von sechs Erzengeln genannt, wobei er über die Geister der Menschen gesetzt ist. Laut dem Bartholomäus-Evangelium wurde Raphael als fünfter der Engel geschaffen, indem Gott bei der Erschaffung der Himmel eine Handvoll Feuer nahm. Dargestellt wird Raphael als Pilger mit Stab, Flasche und Fisch. Raphael gilt als Regent des zweiten Himmels, als Schutzengel für den Baum des Lebens im Paradiesgarten Eden, als einer der sieben Engel um den Thron Gottes. Er war es, der Noah das Buch mit der Anleitung zum Bau der Arche gegeben hat. Im äthiopischen Henoch – einem vom 3. bis 1. Jahrhundert v. Chr. entstandenen Buch jüdischer Welt- und Gottesbetrachtungen – gilt er als einer der vier Nothelfer, die über alle Krankheiten und Wunden der Menschenkinder gesetzt sind. Raphael wurde im Mittelalter zum Inbegriff des Schutzengels, dargestellt mit sechs Flügeln.

Kommen wir nun zum Erzengel **Gabriel**. Der Name Gabriel leitet sich entweder vom Hebräischen »Gavriel« ab oder von »Gibor und el«, doch beide bedeuten das Gleiche »Die Macht Gottes« oder »Meine Macht ist Gott«. Gabriel wird hier der Vorsteher des Paradieses und der Schlangen genannt. Im jüdischen Glauben ist Gabriel ein weiblicher Engel. Wir wissen zwar, dass Engel kein Geschlecht haben, jedoch soll Gabriel sehr viele weibliche Züge besitzen. Ein Grund dafür ist das weibliche Element Wasser, das ihm zugeordnet ist. Auch wird er oft mit einer weißen Lilie, dem Symbol der Reinheit gezeigt. Ebenfalls ist ihm die Mondenergie zugeordnet. Ein weiteres Symbol Gabriels ist die Trompete. Es heißt, dass er am Tage des Jüngsten Gerichts die letzte Trompete blasen wird.

Uriel, dessen Zuordnung den vier höchsten Engeln der alten jüdischen Tradition entspricht, gilt als Vorsteher eines Ortes der Abgeschiedenen, welcher am Jüngsten Tag die Tore zur Unterwelt öffnen und die Seelen der Toten vor den Thron Gottes führen wird. Oft wird er auch als der Engel angesehen, der seit dem Sündenfall den Eingang ins Paradies bewacht. Im Unterschied zu den anderen drei Erzengeln wird Uriel nicht in der Bibel genannt und daher nicht wirklich von der Kirche anerkannt. Uriel ist der Erzengel der Offenbarungen und der Prophezeiungen. Oft wird Uriel mit einer Flamme in der Hand dargestellt. Ihm ist das Element Erde zugeordnet. Sein Symbol ist ein zuckender Blitz.

Feste des heidnischen Jahreskreises und dazu passende Rituale

Julfest – 21. Dezember

Im alten Glauben gibt es acht wichtige Feste. Vier sind der Sonne und vier sind dem Mond geweiht. Der Jahreskreis beginnt am 21. Dezember mit dem Fest der wiederkehrenden Sonne, des Lichts auch Julfest genannt. Die Wintersonnenwende findet ihren Ursprung bei den alten Germanen.

»Feiern Hexen auch Weihnachten?« Diese Frage wurde mir mehrfach gestellt und jedes Mal gibt es die gleiche Antwort. »Na klar!«

Auch wenn unser Weihnachtsfest in einem »Hexenhaus« heute noch vielleicht ein wenig anders aussieht, so war es schon immer ein sehr beliebtes Fest, auch früher bereits in heidnischen Kreisen. Gerade da hat es eine große Bedeutung, dass die Helligkeit über das Dunkel siegt und alle bösen Geister vertrieben werden, die sich während der dunklen Jahreszeit im irdischen Bereich tummeln. Deswegen lade ich Sie ein, zu schönen, alten, fast vergessenen Bräuchen und einem Ritual, welches für die ganze Familie geeignet ist.

Seit alters her ist es Tradition, Mutter Natur an Feierlichkeiten teilhaben zu lassen. Früher gab es nicht ganzjährig jede Obst- und Gemüsesorte im Supermarkt. Man lagerte noch »Apfel, Nuss und Mandelkern« in den Kellern der Häuser ein und wusste daher so manches Nahrungsmittel noch mehr zu schätzen. Man aß quasi jahreszeitgemäß und verfügte somit immer über die passenden Vitamine und Mineralstoffe. Das beliebte Winteressen aus verschiedenen Kohlsorten enthielt so viel Vitamin C, dass es ausreichte, um den Winter gut zu überstehen. Aus Dankbarkeit über diese reichhaltige Versorgung mit Essen entwickelte sich die Tradition, am Heiligmorgen etwas von den Lebensmitteln in einen Korb zu packen und mit in den Wald zu nehmen. Äpfel, Karotten, Kartoffel, Kohl, Mais, Nüsse, alles, was sich zu einem leckeren Mahl für die Tiere des Waldes am besten eignete, wurde auf einer Lichtung ausgebreitet, von der man wusste, dass sich die Tiere zur Nahrungsaufnahme dort versammeln. Kinder liebten diesen Brauch besonders, denn es gab nichts Spannenderes, als am nächsten Tag bei einem schönen Spaziergang nach zu schauen, ob alles weggefuttert war.

Ich finde es wichtig, Mutter Erde etwas zurückzugeben und der heutigen Jugend neben Computerspielen und anderem teuren Spielzeug die alten Traditionen und Gebräuche zu vermitteln. Ihr damit wieder eine neue alte Blickrichtung zu öffnen für Dankbarkeit und Mitmenschlichkeit. Wenn Sie mögen, schneiden Sie am 4. Dezember doch ein paar Zweige von Kirschbaum, Zierpflaume oder Mandelbäumchen ab. Der 4. Dezember ist der Heiligen Barbara zugeordnet. In einem alten Brauch heißt es: Wenn man am Tag der Heiligen Barbara Zweige mit ins Haus nimmt, werden diese an Weihnachten blühen. Sinn und Zweck ist es dabei, etwas Licht und Glück ins Haus zu bringen.

Es gibt dazu auch einen schönen Aberglauben. Junge Mädchen gaben jedem einzelnen Zweig den Namen eines Verehrers. Der Zweig, der zuerst blühte, wurde dann der zukünftige Mann.

Ein unerlässliches »Must have« zu Weihnachten ist die Walnuss. Schon im alten Rom wurden ihr sehr viele mythologische und gute Eigenschaften zugeordnet, daher wurde sie auch Jupiternuss genannt. Zu den Germanen kam die Walnuss aus dem Nachbarland Gallien. Im germanischen Sprachgebrauch hießen die Gallier »Walche«. So wurde aus der Walchen Nuss die Walnuss. Schon der Walnussbaum ist ein Heilmittel pur. Seine Blätter finden in vielen naturheilkundlichen Tinkturen und Tees Verwendung. So hat man einen Sud hergestellt, der in der Landwirtschaft gerne als Mittel gegen Ungezieferbefall und Mücken bei Kühen, Pferden und Ziegen eingesetzt wurde. Werden einige Blätter in die Speisekammer gelegt, schützt dies auch gegen allerlei Krabbeltierchen. Waschungen mit dem Sud oder einer Tinktur aus Walnussblättern helfen bei schlecht verheilenden Wunden. Auch gegen Ekzeme ist es ein bewährtes Mittel. Innerlich angewandt als Tee fördert sie die Blutreinigung und bringt den Stoffwechsel ins Gleichgewicht. Im Mittelalter setzte man die Natur in Analogie zu den Organen. Da der Kern der Nuss sehr an das menschliche Gehirn erinnert, ordnete man ihm positive Eigenschaften für das Denken zu. Dies stimmt tatsächlich, denn die Walnuss enthält sehr viel Vitamin B1, B2 und B6 sowie Eiweiß und Ballaststoffe. Die wichtigen Omega-3-Fettsäuren senken den Blutfettspiegel und halten uns fit und konzentrationsfähig. Alle Inhaltsstoffe bilden Nervennahrung pur und unterstützen unser Gehirn auf geniale Weise. Selbst aus dem meist als Abfallprodukt betrachteten sogenannten »Kreuzchen« – der Trennwand zwischen den Walnusshälften – kann man ein Mittel gegen Herzrhythmusstörungen herstellen. All ihre guten Eigenschaften hier zu beschreiben, würde den Rahmen sprengen. Diese Nuss ist wirklich ein Tausendsassa!

Im Hexenglauben und magischen Brauchtum ist diese Nuss auch ein starkes Abwehrmittel gegen böse Geister. Und wenn eine gefundene Nuss einem anderen Menschen geschenkt wird, soll sie ihm Glück bringen.

Bereiten Sie das Ritual für den Heiligen Abend, den 24. Dezember einige Tage vorher zu, denn es ist sehr zeitaufwendig.

Ritualvorbereitung:	einige Tage vorher
Ritualdauer:	ca. 2 Stunden zzgl. die familiäre Feier

Für die »Walnusstombola«, in der es nur Gewinner gibt, benötigen Sie folgende Utensilien:

- Walnüsse je nach Anzahl der teilnehmenden Personen
- einen grünen Stift
- Kleber (Uhu oder Heißkleber)
- eine große Schüssel oder Korb – für die Nüsse
- Papier – kleine Zettel (hängt von der Teilnehmermenge ab)
- Schere
- Räucherwerk bestehend aus z. B. Styrax, Palo Santo, Kiefernnadeln, Eichenrinde, Sandelholz – etwa 50 ml
- Rauchfasskohle, Räuchergefäß, Sand
- Nussknacker

Knacken Sie die Walnüsse so, dass beide Hälften der Schale erhalten bleiben. Schreiben Sie die Aufgaben auf verschiedene kleine Zettelchen. Zum Beispiel könnten es Aufgaben sein, wie Rasen mähen oder Frühstück zubereiten, Auto waschen, mit dem Hund spazieren gehen, ein Gedicht schreiben, Märchen erzählen etc. Lassen Sie Ihrer Kreativität freien Lauf. Wichtig ist nur, dass man diese Wünsche nirgendwo kaufen kann. Wenn Kinder in der Familie sind, achten Sie darauf, dass es Aufgaben sind, die Kinder auch bewältigen können. Falten Sie die Zettel und legen Sie jeweils einen davon in eine Nussschale. Diese wird mit der passenden anderen Hälfte zugeklebt und in einen Korb oder eine Schüssel gelegt.

Am Heiligen Abend, in der heutigen Zeit der 24. Dezember, früher der 21., wird dann die ganze Familie zur großen »Walnusstombola« gerufen. Entzünden Sie feierlich das Räucherwerk, damit eine harmonische Stimmung entstehen kann. Bitten Sie jedes Familienmitglied eine der Nüsse zu nehmen und zu knacken.

Nacheinander liest jeder seine Aufgabe vor. Dann bitten Sie alle Familienangehörigen sich an den Händen zu fassen.

Sprechen Sie nun folgenden Segensspruch:

»Nun schauet euch an,
und versprechet dann,
zu helfen dem anderen,
so gut wie man kann.

Seid füreinander da,
in Liebe und Zuversicht,
und im Geiste sehr klar,
Herz und Verstand im Gleichgewicht,
schaut nun dem Gegenüber ins Gesicht,
segnet den anderen mit euren Herzen,
lacht ihn an, als wolltet ihr Scherzen.

Wünscht ihm Gutes,
und Gesundheit pur,
ein friedvolles Fest,
mit Harmonie nur.

Bedenket alle,
dass jeder Tag ist Gottes Geschenk,
Nächstenliebe ist sein Angedenk'
Zusammenhalt ist es,
was Familie ausmacht!
Und nicht nur in dieser heiligen Nacht!
Seid gesegnet!«

Wenn Sie zuvor Barbarazweige geschnitten haben, schenken Sie jedem Teilnehmenden noch einen dieser Zweige als Überbringer des Lichtes. Ich glaube, dass das Weihnachtsfest mit seinen vielen, alten heidnischen Traditionen, wie dem Tannenbaum, den Lichtern und dem ausgiebigen Abendessen, das Familienfest des Jahres ist und die »Walnusstombola« mit ihrer Symbolik der Nächstenliebe auch im christlichen Sinne sehr schön dazu passt! So wird altes Brauchtum und die Geburt des Jesuskindes in Harmonie zueinandergeführt.

Imbolc – 1. bis 2. Februar

Im Februar steht das heidnische Fest namens »Imbolc« vor der Tür. Es wird vom 1. bis 2. Februar gefeiert und steht symbolisch für das wiederkehrende Licht. Dies kündigt uns Mutter Natur meist durch die ersten Schneeglöckchen an. So langsam erwacht alles wieder zum Leben und auch bei uns Menschen verzieht sich die Zeit der Dunkelheit und Depression. Dieses uralte Fest wird im christlichen Glauben auch »Maria Lichtmess« genannt. Es war aber auch das Fest, welches zu Ehren der keltischen Göttin Brigid gefeiert wurde. Später wurde Brigid in der christlichen Kirche sogar heiliggesprochen. Als lichtvolle Jungfrau soll sie das Dunkel des Winters ablösen, da dieses Fest genau in der Mitte zwischen Wintersonnenwende und Frühjahrs-Tagundnachtgleiche liegt. Viele Menschen respektieren diesen alten Brauch mit Kerzen und Lichtern, welche bereits am Abend zuvor angezündet werden.

Eine andere Tradition, die Natur wach zu rütteln hat sich bis in die heutigen Tage gehalten. In vielen ländlichen Gegenden rütteln die Menschen an den Obstbäumen, lärmen auf den Feldern und im Wald, um die Natur rechtzeitig zu wecken. Wundern Sie sich nicht, wenn Sie einen Menschen im Februar erblicken, der an seinem Apfelbaum rüttelt und herumklopft.

In Großbritannien geht man mit lautem Schellen über Wiesen und Weiden und bleibt auch an so manchem Bächlein stehen, um das Eis zum Schmelzen zu bringen. Dieser lange, winterliche Spaziergang ist eine schöne Tradition. Die Sonne, die wir dabei genießen dürfen, wird bereits stärker und Sonnenlicht heitert bekanntlich auch die Seele auf. Für das Lichterfest sollten extra Kerzen gezogen werden. Sie bestehen aus einem Wachs, welchem man eine hohe reinigende und schützende Wirkung nachsagt. Ganz klassisch sind sie reinweiß wie der Schnee zu dieser Jahreszeit. Alles, was mit Imbolc in Verbindung steht, ist von weißer Farbe. Weiße Blumen, wie Schneeglöckchen oder Christrosen, weiße Kerzen, weiße Nahrungsmittel, wie Zucker, Milch, und helles Brot, aber auch helles Stroh werden mit Brigid in Verbindung gebracht.

Berühmt zu Imbolc wurden die geflochtenen Strohkreuze, die in keltischer Zeit vermutlich eher Triskelen (dreibeinige Spiralen) darstellten. Dies symbolisiert die Erneuerung, die Jungfräulichkeit und Klarheit. Solche Strohkreuze werden heute noch an Ställen oder Häusern zu Maria Lichtmess aufgehängt. An diesen Tagen wurde früher Altes entrümpelt – auch wenn man es ungern machte – es gehörte ebenfalls dazu. Auch heute noch sollte es ein größerer Hausputz sein, denn, wenn man in seinem Leben etwas Neues angehen möchte, so muss man zwangsläufig etwas Altes ausmisten, um für das Neue Platz zu haben. Loslassen und glücklich werden ist das Motto des Lichterfestes.

Vor allem Musiker liebten dieses Fest, da Brigid sie mit ihrer Poesie ausgesprochen inspiriert hatte. Deshalb wurde sie auch von den Liebhabern schöner Künste als Schutzpatronin auserkoren. Aber nicht nur die Barden und Spielleute verehrten Brigid. Auch die Schmiede sahen in ihr laut Mythologie die Hüterin des Feuers im Winter. Auch heute noch spielt sie im Schmiedeberuf als Schutzheilige eine große Rolle. Man sagt auch, im übertragenen Sinne, es ist das Fest zum Neue-Pläne-Schmieden. Vorbereitungen für das kommende Frühjahr werden getroffen und man versucht, aus den Fehlern der Vergangenheit zu lernen.

Bereits früh im Jahr zu Imbolc, gibt es Bräuche, aus denen sich deuten lässt, wann die beste Zeit für die Aussaat ist und wie das Wetter werden wird. Der Aberglaube, ein Murmeltier aus dem Winterschlaf zu erwecken gehört dazu. Seine Berühmtheit erlangte das Murmeltier allerdings nur durch den Kinofilm, der in Pennsylvania Amerika spielte: »Und täglich grüßt das Murmeltier«.

Doch, wie überliefert ist, werden dem Murmeltier noch andere Fähigkeiten zugeschrieben. Am sogenannten »Groundhog Day« versucht man anhand der Reaktionen des Murmeltiers seit 1887 zu sehen, wie lange der Winter noch andauern wird. Wenn das »hellsichtige« Murmeltier sich wieder in seinen Bau verzieht, so bedeutet dies noch mindestens sechs Wochen strengen Winter. Nun ja, es ist nicht schwer anhand der Natur zu erkennen, wann die richtige Zeit für Aussaat und Pflanzungen ist, wobei wir Hexen uns lieber am Mondstand orientieren und die Murmeltiere schlafen lassen …

Alles in allem nehmen wir doch Imbolc zum Anlass für ein Ritual, das uns neuen Lebensmut, Klarheit und Reinigung beschert.

Ritualbeginn: 1. Februar, nachmittags oder gegen Abend
Ritualdauer: ca. 2 Stunden und 1 bis 2 Std. am nächsten Tag
Ritualvervollkommnung: 2. Febr. tagsüber in der Natur

Dazu benötigen Sie folgende Utensilien:

- 9 weiße Kerzen und Kerzenhalter
- weiße Blumen – wie Schneeglöckchen, Tulpen, Rosen (beliebig viele)
- loses Räucherwerk bestehend aus weißem Salbei (sogenannte Smudgesticks, in einer Packung
  sind meist 3 Stück enthalten, erhältlich in Esoterikfachgeschäften)
- 1 Glas frische Milch
- 1 helles trockenes Weißbrot (1 Pfund reicht für mehrere Personen)
- 1 Glöckchen

Bereiten Sie am Nachmittag des 1. Februar das Ritual wie folgt vor:

Platzieren Sie die Kerzen in einem Kreis auf dem Tisch oder falls vorhanden, auf dem Altar. Legen Sie um den Kreis die Blumen. Stellen Sie ein Glas frische Milch hinein ebenso das Brot und das Glöckchen.

Wenn Sie mögen, können Sie dieses Ritual auch zusammen mit der Familie und Freunden gestalten. Wenn Sie sich jemand Bestimmtes zum Mitmachen wünschen, trauen Sie sich ruhig diese Person zu fragen. Denn oft wäre der andere gerne mit dabei gewesen, doch der Fragende hat Angst auf Ablehnung und Unverständnis zu stoßen. Dies ist aber meistens nicht so, denn ich darf mit meiner jahrelangen Berufserfahrung sagen, dass immer mehr Menschen sich für rituelle alte Feste öffnen und großes Interesse zeigen.

Also nur Mut. Laden Sie Menschen zur Teilnahme ein. Wenn Sie jedoch sagen, dass Sie dieses stille Fest lieber für sich alleine gestalten möchten, so ist das auch in Ordnung. Jeder so, wie er es mag.

Wenn Sie alles vorbereitet haben entzünden Sie die Kerzen und das Räucherwerk und sprechen laut, mit ausgebreiteten Händen folgende Sätze:

»Holde Göttin Brigid,
ich/wir begrüße/n dich in unserem Haus,
gesegnet seiest du jungfräuliche Hüterin des Feuers,
hilf mir/uns alle dunklen Energien
aus diesem Heim zu verbannen.
Bring mir/uns Licht und Zuversicht,
lasse deine strahlenden Energien in jeden Winkel
dieses Hauses einfließen,
sodass das Dunkel keine Macht mehr hat.
Lass Deine hellen Klänge im ganzen Haus hörbar werden,
sodass mein/unsere Herzen sich mit Zuversicht
und guten Ideen füllen mögen.«

Nun nehmen Sie das Räucherwerk und das Glöckchen und gehen durch jeden Raum des Hauses. Klingeln Sie jedes Mal, wenn Sie einen Raum betreten und bitten Sie in Gedanken darum, dass sich der Raum mit Licht füllt. Wenn Sie wieder am Ausgangsort angelangt sind, stellen Sie das verbliebene Räucherwerk auf den Tisch zurück und legen das Glöckchen dazu. Nun sprechen Sie laut:

»Innen so wie außen,
so soll es sein!
Gesegnete Milch nähre und verleihe mir/uns Klarheit,
Brot gebe uns Kraft!
Getränkt seiest Du mit Brigids Segen,
und beschütze uns auf all unseren Wegen!«

Brechen Sie das Brot in kleine Stücke, tunken Sie es in die Milch und essen Sie es. Reichen Sie allen anderen ebenfalls symbolisch ein Stück. Wenn alle ein Stückchen gegessen haben, reichen Sie sich die Hände.

Sprechen Sie laut:

»Wir danken Dir, lichtvolle Brigid für Deinen Beistand
und deine guten Energien.
Mögest du uns immer in Klarheit und Wahrhaftigkeit
sowie gute Eingebungen und Gedanken
in diesem Jahr schenken!
So sei es, so sei es, so sei es!«

Das allerletzte Stück Brot wird mit drei Tropfen des Wachses der weißen Kerzen beträufelt und im Haus für ein Jahr aufbewahrt. Mit dem Wachs des Lichtfestes soll das Haus vor Unheil geschützt sein. Lassen Sie den Abend gemütlich ausklingen.

Vorausgesetzt das Wetter ist gut, so sollten Sie am nächsten Tag, dem 2. Februar einen schönen Spaziergang in Mutter Natur machen und diese wach rütteln. Zu zweit oder mehreren wird es mit Sicherheit viel zu lachen geben, wenn Sie durch Wald und Wiesen streifen, um dem Winter ade zu sagen.

Ostara – 21. März

Ostara ist eins der vier Sonnenfeste im Hexenglauben und wird am 21. März zur sogenannten Frühlings-Tagundnachtgleiche zelebriert. Es ist das Fest der germanischen Göttin des Frühlings. Später hat sich daraus das heutige Ostern entwickelt, welches aber nicht auf dieses Datum fällt. Doch die früheren gebräuchlichen Symbole für Ostara erfreuen sich heute noch besonderer Beliebtheit. Es sind der Hase, als allgemein bekanntes Symbol für Fruchtbarkeit und grenzenlose Vermehrung sowie das Ei, die Urzelle allen Lebens. Unser christliches Osterfest wird am ersten Sonntag nach dem ersten Vollmond, welcher der Frühlings-Tagundnachtgleiche folgt, zelebriert.

Ein interessantes Schauspiel kann man am nächtlichen Sternenhimmel um den 21. März herum betrachten: Im Vollmond zeigt sich mit viel Fantasie das Bildnis eines Hasen. Der Hase galt in früheren Zeiten als Zeichen für den richtigen Zeitpunkt der Fruchtbarkeit. Wie allgemein bekannt, legt die Vogelwelt in der Winterzeit keine Eier, deshalb galt der Beginn des neuen Eierlegens als sicheres Zeichen für den Frühling. Dies ist mit ein Grund, weshalb zu Ostara Eier verschenkt werden und diese als Zeichen des wiederkehrenden Lichtes und der Fruchtbarkeit gelten.

Ein anderer schöner Brauch hat sich erhalten. Zu Ostara werden auch heute noch traditionell die Felder vorbereitet. Dies geschieht in einem Segnungsritual, der sogenannten Feldweihe. Dazu werden die Felder vom Bauern einmal rundum abgeschritten und an jeder Ecke des Feldes heilige Kräuter, die aus Pfefferminze, Tannenreisig, Palmzweigen, Schlüsselblume und Ästen des Weidenbaumes bestehen können, zusammen mit einer Kerze in den Boden gesteckt. Während des Rituals bittet er dann um eine reiche Ernte und um Schutz für die Felder. Mit dem Frühlingsfeuer wird dann symbolisch der Winter verbrannt. Asche und Kohle vom Ostarafeuer gelten als Segen bringend. Es heißt, wenn man etwas Kohle vom Ostarafeuer mit nach Hause nimmt, ist das Heim 1 Jahr lang vor Blitzschlag und Feuer geschützt.

Auch gibt es in süddeutschen Ländern die Tradition, große Feuerräder den Berg hinabrollen zu lassen, um damit den Winter aus dem Dorf zu vertreiben. Ein wunderbarer Brauch ist es, das Osterwasser aus einer Quelle zu holen. Auch in unserer Zeit gehen viele Menschen in der Nacht zum Ostermorgen vor Sonnenaufgang zu einer Quelle im Wald, auf den Bergen oder Wiesen, um dieses heilige Wasser zu holen. Der Gang sollte ohne Sprechen erfolgen. Dem stumm geschöpften, frischen Quellwasser misst man besondere Kräfte der Heilung bei. Vor Sonnenaufgang – ohne auch nur ein einziges Wort zu sprechen – heimgebracht und im Dunkeln gut verschlossen aufbewahrt, bleibt es ein ganzes Jahr lang klar. Die Überlieferung sagt, dass wenn man sein Gesicht damit wäscht, die Jugend erhalten bleibt. Auch findet es Verwendung bei Heilgebeten, indem man damit das Haus und die Räumlichkeiten der erkrankten Person besprengt. Es wird ihm eine segnende Kraft, ähnlich des Weihwassers zugeschrieben. In ländlichen Regionen führen Bauern auch heutzutage noch ihr Vieh zu diesem Anlass an die heiligen Quellen.

Es gibt auch den Glauben, dass junge Mädchen in den frühen Stunden des Ostersonntags ihren zukünftigen Ehemann im Wasserspiegel des Dorfbrunnens erblicken können. Da aber Dorfbrunnen recht selten geworden sind, empfehle ich den Blick in eine mit Wasser gefüllte Schüssel. Eine weitere Tradition ist Ihnen sicherlich allen bekannt. Gerne wird an Ostara seit alters her gebacken. Zum Beispiel ist der Osterzopf ursprünglich der Frühlingsgöttin geweiht. Er verkörpert das junge Mädchen, die erwachsene Frau und die Greisin, also Wachstum, Blüte und Vergänglichkeit. Auch der aus Hefeteig gebackene Osterkranz verkörpert das Kommen und Gehen in der Natur und den Jahreskreis. Es ist auch eine gute Zeit, sich von Altem endgültig zu lösen und etwas Neues anzufangen. Dazu möchte ich Ihnen ein kleines Ritual beschreiben. Sie haben die Möglichkeit, es alleine zu vollziehen oder mit der ganzen Familie zusammen.

Ritualbeginn:	am 21. März, tagsüber
Ritualdauer:	2 bis 3 Stunden, da die Abschlussarbeit in der Natur erfolgt.

Sie benötigen dazu folgende Utensilien:

- 1 weiße Altarkerze,
- 1 rote durchgefärbte Tafelkerze,
- 1 grüne durchgefärbte Tafelkerze,
- Weihrauch (vorzugsweise helle Sorte wie das Olibanum Eritrea),
- Rauchfasskohle / Räucherkesselchen,
- einen frisch gebackenen Hefezopf,
- gekochte, rot gefärbte Eier – Menge entsprechend der Teilnehmerzahl, (bitte nicht abpellen, mit der Schale lassen),
- roter Beerensaft – pro Person ein Glas,
- 1 Frühlingsblumenstrauß (z. B. Tulpen, Hyazinthen, Narzissen),
- Birkenreisig – dient als Dekoration für den Altar,
- einige Muscheln – so viel Sie mögen.

Schmücken Sie Ihren Altartisch mit den oben genannten Utensilien. Überlegen Sie sich gut, was Sie an alten Dingen loslassen möchten und was stattdessen in Ihr Leben treten soll. Jeder Teilnehmer darf seinen Wunsch auf ein Ei schreiben. Ein einziger Wunsch ist besser als zu viele, denn dann bleibt der Fokus auf eine Sache konzentriert.

Als Nächstes entzünden Sie bitte die Altarkerze und sprechen dabei folgende Worte:

> »Wir bitten Dich, liebes Licht des Frühlings, brenne mit Deiner hellen Flamme alle Chakren frei und reinige uns von allen abgestandenen Energien. Lass, wie Dein Licht das Dunkel erhellt, auch wieder den Frühling mit dem Licht der Sonne rasch einkehren. Auf das wir und die Natur uns erneuern und im Sieg über die lange Dunkelheit des Winters zusammen feiern dürfen.«

Nun nehmen Sie etwas von dem Räucherwerk und legen es auf die zuvor entzündete Rauchfasskohle. Verwedeln Sie den reinigenden Duft im ganzen Raum.

Sollten Kinder bei diesem Ritual anwesend sein, achten Sie bitte darauf, dass Sie dem Räucherkessel nicht zu nahekommen. Sie könnten sich sonst die Finger verbrennen.

Nun entzünden Sie die rote, danach die grüne Kerze und sprechen dabei:

> »Rot für den Neuanfang, grün für den Erfolg, mögen all meine (bzw. bei mehreren Personen *unsere*) Wünsche in Erfüllung gehen! So sei es, so sei es, so sei es!«

Danach bricht eine Person den Hefezopf in mehrere Stücke und reicht jedem Anwesenden mit der linken Hand ein Stück. (Die Linke kommt bekanntlich von Herzen!) Gießen Sie jedem Teilhabenden ein wenig von dem Beerensaft in sein Glas und lassen Sie etwas davon übrig. Sprechen Sie nun folgende Worte:

> »Wir feiern Dich, liebe Ostara und danken Dir für Deine Gaben. Wir essen das Brot des wiederkehrenden Lebens und trinken den »Wein« des Winters (so nannte man Beerensaft in alten Zeiten). Wir geben zu Mutter Erde unsere Wünsche und bitten Dich, sie wahr werden zu lassen, auf das wir Hoffnung, Mut und Zuversicht für das Frühjahr schöpfen dürfen.«

Jetzt kann jeder sein Ei mit dem darauf beschriebenen Wunsch abpellen und essen. Danach nehmen Sie bitte die Schalen und den Rest des Beerensaftes mit in die Natur. Dort werden die Schalen in der Erde vergraben und der kleine übrig gebliebene Rest des Saftes als Opfergabe an Mutter Erde darüber gegossen.

Wir sollten immer etwas von dem, was uns geschenkt wird, weitergeben. Lassen Sie den Tag mit positiven Gedanken und viel Dankbarkeit an Mutter Natur ausklingen.

Beltane (Walpurgisnacht) – 1. Mai

Die Nacht zum ersten Mai verbindet man am meisten mit heidnischen Gebräuchen und dem Hexentum. Vielerorts werden Maifeuer entzündet und bis früh in den Morgen gefeiert.

Der wohl bekannteste Hexentanzplatz in Deutschland befindet sich auf dem Brocken im Harz, den Goethe so treffend beschrieben hat. Doch was vielleicht weniger bekannt ist, die Walpurgisnacht ist nach der heiligen Walpurga benannt.

»Die Hexen zu dem Brocken ziehn,
die Stoppel ist gelb, die Saat ist grün.
Dort sammelt sich der große Hauf,
Herr Urian sitzt oben auf.
So geht es über Stein und Stock,
es farzt die Hexe, es stinkt der Bock.«
(*Johann Wolfgang von Goethe*)

Klassisch für die Walpurgisnacht ist der Tanz um das Maifeuer. Entgegen dem Uhrzeigersinn dreht sich der Reigen der Hexen zu stampfenden Trommelklängen und wird von ekstatischem Gehen und lautem Rufen begleitet. Dieser Tanz kann Stunden dauern und nicht selten versetzt er die teilnehmenden Hexen in Trance. Unterstützt wurde dieses Ritual früher durch spezielle Tränke oder sogenannte Flugsalben. Diese Mittel enthielten psychoaktive Drogen, meist hochgiftig und sind heutzutage nicht mehr in Gebrauch.

In der modernen Zeit ist die Erkenntnis gereift, dass man für wirksame Rituale einen klaren Kopf braucht. Doch früher waren es Halluzinationen hervorrufende Gebräue, um in die Anderswelt Zutritt zu finden. Beobachter des nächtlichen Szenarios konnten erkennen, dass die Damen des Hexenzirkels meist unbekleidet waren. Auf diese Art huldigten sie der Göttin Luna oder Aradia. Pure Weiblichkeit sollte so zum Ausdruck gebracht werden. Der berühmte Ritt auf dem Besen kam daher, dass man im rituellen Sinne das Walpurgisnacht-Ritual auch als Fruchtbarkeitszauber sah. Man »ritt« sozusagen auf einem versinnbildlichten Phallus. Meistens wurde ein Widder mitgebracht, den man an einen Baum band. Symbolisch wollte man dem »Gehörnten« – also der Unterwelt zeigen, dass man mit der Kraft des Rituals das Negativum in die Schranken weisen und bannen konnte.

Der Tanz im Kreis gehört zum Jahreskreis. Da zu dieser Zeit die meisten Pflanzen und Bäume grün sind und die Saat auf den Feldern aufgegangen ist, wurde mit dieser Handlung energetisch dieses Wachstum bekräftigt. Letztlich endete das Ritual mit dem Sprung über das Feuer. Dies war das Zeichen sich zu reinigen. Feuer reinigt als kräftiges Element. Hinzu kam danach die Waschung mit Wasser aus einer heiligen Quelle. Nun blieb man bis zum Morgengrauen und begrüßte die aufgehende Sonne.

Auch heutzutage wird die Walpurgisnacht immer noch von den Hexen gefeiert und zelebriert. Jedes Jahr finden Hunderte Menschen zum Hexentanzplatz auf dem Brocken im Harz zusammen. Inzwischen sind es viele Zaungäste, die mehr an der mittlerweile zu einer Touristenattraktion tendierenden Feier interessiert sind. So wird zwar altes Brauchtum in Erinnerung bewahrt, was sehr erfreulich ist, aber der wahre Zweck des Hexenkultes verklärt. Geht man jedoch ein kleines Stück tiefer in den Wald, so findet man auch heute noch die echten Hexen, die wie seit Jahrhunderten üblich die Walpurgisnacht zelebrieren und mit der Kraft der Elemente das Rad des Jahreskreises symbolisch anschubsen. Der Brocken ist der Platz, an dem man das Gefühl hat, die Zeit ist in dieser Nacht stehen geblieben.

Litha (Johannisnacht) 21. Juni

Die Sommersonnenwende ist eines der ältesten überlieferten Feste des nördlichen Kulturkreises. Sie gilt neben den Festtagen der Tagundnachtgleiche sowie der Wintersonnwende als Gipfelpunkt germanischen Brauchtums im heidnischen Jahreskreis. Am längsten Tag des Jahres besitzen die Sonnenstrahlen eine besondere, energetische Kraft und Wärme. Früchte, Korn und Gemüse gehen nun verstärkt in eine Reifephase. Ohne die Helligkeit des Sonnenlichtes wäre dies gar nicht möglich. Keine Pflanze auf dieser Welt würde wachsen ohne das Lichtspektrum unseres Zentralgestirns. Da die Sonne an diesem Tag ihren höchsten Punkt erreicht hat, wird an diesem Tag ihr zu Ehren ein Fest gegeben, denn schon am darauf folgenden Tag zieht sie wieder kürzere Kreise am Himmel, bis sie schließlich ihren Ausgangspunkt der Wintersonnenwende wieder erreicht hat.

Bereits im Altertum erkannte man die Bedeutung des Sonnenlaufes. Heute noch weist die Ausrichtung altgermanischer Heiligtümer auf die Sommersonnwendlinie hin. So auch das »Sazellum« an den Externsteinen, dessen Rundfenster in Richtung des Sonnenaufgangs zur Sommersonnwende ausgerichtet ist, sodass der einfallende Lichtstrahl die nördliche Halbsäule der Kammerrückwand beleuchtet. Der alten Überlieferung zufolge war der Tag der Sonnenwende – wie auch der Veitstag (15. Brachmond) oder Ulrichstag (4. Heumond) – ursprünglich Baldur dem »leuchtenden Lichtriesen« geweiht, der von seinem blinden Halbbruder Hödur einer Verkörperung des lichtarmen Winterhalbjahres »getötet« wird. Demzufolge gestaltete sich die entsprechende Natursymbolik auch in Märchen und Sagen späterer Zeiten und Jahrhunderte.

Als weiteres herausragendes Beispiel sei hier die Siegfried-Sage genannt, die ihren dramatischen Höhepunkt in der Ermordung des Sonnensohns durch den düsteren Albenspross Hagen findet, wenn Siegfried »ins Wasser« sinkt. »Feuer ist das Beste dem Volke der Menschen – und der Anblick der Sonne ...«, weiß die Edda. Tatsächlich steht das Sonnwendfeuer, als »Notfeuer« ursprünglich rituell entzündet und als heilig geltend, noch heute im Mittelpunkt der sommerlichen Freudenfeste und bedeutsamsten Sonnwendbräuche. Mit ihm wurden einst auch alle zuvor gelöschten Herdfeuer neu entzündet.

Entsprechendes Brauchtum findet sich auch bei den Kelten und Slawen. Namentlich im Norden waren die Feuer dem Baldur geweiht. In Schweden ist noch heute der Ausdruck »Baldur's Balars« für »Scheiterhaufen« bekannt und früher glaubte man mithilfe der Flammen, die Macht der Trolle und anderer böser Geister zu vernichten.

In Tirol und in der Steiermark legte man aus ähnlichem Grund großen Wert auf eine kräftige Rauchentwicklung der Feuer, denn das »Sonnwendra(u)chen« sollte traditionsgemäß die Luft von bösen Gewalten reinigen und rechtes Wetter für eine gute Ernte erwirken. Entsprechend glaubte man auch, dass Felder, über die die Rauchschwaden hinwegstrichen, besonders ertragreich ausfielen. Ein Blick in die Flammen des Sonnwendfeuers sollte ebenso heilsam und Segen bringend wirken wie seine Asche und Kohlenreste, die Haus und Hof vor allerlei Schaden – etwa bei Gewittern – bewahren sollten.

Das Feuerspringen war zentraler Bestandteil der Feierlichkeiten. Es sollte eine verjüngende Wirkung besitzen, gute oder schlechte Ernte anzeigen und Liebesverbindungen festigen, sie förmlich »zusammenglühen«. Symbolisch gesehen wollte sich das Paar – das wie Siegfried und Brunhild durch die Flammen sprang – für immer verbinden.

Auch Gegenstände, die man ansonsten ungern alltäglichen Feuern übergab, wie Totenbretter oder Fronleichnamskränze warf man ins Sonnwendfeuer.

Ab dem 5. Jahrhundert wurden die von der Kirche bis dahin erfolglos als heidnische Tollheiten bekämpften Sonnwendfeuer Johannes dem Täufer geweiht und somit zum offiziellen Bestandteil des Kirchenjahrs. Bei dieser Vereinnahmung kam den Christen eine Stelle des Lukasevangeliums (1,26) entgegen, die es erlaubte, den »Geburtstag« des Heiligen genau ein halbes Jahr vor Christi Geburt auf den 24. Juni zu legen. Noch heute segnen in manchen Gegenden christliche Priester die »Johannisfeuer« zur Sommersonnenwende.

Im Mittelalter waren die Johannisfeuer überall im deutschsprachigen Raum anzutreffen und gerieten danach in Vergessenheit. Heute ist dieser alte Brauch wieder aktuell geworden, denn im Volksglauben erscheint die Johannisnacht immer noch rätselhaft und geheimnisvoll. So wie die zwölf Raunächte nach dem Julfest beginnend ab dem 21.12. oder gar die Walpurgisnacht mit ihrem Mythenreichtum, regt auch die Johannisnacht die Fantasie der Volksseele an. So entstanden früher allerlei Legenden, die diese Nacht mit Dunkelmächten und Gespenstern, die ihr Unwesen treiben, in Verbindung brachten. Man glaubte, dass in Gestalt des Bilwis ein Korndämon umgehe, der die Ernte verderbe, oder dass man von den Seelen Verstorbener heimgesucht werden könnte. In jener Nacht geborene Kinder galten als hellsichtig, mitunter aber auch als künftige Werwölfe. Nur kurz sollte der Küster das »Ave« läuten, weil geglaubt wurde, dass die Hexen dann weniger Zeit zum Sammeln der Zauberkräuter fänden, die sie für ihren Schadenszauber benötigten, namentlich für die sogenannten »Schauerbollen«, mit denen Unwetter heraufzubeschwören waren. Auch hieß es, in der Johannisnacht könne man sich unsichtbar machen, Goldadern finden oder gar einen Blick in die Zukunft tun. So träumten in Ostpreußen die jungen Mädchen von einem nur für sie bestimmten Liebsten. Auch das Werfen von Kränzen in die Äste von Bäumen ist eine überlieferte Methode, um sich die Jahre bis zur Vermählung anzeigen zu lassen. Sie mag als Erinnerung an alte Orakel der Baumgeister angelehnt sein.

So gelangen wir schließlich zu verschiedenen Formen des Fruchtbarkeitszaubers, die neben anderen Bräuchen, welche Heil und Gesundheit versprachen, ebenfalls in der Johannisnacht ausgeübt wurden. Eine Überlieferung aus dem Saalfeldischen in Oberfranken besagt, dass junge Mädchen in kultischer Nacktheit um Flachsfelder tanzten.

In Siebenbürgen legten sich Mädchen im Morgengrauen auf den Acker, um die Sonne zu bitten: »Tue mir und dem, was um mich ist, keinen Schaden!« Wie schon zu Ostern, so spielt auch erneut das Wasser – in Gestalt nächtlicher Quellgänge und Johannisbäder – eine wichtige Rolle.

So berichtet Francesco Petrarka, 1304 bis 1374, Dichter der beginnenden Renaissance und Reisender, dass in Köln noch um 1330 ein sogenanntes Reinigungsfest in der Johannisnacht gefeiert wurde, bei dem weiß gekleidete, mit wohlriechenden Kräutern geschmückte Mädchen und Frauen im Rhein badeten, um derart benetzt der aufgehenden

Morgensonne zuzujubeln. Als außergewöhnlich heilkräftig und Segen bringend galt ferner das Johanniskraut (Hyporicum perforatum), das um die Zeit der Sonnenwende in seiner herrlichsten Blüte steht.

Im Wissen, dass Gottes Odem die ganze Natur durchweht und belebt, eignete sich die Pflanze in besonderem Maße, um »aus Kraut und Gräsern Gott zu erkennen«, wie es der große Mystiker Jakob Böhme einst auszudrücken wusste.

Nach der germanischen Mythologie sollen die blutroten Flecken auf den Blättern des Johanniskrauts – bei denen es sich um durchscheinende Öldrüsen handelt – vom Blute Odins herrühren. Seine größte Kraft soll das Kraut, das auch Hartheu, Eisenhart, Christi Wundenblut, Alfblut, Jagdteufel oder schlicht Hexenkraut genannt wurde, entfalten, wenn es von heilkundiger Hand gesammelt wird, solange noch der Morgentau des Sonnwendtages auf seinen Blättern liegt, dem als »Johannistau« eine eigene besondere Heilkraft zugesprochen wurde. Paracelsus erkannte im Johanniskraut einst die Kraft »Phantasma«.

In der heutigen Medizin kommt die Pflanze vor allem als Mittel zur Nervenberuhigung, gegen Depression, Blutarmut und Krämpfe oder als Schlafmittel zum Einsatz. Die alte Volksmedizin benutzte den roten Saft des »blutenden« Krauts, der Analogie zufolge auch zur Heilung von Hieb- und Stichwunden. Als altes und noch heute beliebtes Hausmittel gilt das leicht selbst herzustellende Johannisöl.

Bekanntlich beginnt am Tag der Sommersonnwende die Krebsphase des Tierkreises. Und dem Krebs entsprechend, der mit dem

Hinterteil vorausgeht, also gleichsam »rückwärts« voranschreitet, verhält sich auch die Sonnenbahn, kehrt sie doch fortan auf ihren Ausgangspunkt der Wintersonnwende zurück. Interessant ist in diesem Zusammenhang die Sage vom Krebs im Malchiner See, in der es heißt, dass er einst an eine Kette gelegt worden sei. Sollte es dem Krebs gelingen sich irgendwann zu befreien, so würde alles rückwärtsgehen. Alte Menschen würden wieder Säuglinge werden, Häuser würden sich von selbst abbauen – kurz gesagt: Der normale Entwicklungsgang würde sich wenden, alles im Lande würde sich zu seinem Ausgangspunkt zurückentwickeln. Offenbar findet sich hier ein symbolischer Hinweis auf das Tierkreiszeichen Krebs, in welchem die Sonne jährlich zu sinken beginnt.

Viele Sagen und Bräuche, die als überholt oder »abergläubisch« gelten, bewahren in entsprechenderweise letzte erhabene Reste dessen, was sich einst verständigeren Gemütern im kosmischen Geschehen zur Sonnwendzeit schlicht und rein als Wirken der Allmacht offenbarte.

Wenn auch Sie die Magie der Johannisnacht für sich zunutze machen wollen, empfehle ich Ihnen in dieser Nacht nicht zu schlafen, sondern die Johanniskräuter für den Kranz zu sammeln, eine rote Kerze zu entzünden und den geflochtenen Kranz über Weihrauch zu weihen. Der Kranz sollte mit roten und gelben Bändern geschmückt werden. Im Hause aufgehängt schützt er Ihr Heim ein Jahr lang vor negativen Einflüssen. Auch gibt es die schöne Tradition für Unverheiratete. Schauen Sie in der Johannisnacht mit einem Spiegel über Ihre linke Schulter, wo sich nach alter Überlieferung das Gesicht der Person zeigen soll, die man einmal heiraten wird.

Lughnasadh – Nacht vom 30. Juli bis 1. August

Im August feiern Hexen ein besonderes Fest namens »Lammas« oder auch »Lughnasadh« genannt, bei dem frisch gebackene Brotlaibe auf den Altar gelegt werden. Der Name: Lammas ist die angelsächsische Bezeichnung für »loaf-mass« und die keltische Bezeichnung ist Lughnasadh, welches zu Ehren des Sonnen- und Feuergottes Lugh in der Nacht vom 30. Juli auf den 1. August gefeiert wird.

Zu dieser Zeit ist die Ernte in vollem Gang, das Korn wird eingefahren, die Speicher füllen sich und die Menschen sind gewappnet, Herbst und Winter zu überstehen. Ursprünglich und volkstümlich nannte man es wegen der Getreideernte auch »Kornfest« oder »Schnitterfest«. Lughnasadh ist die Zeit der Gesundheit und der erotischen Energie. Zu dieser Zeit trafen sich die Leute und arrangierten Hochzeiten, bereinigten ihre Streitigkeiten und führten ihre Stärken und Talente vor. Sportveranstaltungen, Pferderennen, Spiele, all das war zu Lughnasadh an der Tagesordnung.

In Ungarn gibt es noch heute diesen schönen Brauch, dass an Wegkreuzungen Tische aufgestellt werden, auf denen frisch gebackene, köstliche Brote und Wein angeboten werden. Dies ist auch die richtige Zeit, um Öle und Essenzen aus frischen Blüten und Kräutern herzustellen sowie Heilkräuter zu sammeln. Heute wird es schwierig, Brauchtum und Aberglauben, die mit diesem Fest verbunden sind, auseinanderzuhalten.

Früher ließ man einen Teil der Kornähren auf dem Feld stehen. Als Opfergabe an die Natur wurden sie mit bunten Bändern geschmückt. Man erhoffte sich damit, dass etwas von der letzten Ernte von selbst in den Boden fiel und im nächsten Jahr wieder gedeihen konnte. Ein anderer Brauch ist auch im Badischen bekannt, wo man das sogenannte »Glückshämpfele« (eine Handvoll Korn), verwahrte, um sie unter das Saatgut des folgenden Jahres zu mischen. All diesen Handlungen liegt die gleiche Vorstellung zugrunde: Es gibt keinen Anfang und kein Ende. Alles Neue entsteht auf dem Boden des Alten, ist Glied einer endlosen Kette – so wie wir selbst. Sehr schön passt zu diesem Fest auch der Spruch: »Das, was man gibt, darf man auch ernten«.

So betrachte ich dieses Fest als einen schönen Anlass, wieder die Fülle in unserem Leben zu sehen und nicht den Mangel. Um die Fülle in seinem Leben fließen zu lassen, können wir zu diesem Fest auch ein schönes Wunsch- oder Dankesritual ausführen, welches ich Ihnen hiermit beschreiben will.

Das Brot sollte vor Ritualbeginn bereits fertig gebacken sein.

Ritualbeginn: abends nach 18.00 Uhr
Ritualdauer: die ganze Nacht

Sie benötigen:

- 3 gelbe Kerzen,
- Anna Riva Öl »Triple Action« oder Nelkenöl – 1 Flasche,
- Stroh – dient als Dekomaterial,
- Mohnblumen – dient als Dekomaterial,
- Kornähren – dient als Dekomaterial,
- Maiskörner – dient als Dekomaterial,
- Salz,
- Räucherwerk »Pure Lebensfreude« oder ein Räucherwerk aus Orangenschalen, Myrrhe, Lemongras, Olibanum, Eichenrinde etc.,
- Rauchfasskohle.

Des Weiteren gehört zu unserem Ritual ein Hexenbrot, welches aus folgenden Zutaten besteht:

Mengenangabe für 1 Brot ca. 500 g

- 1 Tasse Wasser,
- ½ Tasse Rohrzucker (unbehandelter Zucker),
- 1 Esslöffel Anissamen,
- ½ Teelöffel Koriandersamen,
- ½ Tasse guter Honig,
- 2½ Tassen Mehl,
- 1 Tütchen Backpulver,
- jeweils eine Prise Salz, Piment, Muskat,
- 1 Pckg. Orangeat.

Zubereitung:

- Das Wasser zum Kochen bringen und den Zucker, Orangeat, Anis, Koriander und Honig hinzufügen.
- Den Topf vom Feuer nehmen und etwa 5 Minuten abkühlen lassen.
- Dann die restlichen Zutaten hinzufügen und gut umrühren (Mehl, Backpulver, Salz, Piment, Muskat).
- Nun den Teig in eine gefettete, für ein 500 g Brot geeignete Backform geben.
- Backzeit: 1 Stunde auf mittlerer Schiene bei 175 Grad.

Sie können selbstverständlich, sollten mehr als 10 Personen an diesem Ritual teilnehmen, die Zutaten verdoppeln und in einer für ein 1 Kilo Brot geeigneten Backform auch ein größeres Brot backen.

Danach richten Sie sich einen Tisch oder Ihren Altar als Ritualplatz her. Stellen Sie die 3 Kerzen, die Sie zuvor mit dem entsprechenden Öl geweiht haben, darauf. Legen Sie das frische Brot dazu. Flechten Sie aus den Kornähren und dem Stroh einen kleinen Kranz, der keiner bestimmten Größe entsprechen muss. Der Kranz wird auf den Tisch gelegt. Streuen Sie nun die Maiskörner, Mohnblumen und das Salz darüber.

Für das Räucherwerk benötigen Sie ein kleines, feuerfestes Gefäß oder ein Rauchfasskesselchen. Geben Sie in das Gefäß etwa zwei Zentimeter Sand und legen Sie eine Rauchfasskohletablette auf. Diese wird entzündet. Sobald die Kohle gut durchgeglüht ist, legen Sie etwas von dem Räucherwerk obenauf. Nun richten Sie Ihren Wunsch an das Universum. Das betrifft die Wünsche, die von Ihnen zuvor auf einen Zettel geschrieben wurden. Diesen Zettel legen Sie unter eine der Kerzen. Auch können Sie dieses Ritual als Dank nutzen für Wünsche, welche bereits durch ein anderes Ritual erfüllt wurden.

Es bietet sich hier eine wundervolle Gelegenheit dieses Fest zusammen mit der Familie oder Freunden zu feiern, die dann ebenfalls ihre Wünsche oder Danksagungen als kleine Zettel unter die Kerzen legen. Während die Kerzen abbrennen, brechen Sie das Brot in mehrere Teile und reichen es den anwesenden Personen. Verwahren Sie ein paar Krümel des Brotes und geben Sie diese Ihrem nächsten Backwerk hinzu. So wird ein ganzes Jahr lang jeder Kuchen, Brot oder sonstiger Teig gelingen.

Lassen Sie die Kerzen bis zum Schluss abbrennen, denn Ritualkerzen werden nach alter Tradition nicht ausgepustet. Sollten Sie allerdings aus irgendeinem Grund das Haus verlassen müssen, so nehmen Sie einen Kerzenlöscher zum Löschen der Flamme. Denn ein Grundsatz in der weißen Magie ist: niemals ein Element mit dem anderen zu bekämpfen. Und beim Auspusten der Kerzen würden wir genau das tun: Das Element Feuer mit dem Element Luft bekämpfen!

Nun wünsche ich Ihnen frohes Gelingen und ein schönes Lammasfest. Möge dieses Ritual Ihnen helfen, wieder ganz viel Licht und Zuversicht in Ihr Herz einfließen zu lassen und die Fülle in Ihrem Leben wieder sichtbar zu machen.

Mabon – 21. September

Mabon am 21. September ist die Herbst-Tagundnachtgleiche und ist kalendarisch der Herbstanfang. Die Teutonen nannten dieses Fest Winter-Finding. Bei den Griechen wurde es zum Fest des Dionysus. In der italienischen Strega (Hexen)-Tradition heißt es Equinozio di Autunno und die caledonischen Druiden bezeichneten es als Alban Elfed. Interessant dafür sind weitere Bezeichnungen Avalon-Fest und Ernte-Mond (Harvest Moon). Der Name Mabon ist walisisch und bedeutet »Großer Sohn«. Mabon war der Sohn der Schutzherrin der Zwischenwelt Modron.

Im alten keltischen Mythenkreis dem sogenannten »Mabinogion« ist überliefert, dass Mabon im Alter von nur drei Tagen in die Anderswelt entführt und dort versteckt wurde. Schließlich befreiten ihn die fünf in der keltischen Überlieferung am längsten auf der Erde lebenden Tiere: Amsel, Hirsch, Eule, Adler und Lachs. Die Anderswelt ist ein Ort der Herausforderung und die Befreiung aus der Zwischenwelt ist immer als ein Weg nach innen zu verstehen. Jede gelöste Aufgabe führt zur Einsicht ins Selbst. Erst nach dieser Reise zu sich ist Befreiung oder Entfaltung möglich. Mabon steht für Befreiung und Einheit. Somit ist diese Zeit auch sehr gut geeignet, um mit sich selbst wieder ins Gleichgewicht zu finden. Der Tagundnachtgleiche zugeordnet sind Harmonie, Musik sowie die Dichtkunst. Im keltischen Jahreszyklus spendet Mabon »Licht im Winter«. Wir sollten uns zu diesem Feste besinnen und für all das danken, was uns die Zeit zwischen Ostara (Ostern – dem Frühlingsäquinoktium) und dem Herbstäquinoktium beschert hat. Das lateinische Wort »Aequinoktium« bezeichnet die beiden Wendepunkttage des Jahres, an denen Tag und Nacht den gleichen Zeitraum einnehmen (Tagundnachtgleiche), und das an allen Orten der Welt. Mit dem Eintritt der Sonne in das Tierkreiszeichen Waage wird das Gleichgewicht symbolisiert. An diesem Tage sollten auch wir uns bemühen, unser inneres Gleichgewicht wiederzuerlangen. Während von Ostara bis Mabon die Zeit für nach außen gerichtete Magie am besten war, ist nun, von Mabon bis Ostara, die bessere Zeit für die nach innen gerichtete Magie, wie z. B. Schutzmagie und alles was das Selbstwertgefühl stärkt. Magische Rituale und Sprüche, die Ihre innere Kraft stärken, werden jetzt mächtiger, als wenn Sie diese in der übrigen Zeit ausüben. Zusätzlich eignet sich diese besondere Nacht mit ihrer besonderen Schwingung gut für Orakel. Langsam stimmen wir uns nun auf die dunkle Jahreszeit ein und verabschieden den Sommer.

Ritualbeginn: 21. September gegen Abend.
Schmücken des Hausaltars.
Ritualvorbereitung: am Hausaltar (oder nach Wunsch im Freien).
Ritualdurchführung: in freier Natur (notfalls zu Hause).
Ritualdauer: beliebig lange (bis in die frühen Morgenstunden).

Auch wenn Sie das Ritual nur im Freien machen werden, so wird der Hausaltar zusätzlich mit Kornähren, Äpfeln, Nüssen, Samen, Tannenzapfen, Maiskolben, Laub, Haselnusszweigen etc. geschmückt. Laden Sie sich Freunde und Hexenschwestern/-brüder ein, um gemeinsam dieses Fest zu begehen. Jeder Teilnehmer sollte als Opfergabe für eine gelungene Ernte etwas mitbringen. Das können Getreide, Blumen, Früchte oder Ähnliches sein. Außerdem halten Sie bitte bunte Bänder aus Seide bereit, welche Sie in eine Schale oder einen Korb legen.

Auf ein Feuer dürfen Sie an Mabon nicht verzichten, da sich an diesem Feiertag die Tore zu anderen Welten weiter öffnen als sonst. Das Feuer hat die Aufgabe böse Geister zu vertreiben. Traditionell hält man das Ritual zur Tagundnachtgleiche in freier Natur. Sollte es sich allerdings aufgrund schlechten Wetters nicht realisieren lassen, so ist dieses Ritual auch im Haus möglich.

Stellen Sie bitte in jeder Himmelsrichtung eine weiße Altarkerze auf. Der Mindestabstand sollte etwa 4 Meter betragen. Zwei Kerzen jedoch im Osten, als Eingang für Ihren magischen Kreis. Wenn ihre Gäste angekommen sind, vollziehen Sie zunächst ein Reinigungsritual.

Sorgen Sie für eine gute Atmosphäre, untermalen Sie diese Feierlichkeit mit passender Musik und im Kreis mit herbstlicher Dekoration, wie z. B. Herbstlaub. Zuerst tritt die Person in den Kreis, welche das Ritual leitet. Reinigen Sie symbolisch mit einem Reisigbesen den Ritualplatz. Danach räuchern Sie mit passendem Rauchwerk alle negativen, abgestandenen Energien hinaus. Dieses Räucherwerk kann bestehen aus: Eichenrinde, Wacholder, Sandelholz, Myrrhe, Salbei etc. Symbolisch wird bis auf das Tor im Osten der Ritualkreis mit einem Zauberstab geschlossen. Lassen Sie nun die teilnehmenden Gäste durch das Kerzentor im Osten eintreten.

Begrüßen Sie jeden mit einer Umarmung und bitten Sie die Gäste, im Kreis Platz zunehmen. Nun wird auch das östliche Tor geschlossen.

Danach begrüßen Sie die vier Elemente: Wasser, Feuer, Erde und Luft. Bedanken Sie sich für all das Gute und den Beistand, den man Ihnen beschert hat.

Alle Teilnehmer sollten aus Dank nun Ihre mitgebrachten Opfergaben, wie Äpfel, Nüsse, Getreide usw. in die Mitte des Kreises legen. Fassen Sie sich nun an den Händen und schließen Sie somit symbolisch den Jahreskreis.

Reichen Sie nun jedem der Teilnehmer drei Seidenbänder und bitten Sie die Personen daraus einen Zopf zu flechten. Jeder Teilnehmende bekommt vom Ritualleiter dieses Band ums Handgelenk geknotet zum Zeichen des sich ewig wiederholenden Jahreskreises, der Auferstehung und der Erneuerung. Suchen Sie für jeden die passenden Worte, wie zum Beispiel: Ich wünsche Dir Gesundheit oder ich wünsche Dir, dass Deine Ziele sich erfüllen mögen usw.

Nun verabschieden Sie die vier Elemente und bedanken sich für den Beistand selbiger. Das Tor im Osten wird nun symbolisch mit dem Zauberstab geöffnet, sodass alle den Kreis wieder verlassen können.

Jetzt können Sie mit Ihren Gästen einen harmonischen, fröhlichen Abend verbringen.

Bereiten Sie die Speisen gemeinsam zu. (Bitte an diesem Abend kein Döner, Pizza oder Pommes frites …) Selbst gebackenes Brot, Rotwein, Nüsse, Kräuterquark, Apfelkuchen, Hagebuttenpunsch, Beeren, Rahmkuchen, Wild, Gans, Hühnchen, Kürbis, Apfelmost sollte es sein, nur das, was mit dieser Jahreszeit in Einklang steht und harmoniert, ist erlaubt. Die Feierlichkeiten sollten bis Sonnenaufgang andauern.

Wie wär,s, versuchen Sie mal Ihre Gäste mit selbst gebackenen Leckereien zu »bezaubern«. Hierzu folgendes Rezept:

Hexenkessel-Plätzchen

- 3/4 Tasse weiche Butter (ein halbes Paket = 125 g)
- 2 Tassen brauner Zucker
- 2 Eier
- 1 EL Zitronensaft
- 2 EL ger. Zitronenschale
- 2 Tassen Mehl
- 1 Tasse gehackte Nüsse

- Die Butter in einem großen Hexenkessel (darf auch ein Topf sein) cremig rühren,
- den Zucker dazugeben und alles schaumig schlagen.
- Eier, Zitronensaft und Schale hinzugeben,
- dann Mehl und Nüsse unterrühren.
- Das Ganze über Nacht zugedeckt in den Kühlschrank stellen.
- Am nächsten Tag werden kleine Teigkugeln geformt,

- im ausreichenden Abstand auf ein mit Backpapier ausgelegtes Blech legen.
- Backzeit: bei 190 Grad im vorgeheizten Ofen etwa 8 Minuten (normaler Backofen, mittlere Schiene).

Viele, schöne alte Bräuche zu Mabon wurden uns weitergegeben. In Amerika stecken die Bauern Arnikapflanzen rund um ihre Felder, um Getreide vor dem Korndämon zu beschützen. Auch kennt man die Anfertigung von kleinen Kornpuppen. Sie erfüllen den Zweck, etwas Dank an Mutter Natur zurückzugeben. Diese Puppen wurden im Boden vergraben und als besonderes Zeichen galt in früherer Zeit, wenn die Ähren im Frühjahr daraus keimten. Das versprach ein gutes Jahr und eine reichhaltige Ernte. Eine kleine, selbst gefertigte Kornpuppe – mit der Bitte um ein gutes Jahr und eine reichhaltige Entfaltung von allem Guten – von Ihnen in der Erde vergraben, könnte auch Sie am großen Geschenk von Mutter Natur teilhaben lassen.

Besonders lustig finde ich den Brauch, seine Jacke oder den Mantel verkehrt herum mit dem Futter nach außen zu tragen. Auch dies soll böse Geister abwenden.

Nun wünsche ich Ihnen eine wundervolle Tagundnachtgleiche und viele zauberhafte Begegnungen, mit nur guten Wesen des Feldes und Waldes.

Samhain – 31. Oktober

Hexen nennen dieses Fest am 31. Oktober Samhain und sein Ursprung liegt im Keltischen. Alles begann vor ca. 5000 Jahren in Irland. Im heidnischen Glauben bedeutet Samhain das Ende des Hexenjahres. Danach schließt sich der Kreis des Jahres an. Sinngemäß in der Übersetzung steht Samhain für »Sommerende«.

Man glaubte, dass die Toten an diesem Abend die Erlaubnis hätten, an den Ort ihres früheren Lebens zurückzukehren. Und da es sich aufgrund dessen natürlich größtenteils um hoch verehrte Ahnen handelte, standen die Lebenden dem Ereignis mit etwas gemischten Gefühlen gegenüber. Samhain ist ein Fest der Toten. In dieser Nacht sind die Schleier zwischen den Welten besonders dünn und so können Geister und Wesen der Anderswelt ungehindert in diese unsere Welt eindringen. Deshalb wurden auch aus zweierlei Gründen Speisen und Getränke für die Besucher aus der anderen Welt bereitgestellt: Zum einen wollte man die Toten, die sich hier versammelten, ehren und zum anderen versuchte man sie davon abzuhalten, irgendwelchen Schaden an Haus und Bewohnern anzurichten. Eines wusste man in jedem Fall: Die Toten sollten nicht mit Lebenden zusammentreffen – also begab man sich trotz des Festtages früh zu Bett, um die Stuben den »Besuchern« zu überlassen. Und wer ein Geräusch hörte, ging dem besser nicht nach, denn nicht allzu selten waren Neugierige, laut Überlieferung der älteren Menschen, ganz einfach in den anderen Welten verschwunden …

Die Iren haben diesen Brauch etwas abgewandelt. Sie zogen sich in dieser Nacht gar schrecklich an und verkleideten sich, in der

Hoffnung, dass die Toten und Geister an Ihnen vorbeigehen und sie nicht als Lebende erkennen.

Dieser Abend ist besonders gut zum Wahrsagen geeignet. Auch gibt es heute noch viele Traditionen, das kommende Jahr und dessen Ereignisse zu deuten. Eine der Bekanntesten ist das Einbacken eines Ringes in einem Kuchen, welcher sich »Barmbrack« nennt.

Hierzu ein altes Rezept:

- 500 g Mehl
- 1 Tasse Milch
- 1 Würfel Hefe
- 1 Ei
- 100 g Zucker
- 250 g Sultaninen
- 125 g Korinthen
- 50 g Orangeat
- eine Prise Zimt

Zubereitung:

- Mehl, Milch, Hefe, Ei, Zucker zu einem Hefeteig verkneten,
- 20 Minuten gehen lassen,
- Sultaninen, Korinthen, Orangeat, Zimt untermengen,
- bei Belieben auch Trockenfrüchte und Nüsse untermengen,
- ein goldener Ring wird im Teig versteckt,
- Backzeit: bei 220 Grad im vorgeheizten Ofen 30 Minuten,
- mit flüssigem Puderzucker übergießen.

Das Wichtigste ist, dass im Teig ein goldener Ring versteckt ist. Wer den Ring findet, wird im nächsten Jahr eine feste Beziehung eingehen.

Gern wird dieser Brauch auch genutzt, um andere Dinge vorherzusagen, z. B. in Geldangelegenheiten oder Kinderwunsch. Dementsprechend werden andere symbolische Dinge dem Kuchen beigegeben. Achten Sie allerdings auf die Hitzebeständigkeit des Materials! Ein Euro würde, so kurios es klingen mag, diese Hitze nicht überstehen.

Der Name Halloween stammt aus dem amerikanischen und leitet sich ab von »all hallows eve(ning)« (Allerheiligen Abend). Im Rahmen der Christianisierung wandten geistige Würdenträger raffinierte Methoden an, um christliche Feiertage den heidnischen Feiertagen anzupassen, sodass das Volk sich nicht in seinen Gewohnheiten umstellen musste. Papst Gregor IV verfügte bereits im Jahre 837, dass in Umwandlung von Samhain (unter Berücksichtigung des originalen Anlasses) ebenfalls Tote geehrt werden sollten und setzte für den 1. November Allerheiligen an (gefolgt von Allerseelen am 2.)

Um Halloween, den 31. Oktober, ranken sich viele Mythen und Geschichten. Die bekannteste ist die irische Geschichte des Jack O‚Lantern. Es lebte einmal ein sehr bösartiger Mann namens Jack. An seinem Todestag wollte er seine Reise in die Ewigkeit antreten, aber er wurde wegen seiner schlechten und bösartigen Lebensgewohnheiten nicht in den Himmel eingelassen. Er begab sich auf den Weg in die Hölle, um dort Einlass zu finden. Und was noch schlimmer war, selbst der Teufel mochte den hinterhältigen Burschen nicht und drückte Jack zur Abschreckung ein glühendes Stück Kohle in die Hand. Abgewiesen und alleingelassen zog Jack von dannen. Auf einem Feld fand er eine Rübe, die er aushöhlte, um das Stück Kohle hineinzustecken. Nun hatte er wenigstens eine Laterne für seine dunkle, rastlose Suche nach seiner letzten Ruhestätte. Seitdem geistert Jack O‚Lantern an Halloween durch die Nacht.

Aus dieser schönen und auch schaurigen Geschichte entstand der Brauch, einen Kürbis auszuhöhlen, um eine Grimasse zur Abschreckung der bösen Geister zu besitzen. In Amerika werden riesige Wettbewerbe im »Pumpkin Carving« – (Kürbisschnitzen) ausgetragen. In Deutschland werden diese schönen alten Bräuche in den letzten Jahren immer mehr übernommen. Vor 5000 Jahren war es Brauch, den Toten in dieser Nacht Leckereien hinzustellen, um Schaden vom Haus abzuwenden und damit sie schnell wieder gingen. Arme Leute machten sich diesen Brauch damals zunutze und verkleideten sich als Gespenster, damit sie unbehelligt die leckeren Speisen rauben konnten. Im Laufe der Zeit wurde diese Geschichte von

Kindern und Jugendlichen übernommen und bekam den berühmten Schlachtruf: »Trick or treat!«, was so viel bedeutet wie: »Leckereien oder wir machen Streiche!« Kinder lieben diesen Brauch und dürfen sich mit gruseligen Kostümen verkleiden. Bei ihren abendlichen Streifzügen gehen sie von Haus zu Haus und wenn jemand nicht bereit ist, ihnen etwas an Süßigkeiten zu geben, so werden kleinere Streiche gespielt und der Unmut der »Geistlein« wird recht deutlich gemacht.

Zu ihrem eigenen Schutz und der nun kommenden, besinnlichen Zeit könnten Sie sich zu Samhain einen Hausaltar schmücken. Dafür benötigen Sie einige Äpfel, Haselnusszweige und Mais sowie ein Kreuz, bestehend aus Immergrün, Wermut, Eibenzweigen mit denen aber bitte achtsam umgehen, Getreide, Chrysanthemen und Nüssen. Wenn das Kreuz fertig geflochten ist, wird es auf den Altar gelegt. Drapieren Sie die Äpfel, Haselnusszweige und den Mais nach Ihrem ästhetischen Empfinden auf dem Hausaltar. Das Getreide, Chrysanthemen und die Nüsse werden auf dem Kranz verteilt. Das soll Ihr Haus vor Negativem schützen. Zum Schluss stellen Sie 4 braune und 3 gelbe Kerzen, die zuvor mit Nelkenöl geweiht wurden, dazu. Braun symbolisiert das Erdelement und Gelb das Sonnenlicht.

Auf eine gute Räucherung sollten Sie an diesem Abend nicht verzichten. Eine Mischung aus: Weihrauch, Myrrhe, Lorbeer, Thymian, Wermut, Kamille und Rosenblüten runden das Ganze ab.

Diese Nacht ist die ideale Voraussetzung, den Sommer zu verabschieden und Ruhe einkehren zu lassen. Sie symbolisiert auch die Zeit des Loslassens und der Reinigung. Nutzen Sie diese Chance. Schreiben Sie auf einzelne Zettel die Angelegenheiten auf, die Sie nicht mehr in Ihrem Leben wünschen. Übergeben Sie diese Dinge der reinigenden Kraft des Feuers.

Denken Sie daran, diese alten rituellen Zeremonien gewinnen durch besondere Freunde die mitmachen immer mehr an Freude und Kraft. Vielleicht mögen auch Sie einen gruseligen Kürbis und etwas zum Essen vor die Haustüre stellen, um Jack O,Lantern abzuschrecken und die Ahnen freundlich zu stimmen.

Rituale für alle Gelegenheiten

Mondritual für innere Klarheit und zum Entdecken des Krafttieres

Seit Menschengedenken übt er eine faszinierende Kraft auf uns aus und besonders hell strahlt er in den sternenklaren Juninächten. Millionen haben ihn im Laufe der Zeit betrachtet und sich ihre Gedanken dazu gemacht. Kaum einem Himmelskörper wurden so viele Lieder und Gedichte gewidmet wie dem Mond. Beethoven komponierte extra ihm zu Ehren die weltberühmte »Mondscheinsonate«. Auch Goethe ließ sich von ihm inspirieren und widmete ihm einige Verse. Karl Enslin schrieb folgendes Gedicht, welches später eines unserer bekanntesten Volkslieder wurde:

Guter Mond, du gehst so stille

Guter Mond, du gehst so stille
durch die Abendwolken hin.
Deines Schöpfens weiser Wille
ließ auf deiner Bahn dich ziehn.
Leuchte freundlich jedem Müden
in das stille Kämmerlein!
Und dein Schimmer gieße Frieden

ins bedrängte Herz hinein.
Guter Mond, du wandelst leise
an dem blauen Himmelszelt,
wo dich Gott zu seinem Preise
hat als Leuchte hingestellt.
Blicke traulich zu uns nieder
durch die Nacht aufs Erdenrund.
Als ein treuer Menschenhüter
tust du Gottes Liebe kund.

Selbst in Märchen wurde der Mond in inspirierender Weise eingesponnen, wie in »Peterchens Mondfahrt« oder »Der Mond« von den Gebrüdern Grimm. Immer wieder ist vom »Mann im Mond« die Rede, was nicht ausbleibt, wenn man mit viel Fantasie die Krater im Mond betrachtet. Nicht unbekannt ist auch das Schlafwandeln, was energetisch empfindliche Menschen vermehrt in einer Vollmondnacht dazu bewegt, wie in Trance durch die Wohnung zu laufen.

Auch Tiere reagieren sehr empfindsam auf das Mondlicht. Wölfe heulen das helle Licht des Mondes an und viele Forscher versuchten dies schon zu ergründen. So schwärmen Bienen bei Vollmondeinfluss stärker aus und reagieren aggressiver als sonst. Auch kleinste Tiere wie der Regenwurm sind bei Voll- bzw. Neumond aktiver. Dies wurde sogar wissenschaftlich belegt.

Viele Mythen ranken sich um ihn und schon immer wurden ihm magische Kräfte zugesprochen, welche bei unzähligen Ritualen als hilfreiche, energetische Unterstützung gelten. In fast allen Sprachen außer im Deutschen, wird der Erdtrabant als weiblich beschrieben und deshalb auch den Göttinnen zugeordnet. Im Römischen ist es Luna, die Göttin der Weiblichkeit und Reinheit. Die Griechen nannten sie Selene (davor Artemis), die als geflügeltes Wesen den Himmelswagen lenkt. In Ägypten ist es Isis, welche dem Mond und der Magie zugeordnet wird. Häufig wird sie dargestellt mit Flügeln und Kuhhörnern auf dem Kopf, welche die Mondsichel und die Sonnenscheibe symbolisieren. Auf ihr baute sich sogar eine besondere Form des Glaubens und der Magie auf, der sogenannte Isiskult, welcher sich heute noch großer Beliebtheit erfreut.

Im Keltischen sind es die Wiccas, welche sich auch in heutigen Tagen als Hexenzirkel darstellen. Sie tragen als Zeichen ihrer Mondzugehörigkeit den sogenannten »Triple Moon«. Ein Symbol, das den zunehmenden, vollen und abnehmenden Mond beinhaltet, oder, wie die Wiccas sagen: das junge Mädchen, die reife Frau und die Greisin.

Bei den Indios in den Anden heißt sie Kinti, auf Hawaii ist ihr Name Malama und in Polynesien nennt man sie Hina. In fast jeder Kultur findet man besondere Geschichten und Namen die in Verbindung mit dem Mond stehen.

Jeder gute Gärtner nutzt die Kraft der Mondphasen, um ein besseres Pflanzenwachstum hervorzurufen. Auch bei alten Heilgebeten wird die Kraft des Mondlichtes genutzt. Ein sehr bekanntes Beispiel ist das Besprechen von Warzen. Hierzu spricht man, während man mit einem Kieselstein 7-mal über die Warze streicht, bei abnehmendem Mond folgende Worte: »Was ich sehe, das vergehe, was ich streiche, das erweiche, Warze, falle ab!« Nun werfen Sie den Stein in einen Fluss und nach altem Glauben sollen nach einiger Zeit die Warzen verschwinden. Sehr wirksam ist es auch danach die Warzen täglich mit dem Saft des frischen Schöllkrautes (bot. Chelidonium Majus) zu betupfen. Es wächst sogar in den Städten, meist an Zäunen oder Mauern. Der orangefarbene frische Saft, welcher beim Abbrechen des Stängels austritt, ist hochwirksam. Allerdings sollte er ausschließlich nur äußerlich angewandt werden und das auch nur zum Betupfen der Warzen. Innerlich angewandt ist er hochgiftig!

Kräutern, die bei Vollmond geerntet werden, sagt man eine höhere Wirksamkeit nach, als Kräutern, die bei anderen Mondständen gesammelt werden.

Wieder in Mode gekommen ist das Verwenden von sogenanntem »Mondholz« beim Hausbau. In früherer Zeit sagte man diesem, bei Neumond geschlagenem Holz mehr Widerstandskraft gegen Fäulnis und Holzwürmer nach und tatsächlich konnten Wissenschaftler dies bestätigen. Man vermutet einen Bezug zu den Gezeiten, denn bei Ebbe und Flut nehmen die Bäume nachweislich mal mehr und mal weniger Wasser auf. Der Stamm schwillt mit der Wasseraufnahme an und ab. Da Mondholz bei Neumond geschlagen wird, enthält es weniger Wasser. Es ist wesentlich härter, als wenn es an einem anderen beliebigen Tag gefällt wird.

Und nun eine sehr bekannte Aussage. Frauen reagieren besonders empfindlich auf das Mondlicht. Genau wie der Mond einen ca. achtundzwanzig Tage Zyklus hat, so leben Frauen im gleichen Rhythmus. Man möge bedenken, dass der Mensch zum größten Teil aus Wasser besteht und wenn wir allein betrachten, welche Wassermassen unserer Meere er jeden Tag mit Ebbe und Flut bewegt, sieht man, wie viel Energie er ausübt. Deshalb möchte ich Ihnen ein wunderschönes Ritual zum Mitmachen vorstellen, aus dem Sie die große Kraft des Vollmondes für sich nutzen können. Wenn wir im Konflikt mit uns selbst sind, wenn Kummer uns plagt, wenn wir uns selbst nicht mehr mögen, dann bringt uns das Mondlicht die Klarheit und Liebe.

Ritualbeginn:	ab der Nacht des Neumondes, zunehmend bis Vollmond
Ritualort:	in freier Natur
Ritualdauer:	2 bis 3 Stunden

Als Ritualzutaten benötigen Sie folgende Gegenstände:

- 1 Bergkristall,
- Silberweihrauch, Rauchfasskohle, Räuchergefäß,
- 1 weißes Seidentuch,
- 3 kleine Glöckchen (erhältlich im Bastelbedarf),
- 1 Lederbändchen,
- 1 Karaffe mit Wasser,
- 1 silberfarbene Kerze, Kerzenhalter,
- 1 Metalltablett,
- weiße Rosenblütenblätter – eine Handvoll.

Dieses Ritual sollte nachts im Freien – wenn Sie mögen unbekleidet – bei zunehmendem Mond zelebriert werden. Legen Sie das Tablett auf den Boden und breiten Sie das Seidentuch drüber. Dann werden das Räuchergefäß, die Kerze und der Bergkristall im Dreieck darauf platziert. Bitte achten Sie immer darauf, dass Sie einen feuerfesten Untergrund wählen, denn in Zeiten großer Trockenheit sollten wir tunlichst darauf achten, keinen Waldbrand auszulösen.

Am besten eignet sich ein steiniger Untergrund! Nun entzünden Sie die Rauchfasskohle und sobald diese durchgeglüht ist, geben Sie etwas von dem Silberweihrauch obenauf. Nun wird die Kerze angezündet und die Karaffe mit dem Wasser dazu gestellt. Danach streuen Sie bitte die Rosenblütenblätter mit ausgestrecktem Arm um sich im Kreis aus. Die drei Glöckchen werden auf das Lederbändchen gezogen und um das rechte Handgelenk gebunden. Ein stetiger Glöckchenklang soll Sie bei Ihren Handlungen begleiten. Setzen Sie sich in die Mitte des Kreises, breiten Sie die Arme mit den Handinnenflächen nach oben aus und sprechen Sie mit geschlossenen Augen folgende Worte:

»Holde Mondin, Sternenlicht,
geb´ mir Kraft, durchflute mich,
fließe in mir hell und klar,
mach mich frei, wie ich einst war.
Gib mir Kraft und Zuversicht,
Schönheit, Liebe – auch innerlich.
Schmerz und Kummer schick sie weg,
Sorgen und Zorn nie mehr mich schreckt.
Lasse Liebe in mir wachsen,
zeige mir mein inneres Kind.
Will wie ein Baum des Lebens trotzen,
niemand mehr meine Seele einnimmt!
Gib mir meinen Seelenschutz,
Klarheit, Hoffnung und nicht Eigennutz!
Leg diesen Kristall nun in dein Licht,
bitte darum dass er niemals zerbricht.

Lad ihn auf mit sehr viel Kraft,
vertraue Dir,
dass Du das machst,
Holde Göttin Artemis steh mir bei, vergiss mich nicht,
schicke mir mein Zaubertier, finden soll's mich jetzt und hier,
zeige mir sein Angesicht hell und klar in deinem Licht!
Stell´s an meine Seite nun,
dass ich in mir selbst kann ruhen.
Nun Glückseligkeit kehrt ein,
durch Sternenlicht so seelenrein ...
So sei es, so sei es, so sei es!«

Schauen Sie nun den Mond an, ohne Hast und Eile, in Ruhe und Gelassenheit. Sie werden darin Schatten sehen. Sehen Sie weiterhin hinein und Sie werden Ihr Krafttier erkennen. Wann immer danach Sie es im Geistigen darum bitten an ihrer Seite zu sein, wird es mit seiner feinstofflichen Kraft inspirierend helfen. Ein altes Prinzip heißt »innen so wie außen!« Deshalb legen Sie den Bergkristall in die gefüllte Karaffe und trinken Sie ein wenig davon.

Räumen Sie das Räuchergefäß und die Kerze ab und stellen es zur Seite, damit Sie ans Tuch kommen. Tauchen Sie nun das Seidentuch in das energetisierte Wasser ein. Waschen Sie sich mit dem getränkten Tuch am ganzen Körper (falls Sie Ihre Kleidung anbehalten haben, so waschen Sie sich symbolisch Gesicht, Hände und Füße – und spüren Sie, wie das Sternenlicht in Ihren Körper dringt und ihn regeneriert. Sie spüren, wie Sie wieder selbst, ja eins, leicht und frei werden. Sie fühlen sich wie neu geboren, sind völlig klar und bersten vor Tatendrang.

Wann immer Ihnen danach ist, können Sie dieses Ritual bei zunehmendem Mond wiederholen und nach altem Brauch soll das Mondwasser strahlende Schönheit bringen! Also meine Damen, nutzen Sie die Kraft des Mondes!

Ritual, um den eigenen Kraftort zu erschaffen

Jedes Lebewesen benötigt einen Ort, an dem es ruhen, auftanken oder sich mit der geistigen Welt in Verbindung setzen kann. Kraftorte sind, wie der Name schon sagt, Plätze mit erhöhter Schwingung. Diese Energien lassen sich gut nutzen, um zu sehen und zu fühlen was Mutter Natur, die Elemente und das Universum uns mitzuteilen haben. Kein Magier, Hexe, Druide oder Schamane würde freiwillig auf diese kraftvollen Orte verzichten. In der Regel sind diese wichtigen Plätze kreisförmig angelegt und entfalten im Mittelpunkt ihre größte Wirkungskraft.

Ein berühmter Steinkreis ist Stonehenge in England, der mittlerweile ins Weltkulturerbe aufgenommen ist. In der Nähe von Salisbury hat man vor 4500 Jahren dieses imposante Bauwerk errichtet, um damit den Verlauf der Gestirne zu beobachten und um traditionelle Rituale zu zelebrieren. Besonders Sonnenwendfeiern wurden dort von Druiden abgehalten.

Es ist ein unbeschreibliches Erlebnis zu sehen, wie die Sonne am 21. Juni über den Steinen in Stonehenge aufgeht und sich ein Kraftfeld von unbeschreiblichem Ausmaß aufbaut. Nicht ohne Grund pilgern noch heute viele Druiden, Schamanen und Menschen, die den »Alten Glauben« leben, jedes Jahr in großen Scharen dorthin. Gerade im Süden Englands befinden sich viele Kraftorte. Nicht unweit vom berühmten Stonehenge ist Woodhenge, ein kleiner, ursprünglich aus Holzstämmen errichteter Ritualplatz, der nicht weniger Ausstrahlung hat.

Obwohl die englischen Kraftplätze die bekanntesten sind, gibt es auch in Frankreich solche uralten Energieplätze. In der Normandie und der Bretagne finden sich einige dieser ausstrahlungsstarken Orte. Noch heute zeugen riesige Menhire von deren Existenz. In Schweden wird heutzutage noch an die mystische Kraft der Steinkreise geglaubt. Da sind es meist märchenhafte Plätze, oft in tiefen unendlich grünen Wäldern verborgen, manchmal direkt auf steinigen Plateaus, für jeden von Weitem schon sichtbar. Somit stehen diese tonnenschweren Steine seit Jahrtausenden unverrückbar an ihren ursprünglichen Bestimmungsorten. Im engen Einklang mit der Natur werden dort auch heute noch Fauna und Flora kleine Opfergaben dargebracht. In Mittsommernächten scheint es so, als wäre die Zeit stehen geblieben. (In der Realität handelt es sich hier um eine einzige Nacht, obwohl immer im Plural gesprochen wird). Menschen tanzen und singen an diesen Plätzen mit Blumenkränzen im Haar und freuen sich über die längste Nacht des Jahres. Betritt man einen dieser Steinkreise, so stellt sich nach kurzer Zeit das Gefühl ein, dass sich die Tore zur Anderswelt geöffnet haben und man das Flüstern des Universums hört. Die Geborgenheit inmitten der Steine vermittelt ein Gefühl des höchsten Einsseins, aufgehoben im Schoße der riesigen Felsen, umgeben von der Kraft der Mutter Natur.

In Schweden, einem hoch technisierten Land, der Geburtsstätte vieler Handys und wo ein Computer sich selbst im kleinsten dieser liebenswerten, roten Holzhäuschen findet, ist trotz allem immer wieder die Balance zwischen modernem Leben und alten Bräuchen sichtbar. Kein echter Schwede würde es sich entgehen lassen, an solchen jahrtausendealten Ritualen und Festen teilzunehmen. Der bekannteste Steinkreis nennt sich Domarringen und mit seiner Größe von dreiunddreißig Metern im Durchmesser, macht er einen imposanten Eindruck auf den Betrachter.

Natürlich gibt es auch viele Kraftplätze in Deutschland. Dazu gehören die berühmten Externsteine bei Horn Bad Meinberg, in der Nähe von Detmold. Dort soll nach alter Überlieferung die Weltenesche Yggdrasil gestanden haben, die Himmel und Erde miteinander verbindet. Auch ist es ein grandioses Schauspiel, wenn dort in der Johannisnacht ein riesiges Happening mit vielen Druiden, Schamanen, Hexen und Esoterikern stattfindet.

Kraftorte waren früher schon sehr lebhafte Plätze, wo also astronomische und astrologische Berechnungen stattfanden, um den Bauern den bestmöglichen Termin der Aussaat zu nennen oder bestimmte Vorhaben zu bestimmen. Ebenso waren sie Richtplätze, Ritualplätze, Gebetsplattformen und kleine Weltwunder. Hier sollten wir uns vor Augen halten, dass diese Kreise weltweit meistens aus Steinen gebildet wurden, die nicht an den Orten, an denen diese Bauwerke errichtet wurden, zu finden waren. Sehr häufig wurden die Steine über Hunderte von Kilometern mit abenteuerlichen, primitiven Gerätschaften transportiert. Lassen Sie uns festhalten, dass dies eine große Leistung war. Lastwagen, Kräne, Bagger oder sonstige Hilfsmittel gab es damals noch nicht. Nur mit Holzstämmen und geschickter Strategie ließen sich solche, im tiefen Glauben errichtete Monumente, über Jahrhunderte hinweg realisieren.

Kraftorte haben vielerlei Gesichter. Auch Kirchen, Wallfahrtsorte sowie Grabmäler wurden auf alten, stark ausstrahlenden Bereichen gebaut. Die christliche Kirche übernahm sehr viele Bräuche des heidnischen Glaubens und machte sich deren starke Einflusskraft zunutze. Nicht ohne Grund steht z. B. der Kölner Dom auf einem riesigen alten Ritualplatz. Betrachtet man sich die Architektur und den Aufbau einer Kirche, so ist diese immer nach den zwölf Tierkreiszeichen aufgebaut und raten Sie mal, wo der Altar steht: genau im Zeichen des Löwens, das kräftigste und energievollste Tier der Sternzeichen. Es steht für die Sonne, Regentschaft und Macht.

Statt einer Weltenesche die in den Himmel ragt und aus Holz war, zeichnet sich fast jede Kirche durch Türme aus, die die Nähe zum Göttlichen signalisieren. Auch alte Symbole und Zeichen findet man ebenfalls in christlichen Bauten. Große, entscheidende Bauwerke stehen auf bestimmten Wegen, die wir Sternstraßen nennen. Dazu gehören die Pyramiden von Gizeh in Ägypten, das Kloster

Mont Saint Michel in der Normandie, Mont Saint Odille im Elsass, Santiago di Compostela in Spanien, Glastonbury in England und viele mehr. Von oben aus dem Weltall betrachtet sehen sie aus wie bestimmte Sternbilder und die sogenannten Sternstraßen führen alle zu diesen Sternbildern hin. Santiago di Compostela liegt demnach im Sternbild Sirius, welches eines der bedeutendsten im alten Glauben ist. Demzufolge ist nicht nur der Kraftort von großer Bedeutung, sondern auch der Weg dahin. Alle Kraftorte der Welt sind sozusagen miteinander vernetzt. Dies wissen Priester jeglicher Religionen genauso wie Magier, Hexen und Schamanen. Alles zusammen bildet ein Ganzes und so zog man die Bedeutung des Himmels hinzu. Nach dem Gesetz der Mystiker heißt es: »Oben so wie unten, innen so wie außen« alles spiegelt sich wieder.

Heutzutage werden im magischen Wirken für den Hausgebrauch, Steinkreise eher im Kleinen angelegt. Jeder magisch wirkende Mensch sollte einen oder mehrere dieser kraftvollen Plätze erschaffen und auch nutzen. Die einen gehen lieber in die Natur, während andere sich glücklich schätzen, wenn sie in ihrem Haus starke Energien vorfinden, die auch eines dieser Kraftfelder positiver Natur im Haus ermöglichen. Ich möchte Ihnen nun einige Beispiele geben, wie Sie solche Orte finden und wie Sie einen solchen Platz nutzen können.

Für die Einweihung des eigenen Kraftortes benötigen Sie folgende Utensilien, die Sie bitte mitnehmen:

- 1 Karaffe,
- geweihtes Wasser (kann in einer Flasche mitgenommen werden),
- 1 Kristall oder ein göttliches Symbol, eine Schale mit bedeutungsvollen Dingen (Kleinode mit positiver Energie für seinen Besitzer),
- Räucherwerk – bestehend aus z. B. Salbei, Fichtenharz, Eichenrinde, Wacholderbeeren, heller Weihrauch,
- Rauchfasskohle, Räucherkessel,
- evtl. Blumen, kleine Opfergaben, wie Essen und Trinken.

Ritualbeginn:	Tagsüber – jeden Tag, jederzeit
Dauer:	7 bis 8 Stunden

Gehen Sie raus in die Natur und achten Sie auf deren Zeichen. Dort, wo Bäume im Kreis stehen, Pilze ringförmig aus dem Boden wachsen, Steine wie Zeigefinger des Universums uns den Weg zeigen, sind Hinweise für bestimmte Energien. Bitten Sie in Gedanken um eine Wegführung. Suchen Sie sich einen Platz, der Ihnen das Gefühl von glücklich und beschützt vermittelt. Kleine Lichtungen im Wald, ein Plateau auf einem Hügel, natürliche Felsvorsprünge, unter denen man meditieren kann, sind Beispiele solcher Orte, die das Universum uns schenkt.

Bauen Sie sich an diesem Ort aus mehr oder weniger großen Steinen (es müssen ja nicht tonnenschwere wie in Stonehenge sein) einen Kreis, von dem Sie ein Stückchen als symbolischen Eingang offen lassen. Legen Sie in den Mittelpunkt ein Symbol der Kraft. Dies kann ein schöner Kristall, ein göttliches Symbol, ein schöner Baum, eine Figur oder eine mit bedeutungsvollen Dingen gefüllte Schale sein. Lassen Sie Ihrer Kreativität freien Lauf. Das, was für Sie persönlich wichtig ist, ist relevant, denn es ist Ihr Steinkreis.

Schmücken Sie diesen selbst erschaffenen, feinstofflichen Raum mit Dingen, die für Sie spirituell von großer Bedeutung sind. Schmücken Sie ihn mit Blumen, Nahrungsmitteln, Getränken und räuchern Sie mit wohltuenden Düften. Ehren Sie damit die Natur. Um diesen Platz einzuweihen, sprechen Sie bitte diesen Spruch:

»An diesem Ort,
ruf ich euch her,
zu spüren sich selbst,
im Sternenmeer.
All eins sein heißt,
die Ruhe zu spüren,
das Göttliche soll mich immer führen.
Im vollsten Vertrauen,
im Schoss der Natur,
Geborgenheit gibt's an diesem Ort nur.
Ihr Elemente steht mir immer bei,
zu schützen den Ort,
dass er Jahrtausende sei.

Heiliger Platz ich segne dich nun,
sollst allen die herfinden,
nur Gutes tun!
Ich spüre die Kraft, die du mir schenkst,
und mich in meinem Tun gut lenkst!
So sei es, so sei es, so sei es!«

Nehmen Sie das mitgebrachte geweihte Wasser – es soll aus einer Quelle stammen – und besprenkeln Sie während Sie diese Worte sprechen damit die Erde. Als passendes Räucherwerk würde sich dazu eignen: Salbei, Eichenrinde, heller Weihrauch, Wacholderbeeren und Fichtenharz.

Wann immer Sie es möchten, kehren Sie zu diesem Ort zurück, um Kraft aufzutanken oder kleine Rituale und Fürbitten zu halten. Sie werden spüren, wie die Schöpfung Sie dabei unterstützt.

Pflegen und hegen Sie diesen Ort, denn nur, wenn wir etwas liebevoll behandeln, bleibt es uns erhalten.

Ich denke dies gilt für alle Dinge im Leben, denn wenn wir Liebe und Herzlichkeit aussenden, kommt auch diese zu uns zurück. Ich wünsche Ihnen mit Ihrem persönlichen Kraftort viele schöne Erlebnisse im Einklang mit der Natur!

Luftritual gegen Kummer und Sorgen

Ritualbeginn: bei Sonnenaufgang, jeden Tag, jederzeit
Ritualort: in freier Natur
Ritualdauer: ca. 2 Stunden

Für das Ritual benötigen Sie folgende Utensilien:

- Leichte, kleine Federn z. B. Daunen etwa 100 Gramm
- 1 grünes Tuch etwa 40 x 40 Zentimeter
- 4 Glöckchen – erhältlich im Bastelbedarf (werden vorher an allen 4 Ecken des Tuches angenäht)
- Grassamen – eine Handvoll
- Räucherwerk (gut geeignet sind Lavendelblüten und heller Weihrauch)
- Rauchfasskohle
- Räucherschale
- Sand (damit die Schale 2 bis 3 cm bedeckt wird)
- Streichhölzer

Beginnen Sie mit dem Ritual bei Sonnenaufgang. Suchen Sie sich in der freien Natur ein besonders schönes Plätzchen, wo Sie ungestört dieses Ritual der Leichtigkeit durchführen können. Achten Sie darauf, dass Sie einen Ort wählen, von dem aus Sie den Sonnenaufgang sehen können. Ein Hügel oder Berg wäre ideal.

Drehen Sie sich gegen Osten der aufgehenden Sonne entgegen. Zunächst befüllen Sie das Gefäß mit dem Sand. Danach legen Sie eine spezielle Rauchfasskohletablette darauf und zünden diese an. Nachdem die Kohle gut durchgeglüht ist, legen Sie etwas von dem Weihrauch und einige Lavendelblüten obenauf. Nun nehmen Sie das Gefäß – Vorsicht, es könnte heiß sein – und sprechen in Richtung aufgehender Sonne folgende Worte:

»Ich begrüße Dich,
du goldenes Licht,
bringe mir den Wind herbei,
Trägheit in mir ist wie Blei.
Möchte Leichtigkeit neu spüren,
und mein Leben neu berühren.
Pust die Schwere nun hinfort,
schnell an einen anderen Ort!«

Nehmen Sie nun die Federn und eine Handvoll Grassamen und geben diese auf das ausgebreitete Tuch. Fassen Sie es an allen vier Ecken zu einem Bündel zusammen. Schwenken Sie es durch den aufsteigenden Rauch. Sprechen Sie folgende Worte:

»So wie diese Federn hier,
trag die Sorgen weg von mir!
Schwenke dieses Tuch nun aus,
säe neue Ideen daraus.
So wie dieser Samen hier,
neue Leichtigkeit wachse in mir,
wenn im Frühling er ergrünt,
mich mein Geist mich nicht mehr betrübt!«

Nun nehmen Sie das Bündel und schütteln es aus. Die kleinen Glöckchen tragen mit zartem Klang dazu bei, die Luftgeister freudig zur

Mithilfe zu bitten. Sehen Sie, wie der Luftzug die Federn und den Grassamen verweht und sprichwörtlich »in alle Winde verstreut«.

Nach jedem magischen Ritual ist es notwendig, dieses auch loszulassen, um den Energien den Freiraum zu geben, den diese brauchen, um für Sie wirken zu können. Dazu breiten Sie Ihre Arme aus. Stellen Sie sich vor, Sie wären ein Adler, der seine neu gewonnene Leichtigkeit und Freiheit genießen darf. Sie spüren, wie sich Ihre »Innere Achse« wieder ausrichtet und Sie in Ruhe und Harmonie in Ihrer Mitte sind. Atmen Sie tief über den Bauch ein und aus. Spüren Sie die Ruhe und die innere Kraft Ihres inneren Kindes. Tanzen Sie mit ausgebreiteten Armen barfuß über die Wiese. Denken Sie an Ihre Kindheit, wie es war, sorgenfrei und glücklich zu sein. Einfach mit offenen Armen die Leichtigkeit einfangen! Wenn Sie später nach Hause gehen lachen Sie darüber, denn Lachen ist die charmanteste Art, dem Negativen die Zähne zu zeigen! Wer viel lacht, lebt länger! Tragen Sie diese Leichtigkeit mit nach Hause und schmücken Sie Ihr Heim mit weißen und gelben Blumen. Zu dieser Jahreszeit sind Narzissen und Tulpen der Klassiker. Das grüne Tuch legen Sie abends in Ihr Bett und wenn Sie daran riechen, werden Sie bemerken, wie frisch es immer noch nach Wind und Natur vom Morgen riecht. Dies ist ja auch kein Wunder, denn Sie haben ja schließlich den Wind damit eingefangen!

Salzritual, um das Glück anzuziehen

Wussten Sie, dass sich eines der kräftigsten und magisch wirksamsten Mittel in Ihrem Haushalt befindet? Ja, Sie haben richtig gelesen! Es ist Salz und wird in jeder Küche verwendet. Natürlich darf es in keinem »Hexenhaus« fehlen und wird bei vielen Reinigungs- und Erfolgsritualen eingesetzt. Es soll Glück bringen und negative Energien fernhalten.

Zahlreiche Rituale, von denen Sie mit Sicherheit das ein oder andere sogar kennen, haben sich seit Jahrhunderten durch mündliche Überlieferung weitergetragen! Bezieht man ein neues Haus, so werden Brot und Salz gereicht, damit es in diesem Haushalt niemals an den wichtigen Nahrungsmitteln mangeln soll. Der Spruch: »Brot und Salz – Gott erhalt's!« ist uns allen geläufig. Auch in der Bibel wird auf die Wichtigkeit und Leben spendende Kraft dieses Minerals hingewiesen.

Der menschliche Körper benötigt Salz, um lebendig zu bleiben. Demzufolge ist es zum Symbol für Lebenskraft und Energie geworden. Im Matthäus Evangelium stehen die Worte: »Ihr seid das Salz der Erde ...«. Salz ist lebenswichtig und es gab in der Antike Zeiten, wo mit Salz sogar Löhne und Waren bezahlt wurden. Man hatte gut Acht auf den Salzvorrat zu geben und somit entstanden immer mehr Redewendungen rund um die meist weißen Kristalle. Erstarrt ein Mensch zur »Salzsäule«, hat dies mit der biblischen Geschichte von Sodom und Gomorrha zu tun. »Jemandem die Suppe versalzen ...« bedeutet, ihm nichts Gutes zu wünschen. Zuviel Salz schadet dem Körper und wohldosiert hilft es, Körperfunktionen aufrecht zu erhalten. »Du bist das Salz in meiner Suppe!« signalisiert dagegen etwas Positives. Sagt man dies zu einem anderen Menschen, heißt das, dass man sich ohne diesen Menschen sein Leben nicht vorstellen kann. Jemanden »Salz in offene Wunden streuen« ist nicht nett, denn das bedeutet, denjenigen immer wieder an schlimme Probleme zu erinnern. Hört man in einem Geschäft: »Sie haben aber gesalzene Preise!«, bedeutet dieser aus dem Mittelalter stammende Spruch, dass der Ladenbetreiber seine Waren überteuert anbietet. Salz war im Mittelalter sehr teuer und wurde sogar mit Gold aufgewogen! Nicht ohne Grund nannte man es das »Weiße Gold«!

Wurde zu dieser Zeit aus Versehen Salz verschüttet oder gar der Salztopf umgeworfen, so war es üblich, sich sofort bei Gott dafür zu entschuldigen und drei Prisen Salz zu opfern, damit das verschüttete Salz kein Unglück brachte. Dieser Aberglauben widerspricht sich zwar, aber nicht jeder Aberglaube muss auch immer eine sinnige Erklärung finden.

Die Alchemisten sahen im Natriumchlorid, wie das Salz chemisch heißt, eines der vier alchemistischen Elemente. Salz stand für die Manifestation des Feinstofflichen und durfte in keinem Labor fehlen. In späterer Zeit beschrieb Paracelsus das Salz als eines der drei Elemente der Philosophie. Mercurius (Quecksilber), Sulfur (Schwefel) und Sal (Salz) standen für Körper, Geist und Seele. Diese Trinität bildet die Grundlage einer alchemistischen Rezeptur und jeder Mensch wird einer dieser verschiedenen Typenformen zugeordnet. Zum Salz-Typ gehören die Sternzeichen Löwe, Wassermann, Skorpion und Stier. Dies Prinzip blieb bis in die heutige Zeit erhalten.

Man braucht allerdings kein umfassendes alchemistisches Wissen, um die große Heilkraft des Salzes zu nutzen. Allein das Baden im Meersalz kann bei Hautkrankheiten, schlecht heilenden Wunden und Stoffwechselbeschwerden wahre Wunder bewirken. Auch die Inhalation von Meerwasser wirkt sich wohltuend auf Atemwegserkrankungen aus und im magischen Sinne soll ein, mit gutem Meersalz angereichertes Bad, wunderbar energetisch reinigen und negative Einflüsse fernhalten. Jede Hexe und jeder Magier nutzen diese großartige, natürliche Möglichkeit, um sich von der feinstofflichen Arbeit zu erholen.

Auch spielt das Salz während eines magischen Rituals eine große

Rolle. Seit alters her werden damit Schutzkreise gezogen, Ritualplätze gereinigt und es dient auch als Indikator für Weissagungen und Orakel. An besonderen Feiertagen wie Silvester soll ein kleiner Berg aus Salz auf einen Teller gehäuft anzeigen, ob das kommende Jahr ein positives oder weniger gutes Jahr für den Fragenden darstellt. Ist der kleine Salzberg am anderen Morgen noch so vorhanden wie am Vorabend, wird's ein gutes Jahr, hat er sich auf dem Teller verteilt, so gibt es einige Hürden zu nehmen. Ein Beutelchen mit Salz, immer bei sich getragen, soll Glück und Erfolg anziehen. Hat man eine größere Reise vor, dann nimmt man etwas Salz und wirft es über die linke Schulter dreimal hinter sich. Dies soll den Weg sperren, vor negativen Energien, die einem verfolgen könnten ... (manchmal bleibt z. B. Neid nicht aus, wenn man der Nachbarin von der anstehenden Kreuzfahrt auf einem Luxusliner erzählt.)

Ebenso werfen Schauspieler etwas Salz auf die Bühne, um den Erfolg des Bühnenstückes zu sichern. Salz kann auch im alltäglichen Arbeitsumfeld einiges bewirken. Bei Mobbing hilft es, wenn man um den Arbeitsplatz einen Salzkreis zieht, um sich einen energetischen Schutzschild vor den eventuell unfreundlichen Arbeitskollegen zu verschaffen. Kommt dennoch jemand angriffslustig in Ihr Terrain, dann werfen Sie ihm, wenn er wieder geht, etwas Salz hinterher. Bitte nicht gleich den ganzen Salztopf, auch wenn die Versuchung bei so manchem unangenehmen Zeitgenossen nahe liegt. Eine kleine Prise des Kristalls reicht vollkommen aus.

Wer permanent Räumlichkeiten von negativen Energien reinigen will, nehme eine kleine Schüssel aus Keramik oder Porzellan, etwa im Durchmesser eines Desserttellers.

In diese Schüssel schütten Sie ein halbes Paket einfaches Kochsalz hinein. Dazu legen Sie obenauf sieben Kupfermünzen (alte Pfennige oder Eurocentstücke) und füllen Sie die Schüssel bis zum Rand mit Wasser auf. Stellen Sie nun das befüllte Gefäß an einen Ort, an dem Sie sich die meiste Zeit aufhalten und lassen Sie es dort stehen.

Es ist physikalisch vollkommen normal, dass das Wasser verdunstet und sich eine dünne Schicht Salz am Rand der Schüssel ablagert. Gibt es jedoch negative Energien zu transformieren, dann wird das Wasser innerhalb kürzester Zeit schlierig und das Salz kriecht förmlich über den Rand der Schüssel hinaus! Erst wenn das Wasser wieder verdunstet ist, wird die Schüssel gesäubert und neues Salz eingefüllt. Diese alte alchemistische »Klimaanlage« hilft wunderbar Räumlichkeiten stets von negativen oder abgestandenen Energien zu reinigen. Auch werden Ritualgegenstände und Heilsteine nach getaner Arbeit mit Salzwasser abgewaschen.

Salz ist also vielfältig einsetzbar und sollte immer als ausreichender Vorrat im Hause vorhanden sein. Denn nach altem Glauben darf das Salz im Haus niemals ausgehen, dies bringt Unglück. Wollen auch Sie sich die Kraft des Salzes zugute kommen lassen, dann erstellen Sie sich ein Glücksbeutelchen.

Ritualbeginn: an einem Dienstag Abend
Dauer: ca. 2 Stunden

Für ein Glücksbeutelchen benötigen Sie folgende Utensilien:
ein kleines grünes Beutelchen – ca. 8 cm hoch

- 3 Essl. Salz
- 3 Kupfermünzen
- 3 Lorbeerblätter
- 1 kleiner Pyrit (Katzengold)
- 1 kleine weiße Kerze
- heller Weihrauch, Räuchergefäß und Rauchfasskohle

Beginnen Sie an einem Dienstagabend mit dieser magischen Arbeit. Nachdem Sie sich in einer harmonischen Atmosphäre befinden, entzünden Sie zuerst mit einem Streichholz die Kerze. Dann brennen Sie die Rauchfasskohle an und legen, nachdem diese durchgeglüht ist, den Weihrauch auf. Nun wird es spannend!

Sie nehmen das Beutelchen und sprechen folgenden Spruch:

»Kommt Elemente steht mir bei,
mein Ritual zu begleiten,
damit erfolgreich es sei!

In dieses Säckchen geb' ich nun rein,
drei Lorbeerblätter grün und fein,
sie stehen für Erfolg und Ruhm,
und leiten mich im Handeln und Tun.
Drei kupferne Münzen zieh'n Geld gern an,
deshalb geb ich auch diese in das Säckchen nun kann,
das Salz obenauf, ich füll es fast voll,
soll Glück es mir bringen und Schutz sei mir hold.
Das goldene Steinlein macht alles perfekt,
ein wahres Hexenwerk nun im Säckchen steckt!
So sei es, so sei es, so sei es!«

Bitte wickeln Sie nun das Beutelchen fest zu. Wenn Sie mögen, können Sie das Säckchen noch mit Siegellack oder Wachs fest versiegeln. Dies ist in der weißen Magie so üblich. Ein Zauber sollte immer nach Beendigung des Rituals vom Magier versiegelt werden.

Tragen Sie dieses Beutelchen von nun an immer bei sich. Sprechen Sie nicht mit anderen Menschen darüber. Es ist Ihr kleines Erfolgsgeheimnis!

Ritual zur Engelsanrufung

Auch im Hexentum spielen Engel eine gewichtige und große Rolle. Magische Arbeiten sind stark mit mystischen Lehren verschiedener alter Kulturen verwoben. Daher sind die feinstofflichen, geflügelten Wesen im magischen Denken mit integriert. Sie unterstützen mit ihrer großen Kraft viele Wünsche und Rituale. Manche finden eine Zeit lang zu uns, andere bleiben bei uns ein Leben lang. Wenn auch Sie die Anwesenheit der himmlischen Helfer benötigen, dann gibt es eine wunderbare Technik, deren Anwesenheit sichtbar zu machen.

Ritualbeginn:	Tagsüber, abends, nachts, jederzeit
Ritualdauer:	das liegt im Ermessen der himmlischen Heerscharen, wann und wie sie sich dem Menschen zeigen

Folgende Utensilien werden benötigt:

- 3 weiße Kerzen plus Kerzenhalter
- weiße Federn – ein kleiner Beutel voll
- 1 Glas Wasser
- 1 Blatt Papier
- lila Tinte
- 1 Schreibfeder
- passendes Räucherwerk – wie z. B. Jasminblüten, Palo-Santo, Rosenblüten, Silberweihrauch
- Streichhölzer

Nehmen Sie die 3 weißen Tafelkerzen und stellen Sie diese in einer Reihe auf den Tisch. Schließen Sie Türen und Fenster, sodass kein Durchzug entstehen kann. Die Federchen legen Sie bitte herzförmig um die Kerzen aus und stellen das gefüllte Glas mit dem Wasser ebenfalls dazu. Während das Räucherwerk langsam vor sich herglimmt, rufen Sie Ihren Engel und sprechen Sie in Gedanken mit ihm. Sie werden vielleicht einen Namen, der Ihnen vollkommen fremd klingen mag, eingegeben bekommen, doch schreiben Sie ihn ruhig auf! Bei solchen Engelsanrufungen geschieht es recht häufig, dass wir den Namen unseres Schutzengels medial durchgesagt bekommen! Sie werden sich nun fragen, was es mit dem Wasserglas auf sich hat: Es dient dazu, im Wasser Farberscheinungen wie kleine Nebel zu erblicken, die uns die Anwesenheit der Engel ankündigen. Meist sind dies wunderbare Regenbogenfarben oder Pastelltöne. Doch nun zu den Kerzen! Normalerweise flackern Kerzen, wenn z. B. Durchzug in der Wohnung ist oder wenn Sie gegen die Flammen pusten. Wenn Engelsenergien anwesend sind, stehen alle drei Flammen ganz ruhig, jedoch jede einzelne Flamme für sich in eine andere Richtung geneigt! Dies lässt sich physikalisch nicht erklären und auch nicht provozieren! Doch sitzen Sie nicht vor den Kerzen um abzuwarten, was geschieht. Bis dieses Erscheinungsbild sich so darstellt, kann auch mal eine halbe Stunde vergehen! Also beschäftigen Sie sich, oder meditieren Sie. Sie können alles tun, nur bitte keinen Fernseher, Handy oder z. B. Computer einschalten, denn dies stört die feinen Schwingungen und Energien sehr! Unterstützen Sie dieses wunderbare »Schauspiel« lieber mit passender leiser Musik.

Talismanritual

Ist es Aberglaube oder wirkt dieser kleine Glücksbringer, den wir Talisman nennen in Notsituationen als tatsächlicher Beschützer? Manch einem wurde er geschenkt, vererbt oder man hat ihn selbst gefunden. Und wenn dieser Aberglauben noch so sehr abgestritten wird, so begegnen uns ständig und überall immer wieder diese kleinen Beschützer. Denken wir da zum Beispiel an Glücksschweinchen zu Silvester, die ersten Schuhe des Babys, welche am Rückspiegel des Autos baumeln, die berühmte Hasenpfote, die der Tänzer bei sich trägt, die Kastanie die man im Herbst verschenkt damit das Geld in der Tasche nie ausgeht, der Christophorus im Auto oder auch das vierblättrige Kleeblatt, was Glück verheißt. Viel mehr Menschen glauben an diese Dinge, doch zugeben wollen sie das nicht, obwohl es sie in jedem Land auf dieser Welt gibt.

Lassen Sie uns deshalb eintauchen in die mystische Welt dieser magischen Amulette. Im alten Ägypten war und ist der Skarabäus (eine Käferart) dort seit vielen Jahrtausenden ein Glücksbringer. Er symbolisiert den ewigen Kreislauf des Lebens und steht für den Sonnenauf- und -untergang. Den ägyptischen Königen wurde er als Grabbeigabe mitgegeben, damit es ihnen auf ihrer Reise ins Totenreich gut ginge. Aber nicht nur den Toten, sondern auch den Lebenden spendet er Kraft und Schutz. Versehen mit geheimnisvollen Inschriften, ist er heute noch ein beliebtes Mitbringsel aus Ägypten und ein starker Schutz gegen negative Einflüsse. Reisen wir weiter nach China. Dort gilt der Drache, chinesisch »Fu« genannt als großes Glückssymbol. Oft findet er sich in Kombination mit chinesischen Glücksmünzen als Talisman wieder. Er soll unseren Körper, der in asiatischen Lebensweisheiten als innerer Tempel bezeichnet wird, vor Angriffen von außen schützen.

In einem großen Bogen führt uns unser kleiner Ausflug nach Südamerika. Auch dort begegnet man vielen Talismanen, die uns Europäern oft kurios erscheinen. So ist ein begehrter Glücksbringer der Stachel des Stachelschweins! Die Eingeborenen tragen ihn bei sich, um allerlei Unheil und böse Geister abzuwenden. In Mexiko hat man kleine Beutelchen befüllt mit allerlei mystischen Dingen bei sich, welche bestimmten Heiligen gewidmet werden, um Schutz zu erlangen. Diese Vermischung kam durch die zunehmende Missionierung zustande, weil es den Einheimischen durch die Kirche verboten wurde, weiter an die alten Götter zu glauben. Man setzte an deren Stelle Heilige der katholischen Kirche ein und konnte somit die neue Religion und den alten Glauben unbemerkt miteinander verbinden. Verlassen wir nun den südamerikanischen Kontinent und machen uns auf in Richtung Norden.

Bei den nordamerikanischen Indianern spielen Fetische und Amulette eine große Rolle. Sehr häufig wurden diese in Verbindung mit Krafttieren, wie Wölfe, Bären und Adlern gebracht. Der inzwischen bekannteste Fetisch in unseren Breitengraden ist wohl der »Dreamcatcher«. Er wurde laut Überlieferung der Lakota Indianer einem Stammesschamanen von einer Spinne erklärt, um nur gute Träume für den Schlafenden einzufangen und Albträume abzuwenden.

Auf unserer Reise um die Welt geht es weiter in den sagenumwobenen Orient, der geradezu einen Riesenschatz aus Amuletten birgt. In der Türkei verwendet man das Auge aus Glas gegen den »Bösen Blick«. Die türkischen Priester und Seher, auch Hocas genannt, geben ihren Ratsuchenden Suren (Texte) aus dem Koran mit, welche vor bösen Geistern, die sich im Orient »Dschinn« nennen, schützen sollen. Sie sehen, wir könnten noch stundenlang virtuell um die Erde fliegen, doch kehren wir nun zurück in heimische Gefilde.

Hier möchte ich Ihnen beschreiben, wie Sie Ihren eigenen Talisman erstellen und weihen können. Auch jeden gekauften, vererbten oder gefundenen Talisman sollten Sie vor Gebrauch reinigen und dann neu weihen. Nur so können Sie sich der Energien des Universums sicher sein.

Ritualbeginn: Jederzeit
Ritualdauer: ca. 1 Std.

Sie benötigen folgende Utensilien:

- 1 kleinen schwarzen Turmalin
- 2 Meter Silberdraht
- Lederband – 1,50 Meter lang
- Amulettweihrauch (erhältlich im Fachhandel)
- Rauchfasskohle
- Räucherwerk und Räucherschale
- 1 kleine, gelbe, durchgefärbte Kerze
- Anna Riva Protection Öl (erhältlich im Fachhandel)
- Sand (damit die Schale bis zur Hälfte gefüllt werden kann)
- 1 Prise Salz
- 1 Glas Wasser

Bevor Sie mit der Talismanweihe beginnen, schaffen Sie sich bitte eine ruhige und ungestörte Atmosphäre. Und vergessen Sie nicht: Computer, Handy oder Fernseher bitte auszuschalten.

Als Erstes weihen Sie die Kerze mit dem Protection-Öl. Sie gehen wie folgt vor: Geben Sie sich etwas Öl auf die Fingerspitzen und bestreichen Sie die Kerze damit auf allen vier Seiten. Zünden Sie die Kerze an.

Ebenfalls wird die Rauchfasskohle in ein entsprechendes, mit Sand befülltes Gefäß gelegt und stilecht mit einem Streichholz angebrannt. Nach Durchglühen der Kohle wird etwas Räucherwerk auf die Kohle gelegt. Geben Sie etwas Salz in das mit Wasser gefüllte Glas.

Jetzt kommt der geheimnisvolle schwarze Turmalin ins Spiel! Der Turmalin, auch Schörl genannt, ist seit alters her DER bedeutendste Schutzstein! Umwickeln Sie den Stein mit dem Silberdraht, bis er nicht mehr aus ihm herausfallen kann und bilden Sie aus dem Ende des Drahtes eine feste kleine, gut verdrehte Öse, durch die das Lederband gezogen wird.

Nehmen Sie den Stein in Ihre rechte Hand und besprenkeln Sie ihn mit dem Salzwasser. Dies dient dazu, den Stein energetisch von Fremdeinflüssen zu reinigen. Symbolisch gesehen gilt es für das Element Wasser und Erde. Nun wird der Stein siebenmal durch den Rauch des Amulettweihrauches geschwenkt. Dies symbolisiert die Elemente Feuer und Luft.

Danach legen Sie den Turmalin wieder in Ihre rechte Hand. Während Sie die linke Hand darüber halten, stellen Sie sich vor, wie helles, goldfarbenes Licht durch Ihren Körper hindurch in die Hände hineinfließt. Nach kurzer Zeit werden Sie spüren, wie der Talisman allein durch diese Visualisierung richtig warm in Ihren Händen wird!

Erschrecken Sie bitte nicht gleich, es ist ganz normal, wenn sich ein Talisman mit positiver Energie füllt, er kann sogar richtig heiß werden! Indem der Stein warm wird – das reicht bereits aus – ist es für Sie das Zeichen sich beim Universum und bei den Elementen für deren Hilfe von Herzen zu bedanken. Jetzt besitzen Sie einen kraftvollen Talisman, der wenn Sie neue Energie oder hilfreichen Schutz benötigen, immer für Sie da ist. Bitte lassen Sie die kleine Ritualkerze bis zum Schluss abbrennen.

Hüten Sie Ihren Talisman und lassen Sie ihn nicht von einem anderen Menschen berühren, denn das könnte dazu führen, dass er sich sozusagen entlädt. Sollte dies der Fall sein, können Sie ihn jederzeit durch dieses kleine Ritual energetisch wieder aufladen! Auch für andere Menschen können Sie diese Technik nutzen! Für Freunde oder Verwandte ist dies sicherlich auch ein wunderbares, individuelles Geschenk. Denken Sie bitte immer daran: Was wir aussenden kehrt auch zu uns zurück und was gibt es Schöneres, als ein Stückchen Glück zu verschenken?

Ringritual für die Liebe

Ein uraltes Zeichen für Liebe und Treue ist immer ein Ring. Für dieses Ritual sollte er möglichst aus Gold oder Silber sein. In der Magie sprechen wir davon Gegenstände magisch zu »oden«. Das heißt etwas zu beleben und aufzuladen für verschiedenste Zwecke unter anderem auch für die Liebe und Partnerschaft.

Ritualbeginn:	nur Samstagabend nach 18.00 Uhr
Ritualdauer:	ca. 6 Stunden (Hinweis: nehmen Sie kleinere Kerzen, das verkürzt die Ritualdauer)

Sie benötigen folgende Utensilien:

- 1 silbernen oder goldenen Ring
- 1 rote durchgefärbte Kerze – etwas kleiner als üblich
- 1 blaue durchgefärbte Kerze – etwas kleiner als üblich
- 2 Kerzenhalter
- Rosenöl
- Weihrauch
- Rauchfasskohle
- Räuchergefäß und Sand
- 1 Nähgarn (egal welche Farbe)
- Weihwasser

Dieses weißmagische Ritual sollten Sie nur an einem Samstagabend nach 18 Uhr beginnen.

Bereiten Sie zunächst das Räucherwerk vor, indem Sie in ein feuerfestes Gefäß etwa zwei Finger hoch, auch zwei Zentimeter, Sand einfüllen und eine Rauchfasskohletablette oben auflegen und selbige anzünden. Während dessen weihen Sie die Kerzen mit dem Rosenöl. Halten Sie die Kerze waagerecht mit dem Docht nach links gerichtet vor sich und streichen Sie die Kerze vom Docht zur Mitte und vom Ende der Kerze zur Mitte von allen vier Seiten, entsprechend der Elemente und der Himmelsrichtungen ein. Sprechen Sie dabei folgende Worte:

»Ateh, Malkuth, Vegeburah, Vegedulah, Le Olam, Amen.«

Nun geben Sie etwas Weihrauch auf die mittlerweile durchgeglühte Kohle. Ziehen Sie durch den Silberring oder Goldring ein Stück des Fadens und tauchen diesen kurz in das Weihwasser. Jetzt ist der Ring zum Oden vorbereitet. Sinn und Zweck des Ganzen ist, Liebe und Harmonie in Form des vom Schicksal für Sie bestimmten Herzenspartners in Ihr Leben zu ziehen. Stellen Sie sich vor, der Ring sei ein Magnet und zieht all das an, was pure Liebe bedeutet.

Halten Sie den Ring zwischen Ihren Händen und visualisieren Sie Ihren Wunsch. Stellen Sie sich vor, wie der Herzenspartner oder die Herzenspartnerin auf Sie zukommt. Lassen Sie in Gedanken rosafarbenes Licht in den Ring einfließen.

Wenn es der richtige Tag, die richtige Stunde und Ihr Begehren groß ist und wenn alle kosmischen Aspekte gut stehen, dann können Sie Glück haben und bei einer solchen Ritualarbeit werden gleich Bilder und Visionen erscheinen. Das werten Sie bitte als Zeichen des Universums, denn es erlaubt Ihnen den ersten Blick auf den Lebenspartner bzw. die Partnerin zu werfen. Halten Sie den Ring an dem Faden und schwenken Sie ihn linksherum dreimal durch den Rauch. Nun wird es Zeit für den magischen Spruch:

»Ich rufe Euch, ihr Elemente nun,
steht mir zur Seite, bei all meinem Tun,
gebt mir Kraft, zu oden nun,
seht das Ringlein hier, in meiner Hand ruh'n.
Holde Venus lad es auf,
mach dass das Feuer der Liebe, niemals hört auf.
Zeig mir den Richtigen/die Richtige nun,
der Mond wird mir leuchten, und den Weg auftun.
Wasser gib fließende Leidenschaft,
Erde gib Beständigkeit und Lebenssaft,
Wind weise mir den Schicksalsweg,
mein Herzenspartner/Partnerin ich nun begeg'

das Ringlein zieht's in meinen Bann,
an meiner Seite den/die Richtigen/Richtige ein Leben lang!
So sei es, so sei es, so sei es!«

Bitte lassen Sie die kleinen Ritualkerzen bis zum Schluss abbrennen. Von nun an tragen Sie den Ring am Mittelfinger der linken Hand. Bitte geben Sie ihn nicht einer anderen Person, auch nicht einem Freund oder einer Freundin, welche ihn nur mal anprobieren will. Dieser Ring ist ausschließlich für Sie bestimmt!

Es wird berichtet, dass bei weißmagischen Ritualen der gewünschte Erfolg während sieben Stunden, sieben Tagen oder bis zu sieben Wochen dauern kann, bis er sich einstellt. Also ein klein wenig Geduld ist hier erforderlich. Am besten ist es, Sie »erden« sich nach diesem Ritual, mit einem schönen Spaziergang; ein gutes Essen oder auch ein duftendes Bad sind hier genau richtig.

Lassen Sie es los, haben Sie Vertrauen ins Universum, dass es Ihnen die Liebe in Ihr Leben bringt.

Ich wünsche Ihnen viel Erfolg mit diesem Ritual und eine gesegnete, harmonische Partnerschaft!

Liebesritual

Dieses Ritual ist für all die Menschen gedacht, die einen neuen Partner in ihr Leben ziehen möchten oder die Leidenschaft wiedererwecken wollen.

Ritualbeginn: nur an einem x-beliebigen Dienstagabend
Ritualdauer: 6 bis 7 Stunden

Sie benötigen folgende Ritualutensilien:

- 2 rote durchgefärbte Kerzen und Kerzenhalter
- Rosenöl
- ein rotes Band – 1 Meter
- Rosenblütenblätter – eine Handvoll
- 1 Rosenquarztrommelstein
- Räucherwerk aus Drachenblutpulver, Styrax und Bernstein nebst
- Rauchfasskohle und Räuchergefäß
- rote Tinte und Schreibfeder (bitte keinen Kuli verwenden)
- 1 Blatt Pergament – DINA 4
- 1 rotes kleines Beutelchen
- 1 rotes Deckchen

Dieses Ritual wird nur an einem Dienstagabend durchgeführt. Sorgen Sie zu Hause an Ihrem Altar für eine ruhige Atmosphäre und schalten Sie bitte während des Rituals alle elektronischen Geräte, wie Handy, Fernseher, oder Radio aus.

Breiten Sie das rote Deckchen aus und entzünden Sie das Räucherwerk. Dann weihen Sie die Kerzen, indem Sie diese symbolisch von allen vier Seiten – entsprechend der vier Elemente – mit dem Rosenöl bestreichen. Lassen Sie einige Tropfen auf die Fingerspitzen fallen und drehen Sie die Kerzen jeweils um eine Vierteldrehung, während Sie diese mit dem Öl weihen.

Nun wird eine der Kerzen angezündet und auf dem roten Deckchen aufgestellt. Dazwischen legen Sie den Rosenquarz. Danach schreiben Sie auf das Pergament den Namen ihres Partners oder beziehungsweise den Wunsch, einen neuen Menschen kennenzulernen. Formulieren Sie ihre Fürbitte ans Universum so konkret wie möglich, denn nur dann kann der Wunsch in Erfüllung gehen. Das heißt, dass bei bereits namentlich bekannten Menschen auch der Name auf dem Papier stehen sollte. Am besten fügen Sie noch das Geburtsdatum hinzu, sodass Verwechselungen ausgeschlossen sind. Auch das Universum braucht konkrete Angaben, um zu wissen, was Sie sich wünschen!

Nun legen Sie das Pergament zu den Kerzen und streuen um das Ganze die Rosenblütenblätter kreisförmig drum herum. Entzünden Sie die zweite Kerze und sprechen Sie laut folgende Worte:

»Im Zeichen der Venus rufe ich die Elemente an,
mir zu helfen die Liebe zu leben mit dem richtigen Mann/Frau.
Ein Traum soll in Erfüllung gehen,
nur wer treu ist, soll zu mir stehn!
Erotik, Lust und Leidenschaft,
soll immer fließen in dieser Partnerschaft.
Wahrheit und Zusammenhalt soll uns gegeben,
nichts uns aus der Ruhe bringt,
im gemeinsamen Leben.
Heiliger Michael,
beschütze diese Liebe,
und lasse sprießen die lustvollen Triebe!
Ich entzünde die zweite Kerze nun,
und gebe das Licht für all mein Tun.
Göttin der Liebe,

steh mir bei und bring mir den/die Partner/in,
nun schnell herbei!
So sei es, so sei es, so sei es!«

Lassen Sie die Kerzen vollständig abbrennen. Nachdem dies geschehen ist, nehmen Sie den Rosenquarz und stecken diesen in das kleine Beutelchen. Er ist nun magisch geodet (belebt, aufgeladen) und soll die Liebe in Ihr Leben ziehen.

Dieser Stein sollte nicht von anderen Menschen berührt werden. Er ist nur für Sie gedacht und er würde sich durch die Berührung anderer entladen. Tragen Sie ihn immer bei sich, damit er seine Wirksamkeit entfalten kann. Nach alter Faustregel sagt man, dass sich dieses Ritual innerhalb von sieben Stunden, sieben Tagen oder sieben Wochen erfüllt. Ich wünsche Ihnen ein gutes Gelingen mit diesem kleinen Partnerschaftsritual und das Sie schnellstmöglich mit dem Mann/Frau ihres Herzens, leben, lieben und lachen können!

Liebesritual und Erstellung eines Zaubertrankes

Wie gehören Zaubertrank und Leidenschaft zueinander? Ganz einfach! Seit Jahrtausenden werden magische Tränke für Liebe, Lust und Leidenschaft kreiert. Es war schon immer die Aufgabe der Hexen und Magier für die unterschiedlichsten Gefühle, Zustände und Wünsche diese Tränke anzufertigen. Alle erdenklichen heute sehr suspekten Mittel wurden in grauer Vorzeit dafür verwendet. Wenn wir diesen alten Rezepturen begegnen, zu finden in manch altem Buch, schütteln wir nur ungläubig den Kopf. Es sind oft recht abenteuerliche Zusammenstellungen, die angefangen bei Spinnenbeinen, Fledermausnasen, bis hin zu den abscheulichsten Dingen reichen. Auch psychoaktive Drogen gehörten zum Standard gar mancher Rezeptur. Glauben Sie solchen falschen Versprechungen um Gotteswillen nicht!

Dies sind naive Analogien, zudem vollkommen wirkungslos, ja sogar sehr gefährlich und im schlimmsten Falle können sie tödlich enden. Kein seriöser Magier, keine gute Hexe und niemand der auch nur einen Funken Verantwortung besitzt, würde für irgendwelche Zaubertränke einem Tier Arme und Beine herausreißen oder es gar umbringen! Deshalb möchte ich Ihnen einen Trank vorstellen, den moderne Hexen benutzen, um wieder mehr »Pepp« in eine flaue Partnerschaft zu bringen.

Doch zunächst begeben wir uns zurück in die Antike, dem Ursprung dieser Zaubertränke. In vielen Göttersagen wird von magischen Tränken berichtet. Eine der bekanntesten Geschichten ist die der griechischen Göttin Aphrodite. Laut Mythologie erblühte bei ihrer Geburt der erste Rosenstrauch und deshalb ist die Rose seit jeher der Liebe geweiht. Von ihr leitet sich auch das Wort Aphrodisiaka ab. Aphrodite war es, welche die Römer später Venus nannten.

Allerorts wurden den Göttern viele berühmte Tränke zugeordnet, darunter auch der sagenumwobene »Met«. Lange bevor die Römer den Weinanbau in die nördlichen Gefilde brachten, war das leckere, aus Honig, Hefe, Wasser und verschiedenen Gewürzen, wie Kardamom, Nelken, Salbei, Zimt und anderen Zutaten bestehende Getränk äußerst beliebt. Vergorene, also alkoholhaltige Getränke hatten damals, nicht nur weil sie gut schmeckten, sondern weil sie nicht so schnell verdarben, durchaus ihre Berechtigung. Die enthaltenen Inhaltsstoffe machten den Met zu einem wahrhaft aphrodisischen Getränk. Und Honig ist ein sehr lustförderndes Mittel. Nachgewiesen ist, dass durch Getränke, die Honig enthalten, bestimmte Stoffe freigesetzt werden, die die Sexualität anregen.

Honig ist das einzige Lebensmittel, was richtig gelagert niemals verdirbt. Seine entzündungshemmende Wirkung ist weitgehend bekannt und man kann ihn für vielerlei Zwecke nutzen. Daher sollte er in keinem Haushalt fehlen.

Wenn Sie vorhaben einen eigenen »Liebestrank« zu kreieren, sollte Honig ein fester Bestandteil des Trankes sein. Im Mittelalter setzte man auf die Wirkung der Gewürze. Geradezu fieberhaft versuchten Alchemisten, Hexen und Ärzte die Wirkung der vielen neuen Produkte zu ergründen. Mitgebracht wurden diese durch Kreuzzüge, Eroberungen und natürlich von Seefahrern, die immer wieder an unbekannte Küsten anlegten. Auf manch wundersame Wege kamen die einen oder anderen Gewürze im Laufe der Zeit in Europa an. Vielen davon sprach man eine sich auf das Liebesleben anregende Wirkung aus.

Da wäre der Anis, dem man eine aphrodisische, euphorisierende Wirkung nachsagt. Erwiesenermaßen wirkt er herzstärkend und regt die Hormonbildung an. Chilischoten machen sprichwörtlich »scharf«. Sie wirken stark durchblutungsfördernd. Die Gewürznelke und deren Blätter fand in so mancherlei Rezeptur reißenden Absatz, als man merkte, dass bestimmte Pflanzenteile eine überaus starke Stimulanz auf das Genitalzentrum ausübten. Mit dem Wirkstoff Ceiriantin erzeugt die Gewürznelke bestimmte Schwellfunktionen, die von so manchem Herrn der Schöpfung durchaus gewollt sind.

Der Ginseng war es, der spätestens seit Marco Polos Zeiten einen großen Ruhm erlangte. Er galt als Allheilmittel und wurde als Tinktur, aber auch als »Liebesmittel« eingesetzt. Bei Frauen verspricht Ginseng, die Nerven auszugleichen, wirkt stärkend und das Loslassen fällt leichter, sodass mehr liebevolle Gefühle hervorgerufen werden.

Koriander kann bei mäßigem und wohldosiertem Gebrauch die Durchblutung des Beckens verbessern ebenso wie der aus Südamerika stammende Mais.

Zimt ist ein mildes, auf die Geschlechtsdrüsen wirkendes Mittel, was in jedem Falle seine Wirksamkeit auf Dauer unter Beweis stellt. Mit einigen exotischen Gewürzen wurde von den Klerikern unwissentlich das genaue Gegenteil in dem einen oder anderen Kloster hervorgerufen. Denn dort nutzte man diese Gewürze gerne, um besonders haltbares Brot herzustellen. Auch heute noch kennen wir die herrlichen Lebkuchen und Gewürzbrote, die an kirchlichen Feiertagen besonders Anklang finden. Diese ganze bunte Mischung rief jedoch eine gewisse aphrodisische Wirkung hervor, die gerade in Klöstern nicht gerne gesehen wird.

Nun ja, der liebe Gott hat den Menschen nun mal nicht geschaffen, um im Zölibat zu leben. Dann hätte er auf Eva verzichtet. Aber dies muss jeder für sich selbst entscheiden, denn der freie Wille des Menschen ist unantastbar.

Auch in Europa waren vielerlei lustanregende Pflanzen bekannt. Als simples Küchenkraut besitzt die Petersilie mit ihrem Wirkstoff Apiol eine außerordentlich lustfördernde Wirkung. Es dürfte nicht schwierig sein, das Kraut »an den Mann oder die Frau zu bringen«, da ein bisschen gehackte Petersilie über dem Essen kein »Hexenwerk« ist. Der Meerrettich ist ebenfalls als luststeigernd berühmt geworden. Er enthält den Wirkstoff Allylrhodanid. Dieser erzeugt Reflexwirkungen im Geschlechtsbereich. Ein Sud aus der frischen Wurzel zeigt schnell seine Wirkung. Pfefferminze erhöht die Sensibilität und den Tastsinn. Pfefferminze sollte jedoch nicht als reines Öl verwendet werden, da es in zu hohen Dosen gefährlich und giftig sein kann.

Die Mistel wurde schon von den Druiden als Wunderpflanze geschätzt und erlebt in der heutigen Zeit einen Boom wie noch nie. Als ursprüngliche Schmarotzerpflanze von Laubbäumen hat sie viele gute Eigenschaften. In der modernen Medizin bekämpft sie Arteriosklerose, Rheuma, Krebs und sonstige Leiden. In der Liebe bedeutet die Mistel eine gesteigerte Fruchtbarkeit.

Auch das Johanniskraut beeinflusst den Parasympathikus, also unser Nervensystem und wirkt sich Lust verstärkend aus. Nicht ohne Grund wurde es schon immer von allen Hexen gerne in seiner Vielseitigkeit eingesetzt, denn bei Muskelbeschwerden und Krämpfen bewirkt es wahre Wunder!

In fast jedem Garten findet man den Liebstöckel, dessen Name besonders aussagekräftig ist. Selbst nur als ein Gewürz in der Suppe fördert auch er erotische Gedanken. Mit vielen anderen Kräutern verhält es sich ebenso: Rosmarin, Thymian oder Muskat.

Doch belassen wir es dabei und wenden wir uns nun den Möglichkeiten zu, welche keine großen Risiken bergen, diese anzuwenden, denn Hexentränke aus früherer Zeit als Rezept abzuschreiben, würde mit Sicherheit für den Laien zu einer hochgiftigen Angelegenheit werden. Natürlich gibt es Allergiker, die selbst auf Selleriesaft reagieren, aber gehen wir davon aus, dass diese Menschen solche Tränke auch meiden werden. Auch hier gilt der Spruch: »Im Zweifelsfalle bitte den Arzt oder Apotheker befragen!«

Ausgewählt habe ich eine süße und eine pikante Version. In kleinen Mengen kann Alkohol zwar enthemmen, in größeren aber auch unfähig machen. Deshalb »brauen« wir hier einen Trank, von dem Sie nicht mehr als 1 Gläschen trinken sollten, um auch bestimmt das zu erreichen, was Sie bezwecken möchten.

Variante 1 – mit Alkohol

Sie benötigen folgende Zutaten:

- 1 Granatapfel
- 1 frische Feige

- 1 Messerspitze Chilipulver
- 1 Messerspitze Zimt
- 1 halber gestrichener Teelöffel frischer Ingwer
- 2 Teelöffel Honig
- 2 frische rotblättrige Rosenblüten
  (bitte unbehandelte Pflanzen wählen)
- 1 Flasche 0,75 l guten Rotwein
- 1 Sieb

Bei Variante 1 öffnen Sie den Granatapfel und passieren die Beeren durch das Sieb. Hacken Sie die Feige so klein wie möglich und geben dies dem Granatapfelsaft zu. Nun heben Sie den Ingwer, den Chili sowie Zimt und Honig unter die Masse. Der Rotwein wird leicht erwärmt und mit den anderen Zutaten vermischt, sodass sich der Honig löst. Während Sie in dem Topf rühren, stellen Sie sich vor, wie Sie mit dem Herzensmann verschmelzen und eine schöne Zeit erleben.

Die Visualisierung wird bei jeglicher weißmagischer Arbeit groß geschrieben. Ohne Vorstellungskraft funktioniert keine Magie!

Während der Wein abkühlt, zupfen Sie die Blütenblätter von den Rosen. Nun geben Sie den Wein in eine Karaffe und legen die Blütenblätter obenauf. Nehmen Sie die Karaffe in Ihre Hände und sprechen Sie folgenden Spruch:

»Holde Göttin Aphrodite,
schenke diesem Trank der Liebe Deine ganze Kraft,
auf dass dem/der Mann/Frau meines Herzens
der Weg zu mir und unserer Leidenschaft geebnet werde!
Lustvoll soll unsere Liebe sein,
sodass der Strom der Zuneigung
in unseren Herzen niemals versiegen möge!
So sei es, so sei es, so sei es!«

Nun berühren Sie den Rand der Karaffe symbolisch mit Ihren Lippen, damit Ihre eigene Schwingung hineinfließt.

Variante 2 – Alkoholfrei

Sie benötigen folgende Zutaten:

- 0,25 l Tomatensaft
- 0,25 l Selleriesaft
- 1 halber gestrichener Teelöffel frisch geriebenen Ingwer
- etwas frische Petersilie
- 1 Prise Muskat
- 1 Prise Salz
- 1 Messerspitze Chilipulver
- 1 Hauch Rosmarinpulver
- frischen Liebstöckel – einige Blättchen sind ausreichend

Bei Variante 2 geben Sie alle Zutaten bis auf die Petersilie und den Liebstöckel in einen Topf und mischen diese gut durch. Auch hier sollten Sie während dessen Visualisierungskraft, wie bei Variante 1, wirken lassen. Die gehackte Petersilie und den Liebstöckel und streuen Sie erst kurz vor dem Trinken über das Getränk. Auch hierzu gibt's einen schönen Zauberspruch:

»Komm Geliebter/te komm sei mein,
lebe Deine Träume mit mir ganz allein!
Lass uns verschmelzen in Liebe pur,
trink diesen Trank und bedenke nur,
dies ist die Stunde der Leidenschaft,
leb sie mit mir und all Deiner Kraft!
Liebesenergie will ich Dir schenken,
ohne Wenn und Aber, ohne Bedenken,
von Hemmungen befreit, fließt Eros Kraft,
mit uns beiden in dieser Nacht!
So sei es, so sei es, so sei es!«

Auch hier wird, wie bereits oben beschrieben, das Getränk in eine Karaffe gefüllt und symbolisch mit den Lippen berührt.

Reichen Sie von dem zweiten Rezept bitte höchstens ein Likörgläschen, da es sonst zu viel des Guten sein könnte, denn solche extravaganten Getränke sind nicht jedermanns Geschmack.

Natürlich gehört auch ein passendes Ambiente zu Ihrem Ritual. Kerzen – möglichst rot, einige Rosenblütenblätter sowie passendes Räucherwerk mit verführerischem Duft, wie Styrax, Sandelholz und Jasmin sollten nicht fehlen.

Da Liebe bekanntlich auch durch den Magen geht, können Sie selbstverständlich auch Speisen dazu reichen, die mit ihren Eigenschaften auch als lustfördernd gelten, dazu gehören Nahrungsmittel wie z. B.: frische Austern oder Fisch.

Für die eher an Süßigkeiten interessierten Schleckermäuler sei darauf hingewiesen, dass Schokolade ebenso ein Aphrodisiakum ist.

Ich wünsche Ihnen, dass sich mit diesen Rezepturen für die magischen Zaubertränke recht schnell der gewünschte Erfolg einstellen wird.

Magisches Ritual, um sich einen Mann zu backen

Meine Großmutter sagte einst zu mir: »Kind, den Mann der zu dir passt, den musst du dir erst noch backen!« Da ich meine Oma sehr geschätzt habe und weiß, wie viel alte Weisheit und noch mehr Wahrheit in diesen Aussagen steckt, nahm ich diesen Spruch später wörtlich und siehe da … es hat geklappt!

Seit Jahren weilt er nun als Mensch treu an meiner Seite und ich habe es nie bereut, meine magischen Backkünste praktiziert zu haben. Doch wie backt man sich einen Mann, bzw. eine Frau und was hat das alles mit seriöser magischer Arbeit zu tun? Eine ganze Menge, mehr als wir denken und vielleicht glauben wollen.

Betrachten wir die traditionellen Rituale rund ums Backwerk, so werden wir feststellen, dass sich sehr viele Bräuche bis in die heutige Zeit erhalten haben. Ich bin exklusiv für Sie, liebe Leserinnen und Leser, ins wohl einzigartigste Brotmuseum Europas gereist, nach Selestat in Frankreich, um mich vor Ort bei den Menschen der Region nach den uralten Bräuchen zu erkundigen. In vorchristlicher Zeit war Getreidemehl ein Hauptnahrungsmittel, welches durch den zunehmenden Ackerbau unserer Vorfahren immer mehr geschätzt wurde. Doch zu dieser Zeit waren Backöfen, wie wir sie heute kennen, noch unbekannt. Brot wurde auf heißen Steinen oder am offenen Feuer gebacken. Da Brot aus Getreide gebacken wurde, sah das Volk eine enge Verbindung mit Demeter, der Erdenmutter. Deshalb durfte es als Opfergabe auf keinem Altar fehlen. Schon zu dieser Zeit begann man aus dem Teig Figuren zu formen oder Bildnisse in den selbigen einzuritzen, als Symbol für Fürbitten an die

Götter. Nach Christi Geburt integrierte die Kirche die alten Rituale und sah nach dem Tode Jesu darin dessen Leib.

Ab dem Mittelalter gab es Backöfen und sofort konnten dreidimensionale Backwerke entstehen. Eine besonders häufige Art, rituelle Fürbitten abzuhalten, zeigt sich bei Gebildbroten und Kuchen. Sie alle kennen den »Weckmann« zu Nikolaus oder das Häschen zu Ostern. Für jedes kirchliche Fest gab es auf einmal besonders ausgeformte Teigskulpturen. Im Osterkranz wird uns bewusst, wie tief doch der Aberglauben im Backwerk liegt. Meist wird er aus drei Strängen geflochten, die die heilige Trinität verkörpern, und mit einem rot gefärbten Ei geziert. Diese Leckereien trägt man auch heute noch in die Kirche, in der sie gesegnet und geweiht werden. Im alten Glauben ist es so, dass wenn man sie dann verspeist, der Segen Gottes geradezu verinnerlicht wird. Durch diesen Segen soll die Fruchtbarkeit, welche das Ei signalisiert, der Familie und dem Ackerbau immer gut gesonnen sein. Ein kleines Stück wird im traditionellen Aberglauben immer ein Jahr lang im Haus aufbewahrt, damit dieser gute Einfluss auch beständig bleibt.

Mir berichtete ein alter Bäckermeister von der interessanten Geschichte, wie Brezeln entstanden sind. Laut Überlieferung verliebte sich ein armer Bäcker in die schöne Tochter des Königs. Als der Herrscher davon erfuhr, wurde er zornig und brachte den jungen Bäcker vor Gericht. Als Strafe trug er dem Bäcker auf, dass er nur noch ein Brot backen durfte, wo so viele Löcher darin wären, dass es niemand mehr kaufen wolle. Doch hatte er nicht mit der Klugheit des hübschen Bäckers gerechnet. Dieser war sehr gläubig und bat Gott um die richtige Eingebung.

Daraufhin kreierte er die Brezel und zeigte diese dem König. Als dieser fragte, was das für ein Brot sein solle, antwortete der Bäcker: »Dieser Brezel verkörpert die heilige Trinität – Gott, Jesus Christus und den Heiligen Geist! Wenn man ihn vor Augen hält, dann fällt das wohltuende Licht Gottes hindurch. Die miteinander verschlungenen Enden in der Mitte sind Deine Tochter und ich. Welches Brot könnte schöner sein?« Der König war von dieser Weisheit sehr berührt. Nicht nur, dass er dem einfallsreichen und mutigen Bäcker gestattete die Brezel als neues Backwerk einzuführen. Sogar seine

Tochter, die schöne Adlige durfte er heiraten. Heute noch sind seine Brezeln im ganzen Land sehr beliebt und erinnern immer noch an die unendlich große Liebe des jungen Paares.

Auch in anderen Regionen Europas sind Brote von vielen Ritualen umgeben. Wenn ein Brot gebacken wird, so soll die Bäckerin ein Kreuz über dem Brot schlagen und Gott darum bitten, dass es gelingt. Wenn der Teig geformt ist, wird das Brot kreuzförmig eingeritzt zum Zeichen Gottes und wenn es dann endlich in den Ofen kommt, wird zum dritten Mal ein Spruch aufgesagt, der um das Gelingen des Backwerkes bittet.

Dieser Glaube kommt nicht von ungefähr, denn wenn man überlegt, wie wichtig Brot für die damaligen Verhältnisse war, wird einem bewusst, dass ein verbranntes oder gar nicht gelungenes Brot großen Hunger bedeutete. Frisches Backwerk gab es nicht wie heute in allen Läden, sondern nur ein- bis zweimal im Monat.

So wurde es auch Brauch, dass aus diesem kostbaren Lebensmittel Votivgaben geformt wurden. Die reicheren Leute fertigten diese aus Wachs, meist aufwendig gestaltet und bemalt, während die ärmeren Menschen dazu Teig, den sie in der Küche abzweigen konnten, dafür nahmen.

Votivgaben sind kleine Opfergaben, die symbolisch die Fürbitte an die geistige Welt repräsentieren. Dies kann zum Beispiel ein menschliches Abbild sein, Haustiere, Gegenstände oder Körperteile. Sehr schön kann man die kleinen Kunstwerke in süddeutschen Kirchen betrachten, wo seit Jahrhunderten solche Votivgaben aufbewahrt werden. Es gibt immer noch spezielle Formen, quasi für die »Massenproduktion« solcher Gebäcke in bildhafter Form. Im »Musee du Pain d Èpices« – ein Lebkuchen Museum in Gertwiller im schönen Elsass wird dies deutlich veranschaulicht. Tausende von Formen in allen Größen und Farben stellen lebhaft dar, wie groß die Bedeutung dieser im Aberglauben gegründeten Tradition ist. Lebkuchen, Spekulatius und Weihnachtsplätzchen gehören in gewisser Weise auch zum Bildnisbackwerk. Der Spekulatius wurde dem heiligen Nikolaus geweiht, was dem, aus dem Lateinischen abzuleitenden, »speculator« (=»Aufseher«) nahe kommt. Nikolaus war ein Bischof und ihm zu Ehren wurden diese, aus sehr teuren Gewürzen gebackene Leckereien hergestellt. Der Christstollen ist ebenfalls sehr eng mit dem Aberglauben verbunden. Er soll das in ein weißes Leinentuch gewickelte Jesuskind darstellen. Deshalb wird er auch nur zur Weihnachtszeit gegessen, zu Ehren Christi Geburt.

Immer schon gab es bestimmte Orakelkuchen mit hoher Symbolkraft, die bei der Bevölkerung sehr beliebt waren. In Irland kennt man zu Samhain (Halloween) den »Barmbrack«, wie bereits beschrieben.

In Frankreich wird zum Dreikönigstag der sogenannte »Galette des Rois« gegessen. Traditionell ist in diesem Kuchen eine kleine Königsfigur aus Porzellan eingebacken und wer in seinem Stückchen des Kuchens die Figur findet, ist König für einen Tag. Er bekommt eine Krone aus Pappe und goldener Folie. Alle am Tisch sitzenden Gäste dürfen immer erst essen und trinken, wenn der »König« dies tut und besonders Kinder haben an diesem Brauchtum einen riesigen Spaß. Doch auch dieser Kuchen symbolisiert einen kleinen Teil heidnischen Gedankengutes. Die runde Form soll die Sonne darstellen, die häufig auf den Kuchen in den Teig eingeritzt wird. Dieser Eindruck verstärkt sich durch die goldgelbe Farbe des Gebäcks und man braucht nicht viel Fantasie, um an helle Sonnenstrahlen zu denken. Der meist aus Blätterteig bestehende Kuchen sieht von der Seite her aus wie viele Blätter eines Buches, und dies stellt das Leben und die Weisheit dar. Der König soll die Quintessenz der Weisheit sein und bringt im Volksglauben dem Finder ein Jahr lang Glück.

Immer wieder tauchen in den geschichtlichen Erzählungen Rituale von bestimmten Bildnisbäckereien auf. Seit Jahrtausenden – seit Gebäck gebacken wurde – setzen Menschen Hoffnung in diese kleinen Opfergaben. Wenn sich diese Fürbitten erfüllt haben, so ist es ein selbstverständlicher Brauch, sich dafür zu bedanken. Das können wir heute noch besonders deutlich in Wallfahrtskirchen beobachten, wo sich nach dem Darbringen von Votivgaben das ein oder andere Wunder erfüllt hat. Meist hängen kleine Täfelchen an den Wänden, die liebevoll den Dank an das Göttliche zum Ausdruck bringen. Sie sehen also, dass backen ganz eng mit Weissagungen, Magie und Orakel im Einklang steht.

Wie backt man sich denn nun im magischen Sinne einen Mann? Ganz einfach und ein männliches Wesen kann sich genauso gut auch eine Frau backen!

Ritualbeginn: Samstag Abend
Ritualgesamtdauer: ca. 4 Stunden

Sie benötigen dazu folgende Utensilien und Zutaten:

- 1 weiße Kerze
- 2 rote durchgefärbte Kerzen
- 3 Kerzenhalter
- Streichhölzer
- rote Rosenblütenblätter
- Rosenwasser
- Räucherwerk »Styrax« Rauchfasskohle und Räuchergefäß

Rezept für einen selbst gemachten Teig um sich einen Mann zu backen

- 500 g Mehl
- 25 g Hefe
- ¼ Liter Milch
- 30 g Butter
- 60 g Zucker
- 1 Ei
- ½ Teelöffel Salz
- Vanillezucker
- Zimtpulver
- Rosinen

Wer möchte, kann natürlich selbstverständlich auch nach eigenem Rezept ein Brot backen oder sich eine fertige Backmischung kaufen und nur fertigbacken.

Zubereitung des Ritualbrotes

Bitte beginnen Sie an einem Samstagabend mit dem Ritual. Entzünden Sie das Räucherwerk. Weihen Sie die Kerzen mit dem Rosenwasser. Nun zünden Sie die weiße Kerze als Erste an.

- Bereiten Sie den Brotteig zum Backen vor in dem Sie in einer Schüssel die Hälfte des Mehls und des Zuckers mit der Hefe und der Milch verrühren.
- Mit einem sauberen Küchentuch abgedeckt darf der Teig nun eine Viertelstunde ruhen.
- Danach geben Sie die übrigen Zutaten dem Teig hinzu.
- Kneten Sie den Teig gut durch und stellen Sie ihn abermals in der Schüssel abgedeckt für etwa 15 – 20 Minuten zum Aufgehen an die Seite.
- Heizen Sie den Backofen auf. Bei Öfen mit Umluft auf 200 Grad, bei Öfen ohne Umluft auf 180 Grad einstellen.

Nehmen Sie den Teig und kneten Sie ihn nochmals richtig durch. Stellen Sie sich in Gedanken vor, wie Ihr Traummann aussehen sollte. Während Sie nun anfangen, den Teig in Form zu bringen, sprechen Sie laut folgenden Zauberspruch:

»Kommt ihr Elemente steht mir bei,
zu backen den Mann, der bei mir sei.
Schnellstmöglichst soll er zu mir finden,
und all seine Liebe mir mitbringen.
Liebe des Lebens,
komm nun her,
allein sein will ich nimmermehr!
Schau mich an in Leidenschaft,
mein Liebster soll haben sehr viel Kraft!
Den Zimt, den ich hier drüber streu,
bringt Schutz gegen Negatives und er bleibt treu.
Die Vanille bringt Verführung pur,
damit er mir ist nicht zu stur!

Ein Mann aus dem Bilderbuch, so soll er sein,
nicht zu groß und nicht zu klein,
ein ehrlicher Mensch, der Wahrheit mag,
und Liebe lebt und nicht verzagt.
Zusammen woll'n wir ein Brautpaar sein,
auf unserem Wege ist kein Stein!
Durch dick und dünn,
woll'n wir nun gehen,
uns immer in die Augen sehn.
Mann meines Lebens komm nun her,
mit Liebe gebacken,
gefällst du mir sehr!
Ihr Elemente steht mir bei,
bei dieser kleinen Hexerei!
So sei es, so sei es, so sei es!«

Lassen Sie, während Sie den Teig kneten und formen, Ihrer Fantasie freien Lauf und je mehr Sie visualisieren, wie Ihr Herzensmann aussehen sollte, desto mehr fließt diese Energie in den Teig hinein und gibt dem Ritual die Kraft. Nun nehmen Sie die roten Kerzen und zünden diese an der weißen Kerze an.

- Legen Sie die von Ihnen geformte Brotfigur in den Ofen.
- Während der »Mann« backt, streuen Sie eine Handvoll Rosenblütenblätter vor den Kerzen aus.
- Auf mittlerer Schiene dauert der Backvorgang etwa 35 – 45 Minuten. Dies richtet sich allerdings auch nach der von Ihnen geformten Figur. Je nachdem, wie hoch oder flach die Eigenkreation ausschaut, kann sich die Zeit des Backens auch verändern.
- Bitte schauen Sie öfter nach, denn wenn der Teig schön aufgegangen und goldgelb ist, ist der Backvorgang fertig.
- Lassen Sie den gebackenen Mann abkühlen und legen ihn dann auf das »Bett« aus Rosenblüten vor die brennenden Kerzen.
- Bitte lassen Sie die Kerzen vollständig abbrennen.

Der »Traummann« sollte auf den Rosenblüten liegen bleiben, bis der richtige Mensch zu Ihnen gefunden hat!

Ein winziges Stückchen jedoch dürfen Sie sich von dem Gebackenen abbrechen und es essen, damit sich Ihr Wunsch noch mehr verinnerlicht und Sie die Schwingung des Rituals immer bei sich tragen. So ziehen Sie den Traummann automatisch an!

Ich wünsche Ihnen von ganzem Herzen, dass Sie schnell dem richtigen Mann, der richtigen Frau begegnen und Sie in Harmonie, Gesundheit und Liebe zusammen alt werden!

Partnerschaftsritual

Auch wenn Sie seit vielen Jahren mit einem Partner zusammen sind, können Sie mit diesem Ritual ihre Liebe neu bekräftigen und stärken. Und sollten Sie sich eben erst kennengelernt haben, ist dieses Ritual eine bezaubernde Möglichkeit, der jungen Beziehung ein gutes Fundament und Schutz zu geben.

Ritual für Sie und ihn
Ritualbeginn: 1. Teil Samstag: Tagsüber am Altar
Ritualbeendung: 2. Teil im Anschluss im Wald
Ritualdauer: ca. 6 bis 7 Stunden

oder
Ritualbeginn: 1. Teil Samstag: Tagsüber oder gegen Abend
Ritualbeendung: 2. Teil Sonntag: Abschluss im Wald

Sie benötigen dafür Folgendes:

- 1 hellblaues Band
- 1 rosafarbenes Band
- 1 weißes Band
- 2 rosafarbene durchgefärbte Kerzen
- 1 rote durchgefärbte Kerze
- Räucherwerk Styrax plus Rauchfasskohle und Räuchergefäss
- Rosenblütenblätter rot – eine Handvoll
- Rosenöl
- 2 Tonkabohnen

Alle Zutaten finden Sie in einem gut sortierten Esoterikgeschäft. Achtung, verwenden Sie nur kleinere Kerzen, damit diese nicht zu lange brennen.

Das nun folgende Liebesritual wird im ersten Teil an Ihrem Altar zu Hause durchgeführt und im Wald beendet.

1. Tag, erster Teil.

Wenn es unter Umständen nicht möglich ist, es geschlossen durchzuführen, so können Sie es auf zwei Tage teilen. Es verliert dadurch nicht seine Wirksamkeit.

Vorzugsweise soll es an einem Samstag stattfinden, denn der steht im Magischen für die Liebe. Stellen Sie die Kerzen, die zuvor etwas mit dem Rosenöl bestrichen und gesegnet worden sind, auf einen Tisch. Die rote Kerze sollte sich in der Mitte der zwei rosafarbenen Kerzen befinden. Die Kerzen werden später angezündet.

Entzünden Sie dann die Rauchfasskohle und sobald diese durchgeglüht ist, legen Sie etwas von dem Styrax obenauf. Mit den Rosenblütenblättern streuen Sie auf dem Tisch einen Ring um die Kerzen aus. Legen Sie die Tonkabohnen und drei Bänder mit in den Kreis. Bei diesem Ritual sollte Ihr Partner anwesend sein und mitmachen. Selbst wenn er für mystische Dinge nichts übrig hat, wird er recht schnell eine große Kraft spüren. Außerdem dient dieses Ritual dazu, mehr Harmonie, Liebe, Vertrauen und beständiges Glück, in Ihre Beziehung einfließen zu lassen!

Zünden Sie nun stilecht mit einem Kienspan oder Streichholz die beiden äußeren, also rosafarbenen Kerzen an. Fassen Sie Ihren Partner bei den Händen und sprechen Sie beide folgendes Gebet:

»Wir bitten Dich, liebes Universum, voller Weisheit und Gnade, stell uns in Deiner Güte Deine himmlischen Helfer Erzengel Rafael und Erzengel Michael als Begleitung an unsere Seite, damit wir in Liebe behütet und beschützt, in vollkommener Harmonie miteinander alt werden dürfen.

Wir zünden zum Zeichen der Heiligen Dreifaltigkeit dieses Licht an und danken Dir für Deinen Beistand und für Deinen allumfassenden Segen zum Wohle aller.«

Nehmen Sie nun jeder eine der rosafarbenen Kerzen und zünden Sie zusammen die noch verbliebene rote Kerze an. Während die Kerzen nun bis zum Ende abbrennen, schreiben Sie auf ein Blatt Papier Ihrer beider Namen und die Worte:« Unsere Partnerschaft wird von Tag zu Tag liebevoller!«

2. Tag, zweiter Teil

Wickeln Sie nun die Tonkabohnen in das Blatt Papier. Sobald die Kerzen abgebrannt sind, geht's auf zum Waldspaziergang. Bitte nehmen Sie die Tonkabohnen und die Bänder mit. Bei einer Birke Ihrer Wahl binden Sie die drei Bänder symbolisch um den Birkenbaum. Legen Sie beide Ihre Hände auf die Rinde während Sie folgende Worte sprechen:

»Wir legen um Dich, lieber Baum,
das ewige Band unserer Liebe.
Rosa für Harmonie, blau für den Schutz
und weiß für die Energie und das Lichtvolle.
Steh symbolisch mit Deiner Kraft für uns da
und lass uns nie das Gleichgewicht
der Harmonie verlieren.
Wir legen zu Deinen Wurzeln unsere Namen.
Bitte lass unsere Liebe weiterhin genauso wachsen,
wie Du Jahr für Jahr, kräftiger und stärker wirst.
So sei es, so sei es, so sei es!«

Nun lösen Sie die Bänder wieder und knoten diese an einen Ast des Baumes. (Bitte nicht zu stramm, damit Sie dem Baum nicht schaden.) Die eingewickelten Tonkabohnen vergraben Sie zu den Wurzeln des Baumes. Nach getaner Arbeit nehmen Sie Ihren Partner fest in den Arm und lassen den Nachmittag mit einem schönen Waldspaziergang ausklingen. Vergessen Sie später nicht zu essen und etwas zu trinken, denn dies hält bekanntlich Leib und Seele zusammen. Außerdem geht Liebe durch den Magen und bei so viel Bereitschaft Ihres Partners zu diesem mystischen Ritual hat er sich auch ein gutes Essen verdient – oder?

Ich wünsche Ihnen nun viel Freude und gutes Gelingen mit dieser weißmagischen Arbeit auf dass Sie viele Jahre zusammenleben, lieben und lachen dürfen!

Reichtumsritual

Eine unbestrittene Tatsache ist, der Euro ist immer weniger wert, deshalb brauchen wir mehr davon als wir haben. Gold und Geld ist zwar nicht alles im Leben, aber es beruhigt, wenn man ein klein wenig mehr hätte und dadurch etwas sorgloser in die Zukunft blicken dürfte. Ein kleines Ritual, wie man Wohlstand und Reichtum anziehen kann, möchte ich Ihnen damit vorstellen.

Ritualbeginn: nur Dienstagabend – zu Hause oder in der Natur
Ritualdauer: 2 bis 3 Stunden

Dafür benötigen Sie folgende Ritualzutaten:

- 1 goldene und 1 durchgefärbte grüne Kerze
- eine kleine Schale
- symbolisch goldfarbene Münzen – (Centstücke: 10, 20 oder 50 Cent, es dürfen auch in Goldfolie verpackte Schokotaler sein, alles was goldenes Geld darstellt) optional können Sie auch Ihren Goldschmuck nutzen
- ein weißes Deckchen
- Räucherwerk bestehend aus Weihrauch, Myrrhe, Bernstein oder »Aurum Nero« (ebenfalls eine spezielle Weihrauchsorte)
- Räucherschale, Rauchfasskohle
- 1 goldener Stift
- 1 Blatt Pergamentpapier – DINA 4
- Goldflitter (erhältlich im Bastelbedarf)
- 3 weiße Lilienblüten (an einem Stängel oder einzeln)

Beginnen Sie das Ritual an einem Dienstagabend. Breiten Sie das Deckchen aus und stellen Sie das kleine Schälchen in die Mitte. Legen Sie die goldfarbenen Gegenstände in das Schälchen. Entzünden Sie die Räucherkohle und geben Sie, nachdem diese durchgeglüht ist, etwas von dem Räucherwerk obenauf. Nun zünden Sie auch die Kerzen an und schreiben danach mit dem goldenen Stift

Ihren Wunsch auf das Pergament. Nutzen Sie Worte wie »Reichtum«, »Wohlstand«, »Sorglosigkeit«, »Geld«, »Gold« etc. Bitte setzen Sie Ihre Wünsche nicht zu hoch an, denn wir bitten in der weißen Magie immer nur um das, was wir für uns benötigen.

Kennen Sie das Märchen von dem Fischer und seiner Frau, dass wenn man sich zu viel wünscht, man auch wieder sehr arm werden kann. Es ist wie mit allem, zu viel des Guten, zu viel Reichtum, zu viel Geld, zu viel Glück und schon wissen wir die Dinge nicht mehr zu schätzen. Fast jeder, der arm ist, wünscht sich reich zu sein und jeder der reich ist, nimmt den Reichtum als selbstverständlich. Deswegen halte ich es für wesentlich sinnvoller, in diesem Ritual um Wohlstand in einem vertretbaren Rahmen zu bitten, in dem Sie sich selbst wohlfühlen.

Legen Sie nun das Pergament unter das Schälchen. Danach nehmen Sie die Lilien und klopfen etwas von dem Blütenstaub in Ihre Hände. Die Blüten werden danach um die Schale gelegt. Verreiben Sie den Staub in den Handinnenflächen und nehmen Sie etwas Goldglitter dazu. Streuen Sie langsam diese Mischung über die Schale und das Deckchen. Sprechen Sie nun laut folgenden Spruch:

»So wie dieser Staub nun hier,
Geld und Gold komm schnell zu mir,
Universum ich bitte dich,
lasse Wohlstand begleiten nun auch mich.
Streu ich hier das Gold nun aus,
bring mir Reichtum in mein Haus!
Wachsen soll das Geld hier nun,
Armut lies mich nimmer ruhn.
Ruhe soll nun hier einkehren,
Sorgenfreiheit mir bescheren!
Elemente steht mir bei,
mich zu fühlen nun recht frei.
Mangel gibt es nun nicht mehr,
Geld soll sich vermehren wie Sand am Meer.
Gold und Sonne fließt nun ein,
goldenes Leuchten in mein Sein.

Geld geht zu Geld und Gold zu Gold,
so soll es sein,
Glück sei mir hold!«

Visualisieren Sie vor Ihrem geistigen Auge, wie sich in der kleinen Schale das Gold immer schneller vermehrt und Ihnen in den Schoß fällt. Denn es ist äußerst wichtig, dass Sie sich diesen Reichtum auch vorstellen und zu sich fließen sehen. Stellen Sie sich vor, wie Sie in goldenes Licht eingehüllt werden. Zum Abschluss sagen Sie laut:

»So sei es, so sei es, so sei es!«

Lassen Sie die Kerzen und das Räucherwerk ganz abbrennen. Nehmen Sie danach ein schönes Bad und führen Sie Ihre Visualisierungsarbeit weiter, indem Sie sich vorstellen im Gold zu baden, so wie Dagobert Duck das könnte.

Bitte sehen Sie diese Meditation nicht nur im materiellen Sinne, sondern auch im energetischen Bereich, denn goldfarbenes Licht ist eine Wohltat für unsere Zellen und gibt uns gute Laune und starke Energie!

Ich wünsche Ihnen ein gutes Gelingen bei diesem kleinen weißmagischen Ritual und hoffe, dass immer nur »Goldene Zeiten« auf Sie zukommen werden.

Schutzamulett für Hunde

Hunde sind des Menschen Freund. Allgemein gelten sie als Wächter und Helfer und sorgen für sein Wohlgefühl. Ebenso dienen auch Katzen den Menschen, geben ihm Wärme und befreien ihn von Mäusen etc.. Deshalb sollten wir diesen Tieren und allen Tieren auch gute Energien zukommen lassen.

Mithilfe eines Talismans, der in einem kleinen Ritual zum Mitmachen aufgeladen und geweiht wird, können Sie Ihrem Tier etwas von dem zurückgeben, was Sie an Schutz, Wohlbehagen und Zuneigung erhalten. Sie finden in diesem Bericht eine Grafik, die zum Kopieren oder Abzeichnen gedacht ist und von mir selbst angefertigt wurde. Sie beinhaltet einen energetischen Schutzschild auf höchster Ebene.

von mir persönlich angefertigtes Schutzbild zum Kopieren oder Abzeichnen gedacht

Ritualbeginn: Sonntagabend
Ritualdauer: ca. 1 Stunde

Zur Weihung des Talismans benötigen Sie folgende Utensilien:

- 1 lilafarbene durchgefärbte Kerze nebst Kerzenhalter
- Nelkenöl
- Weihrauch
- Rauchfasskohle
- Räuchergefäß
- Sand – soviel, damit das Räuchergefäß 2–3 cm hoch befüllt werden kann
- 1 Adressröhrchen mit Öse (erhältlich im Zoogeschäft)
- Nähfaden – grüne oder weiße Farbe

Führen Sie das Ritual an einem Sonntagabend durch. Befüllen Sie zunächst ein Räuchergefäß oder ein geeignetes feuerfestes Schälchen mit Sand und legen Sie eine Rauchfasstablette obenauf. Diese wird angezündet und nach dem Durchglühen der Tablette mit etwas Weihrauch belegt. Danach weihen Sie die Kerze mit dem Nelkenöl. Sprechen Sie, während Sie mit den Fingerspitzen etwas Öl auf die Kerze verstreichen, folgende Worte:

»Ateh, Malkuth, Ve-Geburah, Ve-Gedulah, Le-Olam, Amen.«

Dann wird auch diese angezündet. Nehmen Sie nun das Schutzbildchen zwischen ihre Handinnenflächen. Konzentrieren Sie sich stark auf den Spruch und die magische Arbeit, während Sie folgende Worte sprechen:

»Ich rufe das Element Wasser, mit seiner fließenden Kraft,
ich rufe das Element Feuer, mit seiner wärmenden Energie,
ich rufe das Element Luft, mit seinem starken Wind,
ich rufe das Element Erde, mit seiner beschützenden Eigenschaft.
Bitte steht mir bei diesem Ritual zur Seite,
sodass nichts Schlechtes dieses Ritual stört!
Heiliger Rupert, Schutzpatron der Hunde,
ich bitte Dich um Deine selige Kraft.
Lasse diese Energie durch meine Hände

in dieses Amulett einfließen,
sodass kein negativer Einfluss jemals mehr
an dieses Lebewesen herankommen kann.
Gib ihm Schutz und beste Gesundheit ein Leben lang,
sodass niemals ihm Leid zugefügt wird!
Halte Deine schützende Hand über ihn.
So sei es, so sei es, so sei es!«

Nun stecken Sie das Bildchen in das Adressröhrchen und verschließen dieses. Ziehen Sie den Faden durch die an dem Röhrchen angebrachte Öse und schwenken Sie es neunmal durch den Rauch des Räucherwerkes. Halten Sie das Röhrchen abermals in Ihren Händen und sprechen Sie laut:

»Ich bedanke mich bei den Elementen und bei Dir, heiliger Rupert, für Euren Beistand. Möge dieser Talisman seiner Aufgabe gerecht werden! So sei es, so sei es, so sei es!«

Nun wird das Röhrchen am Hundehalsband befestigt und Sie werden sehen, wie stolz und dankbar Ihr Tier das annehmen wird. Seine Wahrnehmungen werden sich nun sensibilisieren und wundern Sie sich nicht, wenn er sich ab und zu mit so manchem feinstofflichen Besucher »unterhält«. Tiere kommunizieren eh auf der Seelenebene und mit der Sprache des Herzens. Dieses Ritual ist ein großes Danke an meine treuen Begleiter und ich kann mit Freude beobachten, wie gut es Ihnen tut.

Ich wünsche Ihnen nun viel Freude damit und dass Sie sich und Ihr vierbeiniger Freund an einem langen Leben in bester Gesundheit und Harmonie erfreuen dürfen!

Schutz für Katzen

»Abrakadabra dreimal schwarzer Kater!« ist ein Zauberspruch unserer Jugend, über den wir uns wohl als Kinder keine tieferen Gedanken gemacht haben. Wir fanden es nur unheimlich spannend, wenn wir diese Worte zitierten und fühlten uns wie ein großer Zauberer aus dem Märchen. Doch wie viel Sinn und Unsinn steckt in solchen magischen Formeln und woher kommen sie ursprünglich? Warum ist ausgerechnet ein schwarzer Kater magisch besonders kraftvoll und nicht ein schwarzer Hund?

Wenn wir ein wenig in der Zeitgeschichte zurückreisen, dann finden wir das Wort »Abrakadabra« in vielen Kulturen und Religionen wieder. Die Experten streiten sich noch heute, ob es aus dem Hebräischen stammt und einen Segensspruch zum Ausdruck bringen sollte, oder eher aus dem arabischen Sprachraum kommt, wo es im weitesten Sinne den Donner beschwören soll. Auch gibt es Vermutungen, die Wurzeln des Wortes im Aramäischen zu sehen, denn da hätte es die Bedeutung, dass sich die ausgesprochenen Worte, zu Situationen manifestieren, die man erschaffen möchte. Die gebräuchlichste Anwendung in der Magie jedoch heißt, mit dieser Formel einen Schutz für besonders starke Rituale oder gegen Krankheiten auszusprechen.

Es gibt eine interessante Theorie der gnostischen Glaubensgemeinschaft, dass, wenn man die Worte auf ein Blatt Papier schreibt und zwar so, dass man mit dem Abrakadabra beginnt und darunter erneut die Formel schreibt nur, jedes Mal den letzten Buchstaben weglässt, also aus »Abrakadabra«- »Abrakadabr« wird, bis nur noch ein »A« da steht, sich automatisch ein auf der Spitze stehendes Dreieck ergibt und dies gegen allerlei Unglück schützt, wenn man es bei sich trägt und niemandem zeigt. Laut Überlieferung soll es auch energetisch helfen, wenn man erkrankt ist, denn die Krankheit soll dann so schnell verschwinden, wie das Wort auf dem Zettelchen weniger wird. Natürlich ersetzt dies nicht den Arzt, aber es kann dazu beitragen, dem Patient bildhaft darzustellen, wie er sich auf dem Weg der Genesung befindet. Die Kraft des Geistes kann bekanntlich Berge versetzen!

Doch was hat es nun mit dem schwarzen Kater auf sich? Es ranken sich unendlich viele Mythen um die Stubentiger mit den Samtpfoten. Im alten Ägypten wurden Katzen sehr verehrt. Die Ägypter sahen in den Tieren die Göttin Bastet. Als Mondgöttin, die in der Nacht die Häuser und Menschen bewacht und für Fruchtbarkeit, Liebe und Freude steht, ist sie eine der wichtigsten Gottheiten des alten Ägyptens. Es galt als absolutes Verbrechen, eine Katze zu töten und der Täter wurde sogar mit dem Tode bestraft. Kein Haus am Nil wollte ohne Katzen sein und mindestens ein »Minitiger« sollte sich am Haus aufhalten. Zahlreiche Katzenmumien, denen tote Mäuse und Leckereien mit auf ihre Reise ins Jenseits gegeben wurden, zeigen deutlich die große Verehrung der Tiere. Starb eine Hauskatze, so rasierten sich die dort lebenden Menschen als Zeichen ihrer Trauer sogar die Augenbrauen ab.

Auch bei den Indern gab es eine Katzengöttin mit Namen Sasti. Da sie die Göttin der Fruchtbarkeit und Mütter war, galt es geradezu als Pflicht der gläubigen Hindus, Katzen zu ernähren und zu ehren. Im chinesischen Kaiserreich wurden Katzen königlich behandelt. Sie lebten wie kleine Adlige am Hofe und wurden besonders, wenn sie ein weißes oder beiges Fell hatten, als glücksbringend verhätschelt. Von dort aus gelangten auch die ersten Katzen nach Japan und auch dort erfreuten sie sich großer Beliebtheit, denn sie schützten die wertvollen Seidenraupen und deren Kokons vor den gefräßigen Mäusen. Bis heute sind besonders dreifarbige Katzen als Talisman des Hauses sehr gern gesehen. In fast jedem Geschäft steht eine aus Ton gefertigte »Winkende Katze«, die – »Maneki Neko« genannt – viele gute Geschäfte und zahlungskräftige Kundschaft verspricht.

Ursprünglich hatte die Katze auch in Europa als Mäusejäger und Rattenfänger einen guten Ruf. Doch im Rahmen der Christianisierung wurde sie von der Kirche zusehends verteufelt. Die katholische Kirche sah in ihr den Leibhaftigen Fürst der Finsternis wegen ihres schwarzen Fells und weil sie in der Nacht, wenn es dunkel war, um die Häuser strich. Sofort erging ein Erlass des Papstes, dass Menschen die besonders nett und tierfreundlich sich schwarze Katzen hielten, auch des Teufels waren und somit als Ketzer galten. Darauf folgten unzählige Morde durch die Inquisition an Mensch und Tier.

Katzen wurden plötzlich die abergläubischsten Dinge nachgesagt und sogar in der Zeit der Pest wurden sie ausgerottet, obwohl sie den Überträger des Pestvirus erfolgreich hätten dezimieren können, denn dieser wurde von Ratten weitergegeben. Doch der Inquisitionswahn des Mittelalters nahm seinen unvorstellbaren Lauf und Mensch und Tier wurden zusehends immer mehr verteufelt und angeprangert. Vollkommen abenteuerliche Prüfungen wurden erfunden, um den Bund einer Katze mit dem Teufel nachweisen zu können. So setzte man sie in geweihtes Wasser und wenn das Tier, was bekanntlich kein Wasser mag, aus der Schale sprang, war dies ein klarer Beweis, dass es der Teufel war. Dies war noch eine der harmloseren Prüfungen. Durch unglaubliche Folterungen wurden Mensch und Tier, ohne Chance auf Gerechtigkeit, zu Hunderttausenden ermordet.

Während in allen anderen Ländern und Religionen die Tiere als glücksbringend geehrt wurden, schaffte es die christliche Kirche genau das Gegenteil zu bewirken. Auch hieß es, dass Hexen die Gestalt einer schwarzen Katze annehmen konnten und somit unbemerkt Zugang zu dem ein oder anderen Haus hatten, um Unheil anzurichten. Dies ist natürlich vollkommener Quatsch, aber zumindest in einem Punkt annähernd richtig. Katzen hielten sich gerne in der Nähe von tierlieben Menschen auf, die zumeist besonders feine Antennen zur Anderswelt hatten. Diese Fähigkeit haben Hexen sehr wohl und da eine seriöse Hexe oder Magierin niemals einem Lebewesen etwas zuleide tun würde, spürten auch die Tiere die Sicherheit in diesen Häusern und danken dies bis zum heutigen Tage auf wunderbare Weise.

Katzen sind in der Lage, Erdstrahlung und Wasseradern aufzuspüren und sich als einzige Tiere auf solche Felder zu legen und wohlzufühlen. Also sind sie wertvolle Helfer beim Wahrnehmen, von für uns Menschen schädlicher Strahlung. Außerdem halten sie das Haus frei von Mäusen und nehmen schlechte Energien einfach weg. Man sagt in magischen Kreisen, dass eine Katze sofort spürt, wenn ein Mensch krank ist. Sie legen sich neben den Menschen und ziehen das Fieber oder die Krankheit regelrecht energetisch aus ihm heraus. Katzen können dies wieder abgeben, denn sie sind viel im Freien und leiten negative Energien sofort über den Boden ab.

Die Katze ist auch ein Orakeltier! Früher sagte man, dass wenn sich eine Katze putzt und sauber leckt, schnell Besuch ins Haus kommt. Stellt man eine Frage, die mit Ja oder Nein beantwortet werden kann, so ordnet man dies den Pfoten der Katze zu. Betritt sie mit dem linken Fuß zuerst den Raum, so bedeutet es ein Ja, setzt sie die rechte Pfote als erste über die Türschwelle, so heißt es Nein. Viele Menschen betrachten es als böses Omen, wenn eine schwarze Katze von links nach rechts deren Weg kreuzt. Man sagte früher, dass einem der Teufel den Lebensweg abschneiden würde. Dies ist natürlich völliger Unfug, denn die Intention einer Katze ist es sicherlich nicht, einem Menschen in irgendeiner Form zu schaden. Auch sagt meines Erachtens die Farbe einer Katze überhaupt nichts darüber aus, ob sie gut oder schlecht ist. Ich liebe alle tierischen Freunde, egal welche Farbe ihr Fell hat!

Aus diesem Aberglauben entstand auch direkt ein Gegenzauber. Es heißt, dass wenn man schnell drei Steine, auf die man gespuckt hat, über diesen Weg schmeißt, dass der Zauber gebannt sei … Wer daran glauben mag, der soll's auch tun. Auch gibt es im Brauchtum die Tradition, die Katze als Wettervorhersage zu betrachten. Wenn die Katze das Fell entgegen dem Wuchs leckt, so soll es Regen geben. Streicht sie sich an allen möglichen Möbelstücken entlang, so kommt Sturm auf und wenn die Katze nicht vor die Tür mag, dann wird es bitterkalt werden. Klingt eigentlich logisch – oder?

Die Gebrüder Grimm schrieben das Märchen vom gestiefelten Kater, der mit Verstand und Humor die Gerechtigkeit walten ließ. Goethe gab dem Kater sogar den Namen Hinze, der aus dem Altdeutschen kommt und hilfreicher Heinzelmann bedeutet. Die Seefahrer dieser Welt liebten geradezu die Bordkatzen, da sie das Schiff freihielten von Mäusen und Ratten und somit auf den langen Fahrten über die Ozeane die Nahrungsvorräte erhalten blieben. Nun ja, ich betrachte die schwarzen Stubentiger als mystische Helfer und Geschöpfe Gottes, die uns hilfreich zur Seite stehen und sich mit einem wohligen Schnurren bei uns bedanken. Wenn auch Sie Ihre Katze vor negativen Einflüssen von Außen schützen möchten, dann schreiben Sie auf die Unterseite des Wassernapfes folgende Worte:

»Heilige Bastet ich bitt Dich hier,
beschütze fest mein Katzentier.
Niemand soll es negativ plagen,
nur Mäuslein aus dem Haus verjagen.
Beschütz es auch in Feld und Flur,
und gib ihm Lebensfreude pur!
Bring's immer wieder zu mir her,
lieb ich doch mein Kätzlein sehr!
So sei es, so sei es, so sei es!«

Somit wird das Wasser durch den Spruch gesegnet und wenn das Tier daraus trinkt, nimmt es quasi diesen Segen in sich auf. In der Esoterik sagt man: »Gute Gedanken werden zu Worten und Worte werden sich manifestieren!«

In diesem Sinne wünsche ich Ihnen viele schöne Jahre zusammen mit Ihrem Stubentiger!

Reinigungsritual für Räume und Personen

Ritualbeginn: bei Sonnenaufgang – kein bestimmter Tag
Ritualdauer: für ein größeres Objekt mind. 2 Stunden

Für ein magisches Reinigungsritual benötigen Sie folgende Zutaten:

- Eine Rauchwerkmischung bestehend aus: Weihrauch, Myrrhe, Wacholder, Bernstein, Kampfer, Rosmarin, Lavendel, Salbei
- Räucherschale, Kohle und Sand
- eine weiße, große Feder
- 1 Glöckchen
- Salz – pro Kelch 1 Essl.
- Kelch
- Wasser (so viel wie in Ihren Kelch passt)
- weiße Blüten – egal welche
- 3 weiße Kerzen
- 1 Haselnusszweig

Beginnen Sie das Ritual bei Sonnenaufgang. Richten Sie zuerst Ihren Hausaltar her mit den Kerzen und den Blütenblättern. Stellen Sie ein Schälchen mit etwas Salz gefüllt bereit. Nun nehmen Sie den Kelch und füllen diesen mit Wasser fast voll. Rühren Sie dies mit dem Haselnusszweig so lange um, bis sich das Salz aufgelöst hat.

Nun gehen Sie mit dem Kelch durch Ihre Räumlichkeiten und besprenkeln Sie jede Ecke des Raumes damit. Wie bereits beschrieben ist Salz ist eines der ältesten und auch preisgünstigsten Mittel, um negative Energien fernzuhalten und wirkt absolut reinigend. In Gedanken visualisieren Sie weißes Licht und lassen dies ebenfalls in Ihr Haus einfließen. Dann räuchern Sie mit dem Räucherwerk jede Ecke Ihrer Räume aus, wobei Sie den Rauch mit der weißen Feder verteilen. Gehen Sie dreimal im Uhrzeigersinn durch jedes Zimmer.

Mit dem Glöckchen gehen Sie jetzt noch mal durch alle Räume und klingeln Sie besonders laut, um alle restlichen negativen Energien endgültig zu vertreiben. Durch das starke Klingeln werden nur gute Geister herbeigerufen. Begrüßen Sie mit der aufgehenden Sonne den neuen Tag und bedanken Sie sich bei den Elementen (Feuer, Erde, Wasser, Luft) für deren Beistand.

Nun sind die Räume gereinigt, doch genauso wichtig ist es, dass Sie sich zum Abschluss selbst von allen negativen Schwingungen befreien.

Eine Möglichkeit ist, ein Bad mit wohlriechendem Lavendelöl zu nehmen und die gewaschenen Haare im Anschluss mit Apfelessig zu spülen. Eine Haarspülung mit Apfelessig können Sie mit Birkenwasser ersetzen, dass Sie danach aber wieder aus den Haaren spülen sollten.

Wenn Sie mit einer Dusche vorliebnehmen müssen, so reiben Sie Ihren nassen Körper mit Meersalz ein.

Besteht weder die Möglichkeit zu baden oder zu duschen, so greifen Sie auf die altbewährte Waschung mit einer Schüssel Wasser mit den entsprechenden Zutaten zurück.

Sie werden recht schnell bemerken, dass Sie dann mit voller Kraft in den Tag starten können.

Ritual gegen unerwünschte Hausgeister

Wenn Sie unerwünschte Hausgeister im Hause haben, beschreibe ich Ihnen in diesem Ritual, was Sie tun können, um diese aus dem Haus zu bekommen und deren Seelen ins Licht zu führen. In solchen Fällen arbeitet man mit alten Heilgebeten und ein solches werde ich Ihnen heute überliefern. Nehmen Sie sich die Zeit alles gut vorzubereiten.

Achtung! Sensiblen und ungeübten Menschen möchte ich empfehlen, eine bodenständige und geerdete Person dazu zu nehmen, oder gleich professionelle Hilfe in Anspruch zu nehmen. Für diejenigen, die in Ihrer Mitte sind und eine gute »Erdung« haben, dürfte es kein Problem darstellen, dieses kleine Ritual zu bewerkstelligen.

Ritualbeginn: jeden Tag, jederzeit
Ritualdauer: pro Zimmer ca. 30 Minuten

Dafür benötigen Sie folgende Utensilien

- 1 weiße Kerze
- Räuchergefäß
- Räucherwerk (schwarzer Weihrauch – Aurum Nero)
- Pentakel
- Rosenwasser (zum Einreiben der Hände)

Schalten Sie zunächst alle elektronischen Geräte im Haus aus. Das ist wichtig, denn Geister können sich diese Energien zunutze machen und Strom ziehen, oder im schlimmsten Fall gehen durch zu hohe Entladungen ihre kostbaren Geräte kaputt! Während des ganzen Zeremonials ist es angebracht, mit dem sogenannten »Aurum Nero« zu räuchern. Dies ist ein schwarzer, sehr herber Weihrauch und wird klassisch bei solchen Ritualen genutzt. Tragen Sie an einer Kette während des gesamten Rituals bitte ein Pentakel und reiben Sie Ihre Hände mit Rosenwasser (erhältlich in orientalischen Geschäften) ein. Gehen Sie durch alle Räume des Hauses, öffnen Sie alle

Fenster und Türen und sprechen mit ausgebreiteten Armen folgende Worte:

»Ich bete zu den Mächten des Universums steht mir bei, diese verlorenen Seelen ins Licht zu schicken. Nichts Böses soll mehr hier haften bleiben, nichts Negatives dieses Haus je wieder betreten!
In purer Liebe, die von der heiligen Mutter Maria ausgeht, sende ich euch mit meinem Herzen ins Licht, wo ihr erlöst werdet, von all eurem Hass, Kummer und Pein. Kein Leid wird euch mehr zugefügt und kein Leid soll dieses Haus und seine Menschen mehr schmerzen. Mit der Kraft des hohen Universums und der Elemente verzeihe ich euch all eure Taten und segne euch mit Licht und Liebe. Die reine Wahrheit eures Schmerzes wird ans Licht kommen und Gerechtigkeit in göttlicher Gnade soll euch beistehen. Ihr habt zu mir gefunden, um Gerechtigkeit und Wahrhaftigkeit zu finden. So helfe ich euch, den Herzensweg zu gehen und loslassen zu können in Frieden.

Mit diesen Worten lasst los, von dem irdischen Sein und gebt euch der Gnade und Barmherzigkeit hin. Nun schicke ich euch auf euren Weg, im Namen des Universums und gebt diesem Haus und seinen Bewohnern die Harmonie und Geborgenheit wieder, die ihr ihnen nahmt. Wie oben so auch unten, wie innen so auch außen soll, Liebe und Frieden in euren Herzen und in diesem Hause sein!

So sei es, so sei es, so sei es!

Möge das Universum darüber wachen, das ihr eurem neuen Weg strahlend und liebevoll entgegen gehen könnt und euch niemals mehr Hass und Zorn erreichen wird!

Ich bitte dich, Erzengel Michael und die Schutzgeister der Bewohner, beschütze die Menschen und Tiere in diesem Zuhause und lasse niemals wieder das Tor der Anderswelt für unerlöste Seelen an diesem Ort offen.

So sei es, so sei es, so sei es!«

Nun gehen Sie mit dem Weihrauch noch einmal durch jeden Raum des Hauses und sagen Sie bei jedem Zimmer wieder dreimal:
»So sei es!«

Zum Schluss zünden Sie bitte eine weiße Kerze an, als Symbol für das wiedereinkehrende «Licht« in ihrem Haus. Lassen Sie bitte diese Kerze komplett abbrennen!

So einfach dieses Ritual auch klingen mag, so sehr sollten Sie darauf achten, sich nach getaner Arbeit zu »erden«. Dazu eignet sich ein Spaziergang ebenso wie gutes Essen und Trinken im Kreise von lachenden, fröhlichen Menschen.

Ich wünsche Ihnen gutes Gelingen! Mögen sich in Ihrem Haus nur noch gute Geister aufhalten.

7er Ritual, um Stärke und Erfolg in allen Situationen zu erhalten

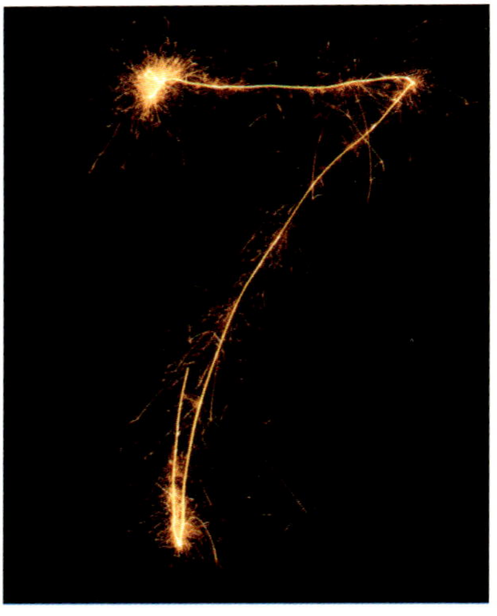

Kennen Sie die Geschichte des Hexleins Siebenstern? Dann will ich Sie Ihnen erzählen! Das Hexlein lebt im Land der Siebenbürgen hinter den sieben Bergen. Dorthin kommt man nur, wenn man zuvor über sieben Brücken geht und seine Siebenmeilenstiefel angezogen hat. Das Hexlein hat eine Katze, die hat sieben Leben und hört gerne zu, wie Frau Siebenstern ihr und den Kindern die Geschichten von den sieben Geißlein, den sieben Zwergen und dem tapferen Schneiderlein, das sieben Fliegen auf einen Streich erschlug, erzählt. Tja, das Hexlein hat auch einen Mann – Herr Siebenstern. Die beiden haben sieben fette und sieben magere Jahre erlebt. Im verflixten siebenten Jahr jedoch fanden sie näher zusammen denn je und sie schwebten im siebten Himmel miteinander. Gerne machten die beiden Urlaub, dazu packten sie ihre sieben Sachen und fuhren nach Rom – die Stadt mit den sieben Hügeln, wo sie im Kolosseum den Siebenkampf der Athleten bewunderten. Als Souvenir erwarben die beiden noch einen siebenarmigen Kerzenleuchter und fuhren über das Siebengebirge zurück nach Hause. Tja, um sieben Ecken herum waren sie ja sogar mit 007 oder auch James Bond verwandt. Abends um sieben schauten die beiden sich noch das Himmelszelt an und Herr Siebenstern erklärte dem Hexlein unser Planetensystem mit den sieben Planeten und das jede Mondphase siebenmal Tag und Nacht beinhaltet. So lebten sie glücklich und zufrieden und Frau Siebenstern durfte noch vielen Menschen helfen mit ihrem Siebenkräutertee.

Sie denken jetzt bestimmt, dass die Autorin dieses Berichtes nicht alle ihre sieben Sinne beieinanderhat – oder? Doch weit gefehlt, es geht mir darum, Ihnen die spektakulärste Zahl in Verbindung mit der Magie vorzustellen und das ist, wie Sie sicherlich schon bemerkt haben, die Sieben. Schon im Altertum hatte die Zahl Sieben immer eine recht mystische Bedeutung. Sie wird auch als die göttliche Zahl genannt. Bei den alten Römern war diese Zahl als Glückszahl sehr populär, denn in der Antike waren nur sieben Planeten bekannt Sonne, Merkur, Venus, Mond, Mars, Jupiter und Saturn. Lange Zeit gab es die Sieben Weltwunder mit seinen fantastischen Bauwerken. Im christlichen Glauben ist es das Buch mit den sieben Siegeln – die Bibel. In ihr taucht die Zahl Sieben immer wieder auf. Gott erschuf die Welt in sechs Tagen und am siebten Tage ruhte er sich aus. Wir haben daher sieben Wochentage und das Vaterunser enthält sieben Bitten. Sieben Sätze sprach Jesus am Kreuz:

1. Vater vergib ihnen, denn sie wissen nicht, was sie tun!
2. Weib, siehe das ist dein Sohn!
3. Heute wirst du mit mir im Paradiese sein!
4. Mein Gott warum hast du mich verlassen?
5. Mich dürstet!
6. Es ist vollbracht!
7. Vater, ich befehle meinen Geist in deine Hände!

Auch zählt die katholische Kirche sieben Todsünden, die da wären: Stolz, Habsucht, Wollust, Neid, Völlerei, Zorn und Faulheit. Ebenfalls aber auch sieben Tugenden: Glaube, Liebe, Hoffnung, Gerechtigkeit, Vorsicht, Mäßigkeit und Stärke. Laut dem Bartholomäus Evangelium schuf Gott die sieben Himmel der Engel. Maria Magdalena war von sieben Dämonen besessen, die ihr Jesus austrieb. In der Bibel werden auch die sieben fetten und die sieben mageren Jahre beschrieben ebenso wie die sieben Plagen. Heute noch gibt es die sieben Sakramente: Taufe, Firmung, Abendmahl, Buße, Letzte Ölung und Priesterweihe. Zwischen Ostern und Pfingsten liegen sieben Wochen. Auch der heilige Georg musste einen siebenköpfigen Drachen bezwingen, bevor er heiliggesprochen wurde. Alle Erzählungen der Bibel, die sich um die Zahl Sieben drehen, hier zu beschreiben, wäre mit Sicherheit ein Buch mit tausend Seiten.

Deshalb wenden wir uns nun der Bedeutung in der Esoterik und Magie zu. Betrachten Sie einen Regenbogen, so er hat sieben Farbspektren: Rot, Orange, Gelb, Grün, hellblau, Ultramarin und Violett. Auch Buddha suchte sein Heil sieben Jahre lang. Die Seele steigt durch sieben himmlische Sphären zu Gott empor. Im indischen Tantra werden diese auch sieben Lotuszentren (Bewusstseinsebenen im menschlichen Körper) genannt. Sieben Chakren befinden sich in uns: Wurzelchakra, Sakralchakra, Nabelchakra, Herzchakra, Kehlchakra, Stirnchakra und Kronenchakra. Das Leben besteht aus dem Gesetz der Resonanz und der Schwingungen. Deshalb haben Töne eine große Wirkung auf unsere Psyche. Raten Sie mal, wie viele Töne die Tonleiter hat – Sie wussten es? Natürlich sieben Stück, dem Gesetz der Harmonie entsprechend. Alle sieben Jahre gehen wir einen neuen Weg, verändern uns und bekommen vom Universum neue Aufgaben, welche es zu bestehen gilt.

Ritualbeginn:	Dienstag nach 16.00 Uhr ca. 2 Stunden
Ritualdauer:	2./3./4./5./6./7. Tag, 1 Std. pro Kerzenknopfabschnitt
Ritualabschluss:	7. Tag, Abschluss im Wald max. 1 Stunde

Für das 7er Erfolgs- und Stärke-Ritual benötigen Sie folgende Utensilien:

- 1 grüne Kordel etwa 40 cm lang
- 1 weiße 7 Tage Knopfkerze
  (oder eine weiße Tafelkerze in etwa 7 Abschnitte unterteilt)
- 1 Anna Riva Öl »Triple Action«
- Weihrauch »Styrax« vermischt mit Silberweihrauch
- Rauchfasskohle
- Sand und eine Räucherschale bzw. feuerfestes Gefäß

Beginnen Sie mit dem Ritual an einem Dienstag nach 16.00 Uhr.

Legen Sie sich alle Zutaten zurecht. Befüllen Sie das Räuchergefäß etwa 2 cm hoch mit Sand. Dies dient zur Belüftung der Rauchfasskohle. Dann legen Sie eine Kohletablette obenauf und entzünden diese. Sobald die Kohle glüht, legen Sie etwas von der Räuchermischung auf. Bitte verwenden Sie nur wenig. Lieber öfter mal etwas Räucherwerk nachlegen. Nun weihen Sie die Kerze mit dem magischen Öl, indem Sie diese von allen vier Seiten her damit einstreichen. Dann wird die Kerze entzündet. Danach nehmen Sie die grüne Kordel in die Hand und knoten sieben Knoten in das Band. Während dessen sprechen Sie folgenden magischen Spruch:

»Sieben Knoten mach ich hier,
Unglück wend' Dich fort von mir,
lasse in mein Leben rein,
gute Dinge hell und fein.
Erster Knoten ist für die Liebe,
zweiter ist für den Erfolg,
dritter soll Gesundheit sein,
vierter macht mich klar und rein.
Fünfter bringt mir Harmonie und Zufriedenheit wie noch nie,
sechster gibt mir sehr viel Kraft,
siebter schützt mich in der Nacht.
Sieben Knoten sind vollbracht nun geschehe Zauberkraft!«

Lassen Sie nun die Kerze weiter abbrennen, bis ein Knopf dieser Kerze, bzw. ein Abschnitt heruntergebrannt ist. An den folgenden sechs Tagen lassen Sie immer einen Teil der Kerze abbrennen. Danach nehmen Sie die Kordel und tragen selbige zu einem Ort im Wald und vergraben diese unter einem Baum, sodass niemand außer Ihnen weiß, wo Sie liegt und auch niemand Sie findet!

Bedanken Sie sich nach dem vollbrachten Ritual beim Universum für dessen Beistand. Nach altem Glauben wird dieses Ritual die nächsten sieben Jahre all diese Wünsche miteinander verbinden und Zufriedenheit in Ihr Leben bringen. Beobachten Sie doch selbst einmal, wie oft Ihnen die Zahl Sieben im Alltag auftaucht – Sie werden erstaunt sein! Diese Zahl wird nicht ohne Grund die »Göttliche Zahl« genannt, weil Sie immer wieder gegenwärtig ist!

Tannenritual zur Weihnachtszeit

Für die Weihnachtstage stelle ich Ihnen ein kleines Ritual aus früherer Zeit vor, um mehr Mut, Schutz, Hoffnung und Zuversicht in unsere hektischen Tage zu bringen.

In der Weihnachtszeit wird ein Baum zum Star – der Tannenbaum. Alles dreht sich um ihn und viele Menschen machen sich überhaupt keine Gedanken, warum ausgerechnet er mit Kerzen, Zuckerwerk und bunten Kugeln geschmückt wird. Lassen Sie uns eine kleine Zeitreise in die Vergangenheit machen, um zu schauen, wo die wahren Wurzeln dieser Tradition liegen.

Aus den alten Göttersagen geht hervor, dass der Baum als solcher, Träger unseres Universums ist. Häufig wurde symbolisch, ein immergrüner Baum zu Ehren der Gottheiten geopfert. Der babylonischen Göttin Ischtar, welche als Mutter mit einem Kind an der Brust dargestellt wurde, errichtete man in vorchristlicher Zeit einen frisch geschlagenen Baum, als Zeichen der Wiedergeburt und der Erneuerung allen Lebens. Ihr Mann Tammus erhielt das Zeichen des Kreuzes, welches auch später Zeichen der römisch-katholischen Kirche wurde. Ist es nicht erstaunlich, wie gewisse Ähnlichkeiten zu Mutter Maria und ihrem Kind zu sehen sind?

Im Mithras Kult wurde die Verehrung des Sonnengottes groß geschrieben. Zur Zeit der Wintersonnenwende am 21. Dezember, dem kürzesten Tag des Jahres, sah man in ihm das wiederkehrende Licht. Er galt als Heilsbringer und man huldigte ihm, indem ein Baum an den kultischen Altären aufgebaut wurde. Die alten Römer kannten bereits den Tannenbaum und sahen ihn als heiliges Gewächs. Daher rührt auch die Tradition, jedem neugeborenen Kind einen Baum zu pflanzen, dass der Baum dieses Kind beschützen und behüten möge. Gerne wurde dazu eine Tanne gewählt, weil dieser immergrüne Baum allen Widrigkeiten, wie Stürmen und eiskalten Wintern trotzt. Genauso stark sollte das Kind werden, wie die gepflanzte Tanne es sein würde. In Großbritannien galt der Tannenbaum als Lichtbringer. Im keltischen Glauben übergab man den Menschen als Zeichen des Sieges der Sonne über das Dunkel des Winters einen kleinen Zweig. Von Druiden geweihte Zweige sollten dem Beschenkten Glück bringen und traditionell wurden diese Zweige ein Jahr lang im Haus an der Decke oder an der Tür hängend aufbewahrt. Dies sollte böse Geister fernhalten. Ähnliches war auch in den deutschen Städten des 14. und 15. Jahrhundert bekannt. In Chroniken dieser Zeit steht geschrieben, dass es in Straßburg üblich war, in der Vorweihnachtszeit kleine, gebundene Buchsbaum– oder Tannensträußchen zu verkaufen, die im Heim Schutz signalisieren sollten. Gerne wurden dazu auch andere Pflanzen, je nach Region und Land genutzt wie Stechpalme, Mistel und Wacholder. Der Ursprung des Spruches »Auf keinen grünen Zweig kommen« liegt in diesem alten Brauch.

Bekam man keinen immergrünen Zweig zur Wintersonnenwende bzw. Weihnachtszeit geschenkt, so brachte dies Unglück, weil die negativen Geister nun ungehindert ins Haus kommen konnten. Allen Menschen, die einem viel bedeuten, schenkt man auch heute noch, oft unbewusst, manchmal liebevoll auf einem Geschenkpäckchen dekoriert, einen kleinen grünen Tannenzweig.

Bei dieser Vorgeschichte ist der Tannenbaum keine Erfindung des Christentums, sondern eher ein heidnischer Ritualbaum. Der erste christliche Tannenbaum, wie wir ihn heute kennen, stand im Jahre 1539 vor dem Straßburger Münster. Innerhalb von weniger als 100 Jahren fand dieser Brauch so großen Anklang, dass in fast jedem Haus ein mit Äpfeln und Nüssen geschmückter Baum zu finden war. Man kannte den Tannenbaum auch aus den sogenannten »Paradiesspielen« in Kirchen. Da viele Menschen früherer Zeit weder lesen noch schreiben konnten, gab es Kirchenschauspiele, um den Gläubigen die Entstehung der Erde sowie die Erschaffung Adams und Evas darzustellen. Als verbotene Frucht im Baum des Gartens Eden wurden Äpfel in den Tannenbaum gehangen. Diese meist als Winteräpfel in einem tiefen dunklen Rot gefärbt, leuchteten als Frucht der Versuchung im dunklen Grün des Baumes. Auch Walnüsse, als Symbol der Leibesfrucht und der Weiblichkeit Evas dienten als Baumschmuck. Man könnte auch sagen, dass die Tanne den Lebensbaum darstellt. Später kamen erstmals durch die Herzogin Dorothea Sybille von Schlesien in Mode gebracht, auch die brennenden Kerzen hinzu. Seinen Siegeszug im heutigen Gewand trat der Tannenbaum im 19. Jahrhundert an. Als Königin Victoria von England den deutschen Albert von Sachsen heiratete, brachte dieser die Tradition des Weihnachtsbaumes mit nach Großbritannien. Von dort aus nahmen Auswanderer den Baum mit in die neue Welt nach Amerika und von diesem Zeitpunkt ausgehend war der Erfolg des Christbaumes nicht mehr zu stoppen.

Im magischen Gebrauch betrachten wir die Tanne nicht nur als heidnisches Symbol der Wiederkehr, sondern natürlich darf man den heilenden Aspekt nicht vergessen.

Die heilige Hildegard von Bingen beschrieb die Tanne als wundertätigen Baum, der vorzügliche Hilfe bei Bronchial- und Atemwegserkrankungen verspricht. Auch sie bemerkte, dass die Tanne vor negativen energetischen Angriffen schützen soll. Das sogenannte »Tannenbier« versprach Hilfe bei Skorbut und aufgekochte und als Sitzbad zubereitete Tannenzweige sollten bei Blasen und Nierenleiden helfen. Eines der frühesten »Kaugummis« war das Tannenharz. Es trägt dazu bei, Zahnfleischentzündungen und bakteriellem Befall vorzubeugen. Das aus den Nadeln gewonnene Öl hilft bei Muskelverspannungen und Neuralgien. Die Weihnachtstanne ist demzufolge ein Lebensbaum, ein Baum der Heilung und »Lichtbringer« zugleich.

Ritualbeginn: 21. Dezember, tagsüber
Ritualdauer: 1,5 bis 2 Stunden

Sie benötigen dafür folgende Utensilien:

- 3 Tannenzweige (ein Zweig ca. 60 cm lang)
- 4 kleine Buchsbaumzweige
- 3 weiße Christbaumkerzen und Kerzenhalter
- 2 Meter rotes Band
- 12 Walnüsse
- 1 Dose Goldlack
- 2 Meter Silberdraht
- Heißkleber und Heißklebepistole

Am 21. Dezember, also zur Wintersonnenwende, binden Sie mit dem Draht die Tannen- und Buchsbaumzweige zu einem Sträußchen zusammen. Mit der goldenen Farbe bemalen Sie die Walnüsse. Schneiden Sie das Band in 12 Teile. Danach kleben Sie an jede Nuss ein rotes Band. Damit werden die Walnüsse an den Strauß angebunden und wenn Sie mögen, können Sie auch noch rote Schleifen mit dazu dekorieren. Nun werden die Kerzen angezündet und zur Weihung des Straußes sprechen Sie, während Sie das Gebinde in den Händen halten, folgenden Spruch:

»Im Zeichen des Lichtes,
ich segne Dich.
Halt Unglück fern,
gib' Zuversicht.
Lass Hoffnung in mein Leben ein,
und schütze nun dies Haus und Heim.
Die Nüsslein hier,
halt sie gut fest,
für jeden Monat eins,
dass das Glück mich nicht verlässt!
In Gold gehüllt, im Engelsglanz,
schimmern sie nun hier,
und geben ganz,
viel Licht in dies Zuhaus' nun ein,
lassen Freude in mein Herzelein.
Zum Fest der Sonne und der Wiederkehr,
Bring mir ein gutes Jahr nun her!
So sei es, so sei es, so sei es!

Dieser kleine Strauss wird in der Nähe der Eingangstür aufgehängt, um ein ganzes Jahr negative Energien fernzuhalten.

Fernab vom Weihnachtstrubel, lassen Sie mit diesem uralten Brauch wieder ein Stückchen der guten alten Zeit aufleben und spüren die Besinnlichkeit dieses alten Brauchtums.

Der Schlüssel zum Glück

Was meint eigentlich der Magier, wenn er von geheimen Schlüsseln spricht? Sehr häufig wird darüber gesprochen, aber die meisten Menschen wissen nicht, welche Bedeutung diese mysteriösen Werkzeuge haben. Die Symbolkraft eines Schlüssels ist eng mit unserem Alltag verbunden. Immer dort, wo etwas sehr Kostbares oder Privates vor anderen Unbefugten verschlossen bleiben soll, schützen wir es, indem wir gut auf den Schlüssel aufpassen und selbst entscheiden, wer Zugriff dazu haben soll oder eben auch nicht. Mit einem Schlüssel erhält man auch Verantwortung für sich und andere.

Denken Sie doch einmal zurück an Ihre Jugend, vielleicht hatten Sie ein Tagebuch, welches Sie sorgsam abschlossen, damit niemand Ihre kleinen Geheimnisse lesen konnte. Das war Ihr alleiniger Raum für Ihr geistiges Gut und Ihre Träume. Später bekam man dann einen Haustürschlüssel und musste gut acht darauf geben. Dieser öffnete plötzliche viel größere Räume, als das kleine Tagebuch fassen konnte. Dann kam nach dem Führerschein der erste Autoschlüssel und man war »Steuermann« des Wagens, wenn man den passenden Zündschlüssel besaß. Man erkundete plötzlich, dank Motorisierung, das ganze Land und vielleicht die halbe Welt. Der Raum für unser Handeln und Tun wurde wieder um ein Vielfaches größer.

Laufend bekommen wir im Leben neue Schlüssel für wichtige Aufgaben und neue Herausforderungen. Aber was ist mit den emotionalen Schlüsseln?

Wir kennen viele Redewendungen, worin sich das Wort Schlüssel verbirgt. Manchmal »entschlüsseln« wir etwas, suchen den »Schlüssel zum Glück«, »verschlüsseln« eine Sprache, haben ein »Schlüsselerlebnis«, möchten gerne den »Schlüssel zum Herzen« haben. Wir stehen jeden Tag vor Entscheidungen, für die wir emotionale Schlüssel benötigen. Diese schicksalshaften Türchen sind unser Lebensweg. Manchmal müssen wir auch eine Sache »abschließen«, damit wir neue »Tore« finden können.

Große Tore werden durch den christlichen Glauben immer mit riesigen Schlüsseln in Verbindung gebracht. So hat der Vatikan, als Zeichen der Zugehörigkeit zu Petrus, einen goldenen und einen silbernen Schlüssel im Wappen. Der Nachfolger Petri hat somit im übertragenen Sinne, die Herrschaft und Entscheidungskraft über das Himmelreich und die irdischen Dinge. Petrus selbst wird mit zwei großen Schlüsseln dargestellt, mit dem er manchen die Himmelspforte aufschließt oder den Zutritt verweigert.

Die Ägypter nannten das berühmte Ankh den Schlüssel zum Paradies. Es ist das Insignium der Pharaonen und als personifizierter Gott auf Erden, besaß er natürlich diesen Schlüssel. Auch heute noch wird das Ankh gerne als Amulett und Glücksbringer getragen.

Im Mittelalter nahm der Schlüssel immer mehr an Symbolkraft zu. Da immer mehr Heilige mit einem Schlüssel dargestellt wurden, sprach man ihnen unendlich viele wundertätige Dinge zu. Der heilige Hubertus, Schutzpatron der Jäger, hat als Attribut einen Schlüssel. Mit ihm glaubte man in vergangenen Zeiten, angeblich die Tollwut bei Mensch und Tier abwehren zu können. Da für die Menschen früherer Jahrhunderte Tollwut und Epilepsie kaum zu unterscheiden waren, drückte man schnell den Kranken bei Krampfanfällen einen Schlüssel als Schutz in die Hand. Als Amulett am Hals getragen, soll er vor allerlei Unglück, wie Feuer und Diebstahl schützen.

Sowohl bei der einfachen Bevölkerung als auch bei den hochgestellten Herrschaften war die Schlüsselübergabe ein wichtiges Ritual. Wenn die frisch verheiratete Braut zum ersten Mal das Haus ihres Ehemannes betrat, überreichte er ihr den Hausschlüssel. Die frischgebackene Hausherrin trug ab diesem Zeitpunkt den Schlüssel, für alle sichtbar, am Gürtel zum Zeichen der Verantwortung für Haus und Hof. Nur sie konnte die Truhen aufschließen, mit den Kleidern, Tüchern und Wertgegenständen. Starb der Mann, so gab es ein Gesetz, dass, wenn der Mann Schulden hinterlassen hatte, sie den

Schlüssel auf sein Grab legen konnte. Dies bedeutete, dass sie die Schulden nicht annahm und wieder frei war.

Bei hohen Ämtern wie dem Bürgermeisteramt wird auch heutzutage noch auf einem roten Samtkissen feierlich der Schlüssel der Stadt überreicht. Die wohl wunderlichste Geschichte spricht man dem heiligen Benno von Meißen zu. Er soll laut Überlieferung, als er Meißen auf Geheiß des Königs verlassen musste, seinen Freunden gesagt haben, sie sollen den Domschlüssel in die Elbe werfen, im Falle dessen, dass das Gotteshaus in Gefahr sei. Dies taten sie im Rahmen des Krieges und der Eroberung auch. Als Benno zurückkehrte, soll er im Bauch eines Fisches, der aus der Elbe sprang, den Schlüssel zurückerhalten haben. Darauf folgte ein wahrer Benno Kult und nach Überführung seiner Gebeine nach München ist er bis heute Schutzpatron dieser Stadt.

Es gibt aber auch Wortschlüssel, die gerade in der Magie gern genutzt, meist ein Rätsel darstellen, damit kein Unbefugter die Worte missbräuchlich verwenden kann. Nur Eingeweihte und Anhänger diverser Logen und Zirkel kannten die verschlüsselte Sprache. Besonders deutlich wird dies in der Alchemie. Dort wird von »Grünen Löwen« oder »Mercurius« gesprochen. Da werden die seltsamsten Mixturen erstellt, die sich meistens als einfache Metallverbindung »outen«, die weit weniger spektakulär sind, als sie klingen.

Am bekanntesten ist der Stein der Weisen geworden. Die jahrhundertealte Suche, nach der Rezeptur, wie man aus verschiedenen Ingredienzien Gold herstellt, musste ja logischerweise verschlüsselt beschrieben werden, denn wer diese Rezeptur findet, wäre ja ein »gemachter« Mann bzw. Frau. Aus den Märchen sind uns allen magische Schlüsselsätze bekannt, wie »Abrakadabra« oder »Sesam öffne Dich!«

Worte können wie Schlüssel Tore zur Anderswelt öffnen und bestimmte Schwingungen erzeugen, die kraft- und machtvoll sind. Sehr häufig sind es aber auch Symbole, die wie kleine einfache Zeichen, oft unbemerkt von nicht Wissenden, als Öffner für bestimmte Intentionen genutzt werden. Die Spirale kann z. B. etwas öffnen, aber auch verschließen. Pentagramme und Pentakel können schützen, aber auch Elemente anrufen. Das Siegel Salomons, ein sechszackiger

Stern, steht für die Kommunikation mit Geistern. Das Dreieck, ja Sie lesen richtig, ist einer der kräftigsten Schlüssel der Magie. Es taucht in fast allen Kulturen und Religionen auf und verkörpert die heilige Trinität und deren Beistand. Es gäbe unzählige magische Schlüssel aufzuzählen, doch wenden wir uns einem kleinen Ritual zu, welches Sie selbst zelebrieren können!

Ritualbeginn:	Dienstagabend, Zuhause
Ritualdauer:	ca. 2 Stunden

Für den »Schlüssel zum Glück« benötigen Sie folgende Utensilien:

- 1 Schlüssel, neu und unbenutzt
- 1 lilafarbene, durchgefärbte Kerze
- Räucherwerk bestehend aus Weihrauch, Bernstein, Angelikawurzel und getrockneter Orangenschale
- Räuchergefäß und Rauchfasskohle
- 1 goldenes Band 1,50 Meter
- 1 grünes Deckchen

Beginnen Sie mit diesem Ritual an einem Dienstagabend. Entzünden Sie die Rauchfasskohle und legen Sie etwas Räucherwerk auf. Danach stellen Sie das Räuchergefäß auf das grüne Deckchen und fädeln das goldene Band durch den Schlüssel. Auch die Kerze wird angezündet. Schwenken Sie nun den Schlüssel am Band durch den Rauch des Räucherwerkes, um ihn zu reinigen. Stellen Sie sich vor, für welche virtuelle »Tür« in Ihrem Leben Sie den Schlüssel benutzen möchten, zum Beispiel um das Glück anzuziehen, vor Unheil und negativen Energien beschützt zu sein oder um die Tür zum Herzen eines geliebten Menschen aufschließen zu dürfen.

Es gibt viele Verwendungsmöglichkeiten. Vielleicht sehen Sie aber auch den kleinen magischen Schlüssel als »Door opener« zu einem neuen Weg beruflicher oder spiritueller Natur, um neue positive Erfahrungen in Ihr Leben zu lassen. Was auch immer Sie sich vorstellen, wichtig ist, dass Sie mit Ihrem Wunsch niemandem schaden und dass Sie entsprechend der kosmischen Gesetze handeln.

Wenn Sie sorgfältig überlegt haben, für welche neue Tür in Ihrem Leben der Schlüssel symbolisch stehen soll, dann nehmen Sie ihn ganz fest in Ihre Hände. Stellen Sie sich vor wie pure Energie und helles Licht in Ihren Händen entsteht. Sie werden diese energetische Wärme sogar spüren! Visualisieren Sie den Wunsch, den Sie haben und während Sie den Schlüssel in Ihren Händen halten, sprechen Sie folgenden Spruch:

»Schlüssel zum Glück,
ich weihe Dich,
dienlich sollst Du sein für mich!
Öffne neue Türen schnell,
die richtigen nur und möglichst hell!
Lass neue Wege kommen zu mir,
denn Dich trage ich nicht nur zur Zier'!
Du passt auf die Schlösser meines Lebens,
begleitest mich auf Pfaden und Wegen,
von nun an bist du nur mein,
trag' dich an meinem Herzelein!
So sei es, so sei es, so sei es!«

Nachdem Sie den Schlüssel noch für einen Moment in den Händen gehalten haben, können Sie ihn sich umhängen, oder in der Jacken- oder Hosentasche bei sich tragen.

Wenn Sie aufmerksam bleiben, so wird Ihnen nicht entgehen, dass dieser Schlüssel in schwierig zu entscheidenden Situationen warm wird. Sie haben ein wertvolles magisches Werkzeug, das Ihnen den richtigen Weg zeigt. Immer wenn er Sie auf etwas aufmerksam machen will, werden Sie diese Wärme spüren und die richtige Tür finden. Bleibt er kalt, so ist es ein klares »Nein«. Lassen Sie sich aber auch bitte immer von Ihrer eigenen Intuition leiten, denn der wichtigste Schlüssel in unserem Leben ist und bleibt der Schlüssel zum Herzen des anderen.

Ich wünsche Ihnen gutes Gelingen und dass der »Schlüssel zum Glück« Ihnen immer die richtigen Türen aufschließen möge!

Die magische Hexenflasche

In magischen Kreisen werden seit Jahrhunderten sogenannte »Hexenflaschen« hergestellt. Dieser Brauch findet seinen Ursprung in Großbritannien. Die Bezeichnung »Witch Bottle« war alles andere als hexenfreundlich, denn diese Gefäße sollten vor Verhexung und bösen Zaubern allzu magisch engagierter Damen schützen. Gerade im alten England gab es zur Zeit des 15. und 16. Jahrhunderts einen regelrechten Boom, ganze Häuser nebst darin wohnender Menschen über Generationen hinweg zu verfluchen. Diesem sollte die spezielle Hexenflasche entgegenwirken.

Erst kürzlich wurde während Bauarbeiten im englischen Greenwich eine noch intakte Hexenflasche gefunden. Da sie noch unversehrt und mit Gegenständen und Flüssigkeit befüllt war, sorgte dieses Unikat für mächtige Aufregung unter den Archäologie-Professor. Der spektakuläre Fund wurde untersucht, durchleuchtet und schließlich auch vorsichtig geöffnet. Die wissenschaftliche Analyse ergab, dass es sich bei der Flüssigkeit unter anderem um menschlichen Urin eines Rauchers handelte und merkwürdige Utensilien, wie Nägel, Nabelschnur und ein durchbohrtes Lederherz hinzugefügt waren. Dies blieb kein einmaliger Fund, sondern Hunderte solcher Gefäße wurden im Laufe der Zeit im Vereinigten Königreich gefunden.

Da Glas für das einfache Volk kostbar war, nahm man zunächst Tonkrüge. Sehr häufig kamen diese aus Deutschland. Im Volksmund hießen diese Krüge aus Steingut »Bartmann«. Auf den braun lasierten Gefäßen war das Konterfei des Kardinals Robert Bellarmin reliefartig abgebildet. Dieser trug einen imposanten Vollbart. Daher der Name »Bartmann«. Warum ausgerechnet diese Flaschen so populär wurden, ist leider nicht überliefert, dennoch gibt es einige Theorien dazu.

In England ist in den alten Lehren die Geschichte des »Greenman« sehr bekannt. Man vermutet, dass sich das Bildnis in gewisser Weise in dem Antlitz Bellarmins widerspiegelt. Eine andere Erzählung behauptet, das Bellarmin sich sehr gegen die Kirche erhob und ein besonderes Charisma mit europaweiter Popularität errang, weil er geheime Bücher und auch die damals verpönte Astronomie gesellschaftsfähig machen wollte, was der katholischen Kirche natürlich gar nicht gefiel.

Auch stellt das auf der Flasche befindliche Relief eine Ähnlichkeit zu dem berühmten Merlin, Zauberer am Hofe König Arthurs dar. Wie auch immer die wahre Geschichte aussehen mag, diese Exportware aus Deutschland wurde offensichtlich gerne zur Erstellung der »Witch Bottles« genutzt.

Später, als Glas preiswerter wurde, ging man dazu über, einfache Glasflaschen für die Ritualarbeit zu verwenden. Im Ursprung waren diese Flaschen dazu gedacht, sich vor Hexen und magischen Verwünschungen zu schützen.

Im Laufe der Zeit jedoch wendete sich das Blatt und viele Magier, Druiden und weise Frauen boten diese kuriosen Behältnisse auch für andere Zwecke an; um Liebe, Geld, Schutz und Gesundheit zu erhalten. Ein ganzer Markt für diese kleinen, manchmal schaurig und geheimnisvoll aussehenden Flaschen entstand. Dieser hat sich bis in die heutige Zeit erhalten. Offensichtlich erfüllen diese kleinen Zauberflaschen ihre Wirkung, denn sonst wäre diese alte Tradition in unserer modernen Zeit längst untergegangen.

Auf Befragung mancher Hauseigentümer gaben diese zu, seit mehreren Generationen solche Flaschen zu besitzen. Oft werden diese, in die Wände des Hauses eingemauert, im Garten vergraben oder an Öffnungen, wie Fenster, Türen oder dem Kamin, für andere Menschen unsichtbar angebracht.

Die Erstellung einer klassischen »Witch Bottle« klingt für uneingeweihte Menschen etwas absurd. Urin, Metallnägel, meist krumm geschlagen, Glas- oder Spiegelscherben, Fingernägel sowie beschriftete Lederstücke in unterschiedlicher Form, sind nur einige der gebräuchlichsten Utensilien. Um negative Einflüsse abzuwenden, machten diese Zutaten auch einen Sinn. Da zuerst körpereigene Substanzen genutzt werden, wie Haare, Urin, Menstruationsblut oder Fingernägel, bringt man die eigene Schwingung in die Flasche ein. Man lenkt dadurch die negativen Energien, die einem jemand entgegenbringt, auf eine falsche Fährte.

Es trifft dann sozusagen nicht mehr den Menschen selbst, sondern es trifft auf die Zutaten in der Hexenflasche. Danach gibt man Metall dazu. Dies kann etwas Draht, ein Magnet, Eisen, Blei, Blech etc. sein. Die Aufgabe des Metalls ist, die negativen Energien einzufangen. Spiegel- oder Glasscherben senden diese Energien symbolisch zurück an denjenigen, der diese ausgesandt hat. Die Metallnägel zerstreuen die Energien und lösen sie langsam auf. In der für die Flasche gewählten Flüssigkeit zersetzen sich die nun bearbeiteten Energien. Da die Flasche später im Boden vergraben wird, macht es Sinn, eine farbige Flasche zu wählen, die noch einmal die Schwingungen so transformiert, dass sie diese wie ein Blitzableiter im Kontakt zur Erde ableiten kann. Es gibt bei einigen Zaubern sogar Flaschen, die auf eine gewisse Zeitspanne »Programmiert« werden können!

Zum Beispiel als Schutz auf Reisen oder an besonderen Festtagen finden solche ihre Verwendung. Als Grundsatz gilt, dass eine Hexenflasche nur einem Wunsch oder Zweck dienlich sein sollte. Werden mehrere Behältnisse für diverse Aufgaben angefertigt, so sollten diese nicht eng beieinanderstehen, da sich sonst die Energien vermischen und unbrauchbar werden. Dies alles klingt für den Laien ein wenig seltsam, aber wenn auch Sie einmal eine solche magische Flasche herstellen möchten, um die Wirkung auszuprobieren, dann benötigen Sie folgende Utensilien:

Ritualbeginn:	nur bei Vollmond oder Neumond, zu Hause gegen Abend bis 24.00 Uhr
Dauer:	2 bis 3 Stunden
Ritualabschluss:	Zuhause

- 1 Glasflasche oder Tonkrug mit dicht schließendem Verschluss
- 6 Eisen- oder Stahlnägel
- 1 Liter Apfelessig (Ersatzstoff für den früheren Urin)
- 3 kleine Spiegelstückchen
- schwarzes oder blaues Wachs (als eine Kerze oder Siegelwachs)
- 1 Meter Bindfaden oder als Schnur
- etwas goldfarbener Flitter
- etwas Körpereigenes wie z. B. Fingernägel oder Haare (ein Büschelchen abgeschnittene Haare, die mind. 1 bis 2 cm lang sein sollten).

Führen Sie dieses magische Ritual nur bei Vollmond oder Neumond durch. Schaffen Sie sich eine ruhige Atmosphäre. Entzünden Sie eine weiße Kerze und konzentrieren Sie sich auf Ihren Wunsch. Die zuvor mit Wasser und Spüli gereinigte Flasche wird nun zuerst mit den sechs Nägeln befüllt. In der alten Tradition sind diese meist krumm gehauen, um die Energien symbolisch noch mehr abzulenken. Dann kommen die kleinen Spiegelstückchen dazu. Der Bindfaden wird zu einem kleinen Knäuel gewickelt und ebenfalls in die Flasche gegeben. Nun kommt der Flitter zum Einsatz und zu guter letzt die Fingernägel und/oder die Haare.

Danach füllen Sie die Flasche mit Flüssigkeit auf. Sie können statt dem alten traditionellen Urin auch Apfelsaft und Essig dazugeben, wenn Ihnen das Ganze mit Urin zu unhygienisch ist. Denn Essig wird eine reinigende Wirkung zugesprochen und deshalb erfüllt er den gleichen Zweck. Da Haare und Nägel bereits als Informationsträger enthalten sind, kann man Urin durchaus mit Essig ersetzen. Ganz wie Sie es mögen.

Dann wird die Flasche mit dem Korken fest verschlossen. Mit erwärmtem Wachs wird nun der Zauber fest versiegelt. Wenn Sie mögen, können Sie in das noch weiche Wachs ein Symbol einritzen. Dies wäre bei einem Schutzzauber z. B. ein Pentakel. Lassen Sie Ihrer Kreativität ruhig freien Lauf. Das Siegel muss allerdings vollkommen dicht und unbeschädigt bleiben!

Nun wird es spannend: Gehen Sie vor das Haus in den Garten oder auf den Balkon oder notfalls in Ihrer Wohnung ans Fenster, nehmen Sie die Flasche in beide Hände und sprechen Sie laut:

»Nägel in der Flasche hier,
wende Böses ab von mir!
Hinfort mit jeglich Unheil nun,
ewiglich sollst Du dies tun!
Beschütze dieses Haus und Heim,
und Menschen, die hier gehen aus und ein.
Niemand soll Dich je hier finden,
Mutter Erde Dich hier binden.
So sei es, so sei es, so sei es!«

Nun müssen Sie sich nur noch einen geeigneten Platz suchen, bei dem Sie sich vollkommen sicher sind, dass dort niemand, auch nicht durch Zufall graben wird und die magische Flasche findet. Wie bereits im Text erwähnt, werden diese Zauber auch gerne in Wänden eingemauert, aber dies wäre wohl etwas zu aufwändig. Es gibt mit Sicherheit ein Plätzchen, an dem man etwas vergraben kann. Sollten Sie partout keinen Platz finden, so nehmen Sie einen großen Pflanzkübel, vergraben die Flasche darin und bepflanzen den Kübel. Dann stellen Sie das Gefäß z. B. neben die Eingangstür, oder an ein Fenster, also dort, wo durch Öffnungen des Hauses etwas ins Haus kommen kann. Die Flasche wirkt nun solange Sie es wollen, außer Sie würden sie vorsätzlich zerstören.

Grundsätzlich wird eine Hexenflasche mit der Öffnung nach unten eingegraben, also »Kopfüber«. Dies zeigt symbolisch, dass nie mehr etwas entweichen soll, denn der Flaschenkopf weist nach unten und ist zudem versiegelt.

Sollten Sie einen anderen Wunsch, als den Schutz für Haus und Menschen hegen, dann überlegen Sie sich bitte, was Sie sich wünschen, denn dieser Zauber ist sehr stark!

Bitte handeln Sie niemals manipulativ oder egoistisch. Dies wäre nicht im Sinne der weißen Magie! Wenn Sie eine Hexenflasche für bessere Finanzen oder gute Geschäfte fertigen wollen, so geben Sie einfach ein paar kleine Münzen hinzu. Geht es um eine gute Partnerschaft, so würde sich ein Herz oder Rosenblüten anbieten, die

Sie mit in die Flasche tun. Lassen Sie Ihrer Kreativität freien Lauf. Nur bedenken Sie bitte: Weniger ist manchmal mehr! Einfache und klare Zutaten sind meist am effektivsten.

Ich wünsche Ihnen nun viel Freude mit Ihrer Hexenflasche, auf dass Sie Ihnen als Glücksbringer immer wieder Ihre Harmonie in Ihrem Leben herstellen wird und ungebetene Gäste und Energien stets zauberhaft fernhält!

Sigillenmagie gegen alle Probleme

Sigillenmagie ist eine weißmagische, äußerst wirkungsvolle und kreative Form der Wunschmagie, die bereits im Mittelalter von erfahrenen Magieren angewendet wurde. Darüber könnte ich ein ganzes Buch schreiben, denn ich selbst bin eine der letzten Sigillenmalerinnen in Deutschland, die Ihr Handwerk in uralter Familientradition erlernt hat.

Das Wort Sigille leitet sich vom lateinischen Wort »Sigillum« ab und bedeutet Siegel. Bereits in der Antike waren Sigillen bekannt. Bei archäologischen Grabungen fand man einige Talismane oder Amulette, welche den damaligen Gottheiten geweiht waren und zum Teil Glyphen und Sigillen enthielten. Sigillen gibt es in verschiedenster Form: Bildsigillen, Runensigillen oder Wortsigillen. Sehr gern wurden auch alchemistische Zeichen, wie Engels-, Planeten- und Elementensymbole sowie verschiedene Buchstaben verwendet. Ja sogar Wappen und Siegelringe werden als Sigillen bezeichnet.

Selbst der Vatikan schützt sich mit einem solchen Sigillum. Sehr populär ist seit Jahrhunderten das Salomonsiegel, eins der mächtigsten Schutzzeichen. Agrippa von Nettesheim und Athanasius Kircher, zwei bedeutende Alchemisten, beschrieben die Entwicklung von Sigillen aus magischen Buchstaben- und Zahlenquadraten, aus lateinischen, griechischen und hebräischen Buchstaben oder mittels einer Geheimschrift. Die berühmten Astronomen, wie Johannes Kepler, Isaac Newton und Nikolaus Kopernikus beschäftigten sich ebenfalls mit Sigillen. Eine enge Beziehung bestand auch zur Signaturenlehre des Paracelsus. Der Zweck der Sigillenmagie ist es, einen Wunsch beziehungsweise ein Ziel im Unterbewusstsein zu verankern, um somit das Gewünschte zu erreichen. Der Unterschied zur heutigen, hauptsächlich von Austin Osman Spare geprägten Sigillenmagie besteht darin, dass keine traditionellen Symbole mehr verwendet werden, denen eine bestimmte Bedeutung zugeschrieben wird, sondern eine Sigill auf verschiedene Weise selbst gestaltet und erschaffen wird.

Von Hexen und Wiccas wird gerne die sogenannte Thebenschrift oder auch das weltweit bekannte Honoriusalphabet verwendet. Ebenso nutzen Hermetiker und Magier diese alten Zeichen.

Möchten auch Sie in Thebenschrift schreiben, nutzen Sie hierzu folgenden Alphabetschlüssel:

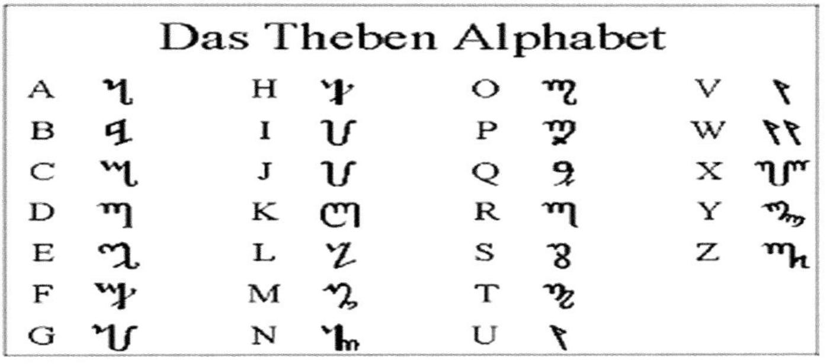

Sigillen sind vielfältig herzustellen, nicht nur auf Papier, sondern man kann sie auch in einen Teig ritzen, mit Sand streuen, symbolisch mit den Händen in der Luft zeichnen oder vor dem geistigen Auge entstehen lassen. Wenn Sie wissen, wie das geht, so wird jede Ausführung ihre Wirkkraft entfalten. In diesem Ritual zum Mitmachen bevorzugen wir das Malen der Sigille. Sie benötigen dazu folgende Werkzeuge:

- 1 Blatt Papier oder Pergament
- Schreibfeder und goldfarbene Tinte (jedoch können Sie auch jede andere Farbe verwenden. Wenn das Sigillum z. B. für Erfolg und Geld steht, dann wäre grün die richtige Wahl)
- feuerfeste Schale
- Weihrauch
- Sand
- Rauchfasskohle
- Streichhölzer

Um eine eigene Sigille herzustellen, müssen Sie zunächst Ihren Wunsch formulieren. Überlegen Sie sich gut, was Sie wünschen, denn diese Form der Magie ist äußerst kraftvoll! Entzünden Sie das Räucherwerk und schaffen Sie sich eine ruhige Atmosphäre. Nun schreiben Sie Ihren Wunsch kurz und bündig, mit so wenig Worten wie möglich auf das Papier. Alle Buchstaben, die öfter als einmal vorkommen werden nun ausgestrichen. Dabei entsteht ein sogenanntes Mantram. Ein Mantra ist ein Satz oder ein Wort, das man mehrfach hintereinander wiederholt. Es bewirkt im Unterbewusstsein und dem feinstofflichen Körper bestimmte Wirkungen und Schwingungen. Dabei ist es völlig egal, ob das Mantra laut gesprochen, geflüstert oder nur gedacht wird. In Gedanken gesprochene Mantras besitzen eine besonders große Wirkung und Kraft, da sie sich direkt im Unterbewusstsein manifestieren. Nun müssen die übrig gebliebenen Buchstaben miteinander verbunden werden. Das kann aussehen wie folgt:

1. Sie formulieren ihren Wunsch z. B. ich wünsche mir nette Nachbarn.

2. Schreiben Sie auf das Blatt Papier: NETTE NACHBARN.

3. Nun werden alle doppelten Buchstaben gestrichen
   N E T ~~T~~ ~~E~~ ~~N~~ A C H B ~~A~~ R ~~N~~

4. und Sie erhalten das Mantram: NETACHBR.

5. Als nächstes werden die Buchstaben kunstvoll zusammen gefügt. Das kann aussehen, wie in der folgenden Grafik beschrieben.

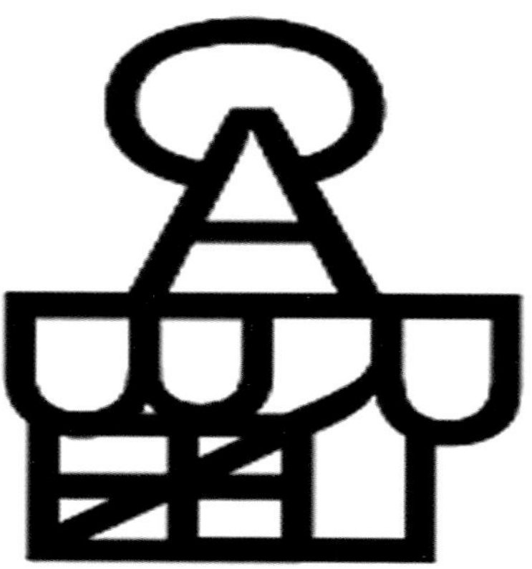

Das Wichtigste dabei ist aber, dass man zum Schluss nicht mehr weiß, was die Sigille bedeutet, denn wenn Sigillenmagie wirklich funktionieren soll, dann muss der Wunsch vergessen werden. Niemand anderes darf die Botschaft in der Sigille lesen oder entziffern können! Deshalb sollte die Sigille nun vernichtet werden. Legen Sie die Sigille in eine feuerfeste Schale und entzünden Sie das Papier. Vorzugsweise sollte dies im Freien geschehen, damit bei etwaigem Funkenflug nicht Ihre Wohnung ruiniert wird.

Tragen Sie die daraus entstandene Asche an einen Kreuzweg und verstreuen Sie die Überreste in alle vier Himmelsrichtungen. Lassen Sie den Wunsch ans Universum mit Licht und Liebe los.

Eine einzige Ausnahme stellen Schutzsigillen dar. Sie werden zum Beispiel zum Schutz des Hauses am oder im Haus aufgehängt. Wenn diese als Talisman oder Amulett geweiht werden, trägt man sie bei sich, am besten in einem Medaillon oder kleinem Säckchen.

Nach dem Ritual sollten Sie sich mit irdischen Dingen beschäftigen, essen, trinken, arbeiten. Wenn wir schon vom Essen sprechen, eine weitere schöne Variante ist das Einritzen von Sigillen in Teigwaren. Um sich gute Vorsätze oder Wünsche zu verinnerlichen, können Sie das Sigillum auch vor dem Backen in Plätzchen einritzen. Jedes Mal, wenn Sie eins dieser Plätzchen zu sich nehmen, »Verinnerlichen« Sie im wahrsten Sinne des Wortes auch den Wunsch. Lassen Sie Ihrer Fantasie freien Lauf!

Besonders schön finde ich die Variante, die Sigille mit Mais im Wald auszustreuen. Schon nach kurzer Zeit werden die Tiere des Waldes die kleinen Maiskörner auffuttern oder wegtragen und somit in alle Himmelsrichtung verstreuen.

Die Möglichkeiten der Verwendung von Sigillen ist groß und vielfältig so wie Ihre Vorstellungskraft. Sigillen auf Karten für Genesungswünsche, auf dem Auto als Schutz, mit Sand in den Garten gestreut für besseres Wachstum der Pflanzen, für den neuen Job ganz klein auf den Briefumschlag der Bewerbung gemalt, mit getrockneten Rosenblütenblättern für die Liebe ausgestreut und, und, und ...

Ich wünsche Ihnen viel Erfolg und gutes Gelingen mit dieser zauberhaften Art der Magie, die sich für alle Situationen des Lebens bestens eignet.

Spiegelmagie

»Spieglein, Spieglein an der Wand, wer ist die Schönste im ganzen Land?« Wer kennt nicht diesen Spruch aus dem wunderbaren Märchen von Schneewittchen und den sieben Zwergen? Doch wie in fast jeder dieser alten Erzählungen steckt eine Menge Wahrheit darin. Die böse Stiefmutter kann nur eine Schwarzmagierin gewesen sein, die sich der Kraft ihres Spiegels für ihre eigenen düsteren Machenschaften bediente. Aber wie alles im Leben, kann man Dinge und Wissen für gute, als auch für schlechte Taten nutzen und es liegt immer an dem ausführenden Menschen und dessen Gesinnung, wie Werkzeuge gehandhabt werden. Da ich ausschließlich weißmagisch arbeite, werde ich Ihnen die positive Nutzung eines Spiegels und dessen Bedeutung hier beschreiben.

In fast allen Kulturen dieser Welt wird ein Spiegel für rituelle Zwecke gerne genutzt. Die Schamanen betrachten sie als Türen zu anderen Welten. Als Meditationshilfe dienen sie zu Reisen in unser inneres Selbst. Auch stellen sich Geistwesen gerne im Spiegel dar, die sonst nicht so einfach zu erblicken wären und Schamanen kommunizieren unter anderem, auf diesem Wege für andere sichtbar mit ihnen. Spiegel dienen aber ebenso dazu Energien zurückzusenden.

Ein mittlerweile bekanntes Beispiel dafür sind die sogenannten »Bagua-Spiegel«. Im Feng Shui betrachtet man sie als unerlässliches Werkzeug. Konkav (nach innen gewölbt) fangen sie gute Energien ein, konvex (nach außen gewölbt) wenden sie negative Energien ab. Einen Bagua-Spiegel nutzt man, um Energien in weniger belebte Räume und Winkel des Hauses zu schicken, damit das Chi (Lebensenergie) besser fließen kann.

In Nepal und Tibet sollen viele kleine Spiegel an Kleidungsstücken und auf Kunstgegenständen jeglicher Art, Negatives abwenden. Im Orient finden sich viele sagenumwobene Geschichten, in denen sich böse Geister immer wieder in Spiegeln darstellen, um die schöne Prinzessin um ihren Verstand zu bringen und erst ein mutiger Prinz kann diesen Bann brechen. Alte orientalische Badezimmer haben aus diesem Grunde bis heute keine Spiegel, damit man nicht dem gleichen Schicksal erliegt, wie die Prinzessinnen in den alten Legenden.

Im slawischen Raum identifiziert man auch in unserer modernen Zeit, immer noch Vampire mithilfe eines Spiegels. Der Glaube an Vampire ist dort noch so stark, dass ein Spiegel immer in greifbarer Nähe liegt, oder im Bereich der Eingangstür hängt, damit man diese unerwünschten Blutsauger sofort erkennt, denn diese haben ja kein Spiegelbild!

Viele Menschen in Europa pflegen das alte Brauchtum. In Deutschland und den angrenzenden Ländern werden heutzutage Spiegel verhangen, wenn gerade ein Mensch in der Familie oder dem Bekanntenkreis gestorben ist. Erst wenn derjenige beerdigt ist, entfernt man die Tücher von den Spiegeln wieder, reinigt und segnet sie, damit man unbesorgt wieder hineinschauen kann. Es heißt nämlich nach alter Sitte, dass ein Verstorbener sich in solchen Spiegeln dem Trauernden gerne zeigt. Aus lauter Angst davor hat man dann lieber diesen Blick verhindert und ein Tuch darüber gehängt.

Spiegel haben oft subtile negative Auswirkungen. Sehr häufig klagen Menschen über Schlafstörungen und fühlen sich nicht erholt, auch wenn sie ausgeschlafen haben. Manchmal können Ärzte trotz intensiver Untersuchungen nichts Körperliches feststellen. Ich frage meine Ratsuchenden dann immer, ob sich in Ihrem Schlafzimmer Spiegel befinden. Meist nicken sie und meinen, ja am Kleiderschrank oder der Schminkkommode. Spiegel reflektieren permanent Energien und wenn der Spiegel dann noch gegenüber dem Bett ist, ist ein guter, erholsamer Schlaf nicht mehr denkbar. Verzichten Sie darauf und Sie schlafen ungestörter.

Wie gesagt haben Spiegel in Schlafzimmern nichts zu suchen, außer einer einzigen Ausnahme: wenn sich unter dem Schlafplatz eine schädliche Erdstrahlung, wie Wasseradern, tektonische Brüche oder Kreuzungspunkte befindet und sich aus räumlichen Gründen das Bett nicht umstellen lässt, dann legt man einen großen Spiegel mit der spiegelnden Seite zum Boden gerichtet unter das Bett. Der Spiegel sollte rahmenlos sein und dann nicht mehr verschoben werden. Seit alters her heißt es, dass ein Spiegel diese Strahlungen zurückreflektieren und für den Menschen schädliche Auswirkungen fernhalten kann. Meist stellt sich auch schnell wieder ein erholsamer Schlaf ein. Nur muss ich grundsätzlich aus rechtlichen Gründen darauf hinweisen, dass bei gesundheitlichen Beschwerden immer zuerst ein Arzt konsultiert werden sollte!

Für ledige Mädchen und Männer gibt es eine besonders spannende Tradition, den zukünftigen Partner vorab zu sehen! Wenn man in der Johannisnacht um vierundzwanzig Uhr einen Spiegel in die linke Hand nimmt und ihn in Höhe der linken Schulter hält, dann soll man, wenn man rückwärts über die Schulter hinweg in den Spiegel schaut, seinen zukünftigen Partner sehen. Probieren Sie es einfach aus und lassen Sie sich überraschen.

Kommen wir zurück zu der Handhabung des Spiegels in der Zukunftsschau und als Tor zur Anderswelt. Zunächst benötigen Sie logischerweise einen Spiegel. Es gibt drei verschiedene Varianten. Im Mittelalter nutzte man gerne poliertes Metall, um einen spiegelnden Effekt zu erhalten. Glas war noch nicht überall bekannt und wenn, dann kaum erschwinglich, daher der Metallspiegel. Später ging man zu Glas über, das auf der Rückseite mit Kerzenruß geschwärzt wurde, damit es nicht reflektieren konnte. Erst sehr viel später kamen die uns heute bekannten Spiegel ins Spiel. Selbst schwarze, mit Wasser gefüllte Schalen werden auch heute noch als Spiegel und Divinationshilfsmittel genutzt. Der berühmteste Seher, der diese schwarzen Schüsseln nutzte, war Michel de Nostredame – auch Nostradamus genannt. Er bekam unter anderem seine sehr dramatischen und häufig präzise zutreffenden Visionen durch den Blick in seine schwarze Schale. Wasser reflektiert ebenso wie ein Spiegel und hat denselben Effekt.

Wenn auch Sie einen Blick in Ihr inneres Selbst wagen möchten, dann benötigen Sie folgende Utensilien:

- Einen runden Spiegel, Mindestmaß etwa 20 cm im Durchmesser, in einem nicht reflektierenden Rahmen
- 2 weiße Kerzen
- 1 Karaffe befüllt mit frischem Quellwasser
- 1 größere Schüssel (im Durchmesser größer als der Spiegel)

- 1 kleinen Mondstein
- 1 schwarzes oder dunkelblaues Samttuch

Bitte schalten Sie bevor Sie mit der rituellen Arbeit beginnen alle elektronischen Geräte, wie Computer, Fernseher oder Handy aus.

Da Spiegelmagie in enger Verbindung mit dem Mond steht, wird ein Räucherwerk benötigt, dessen Bestandteile dem Mond entsprechen. Jasmin, weißer Salbei, Myrrhe und Silberweihrauch entsprechen den Schwingungen. Entzünden Sie das Räucherwerk, indem Sie in ein geeignetes Räuchergefäß, dies darf auch schon mal die feuerfeste Auflaufform aus der Küche sein, etwas Sand geben und obenauf eine Rauchfasskohle Tablette anzünden.

Nachdem diese durchgeglüht ist, geben Sie etwas von dem losen Räucherwerk obenauf. Danach stellen Sie die Kerzen auf. Eine links und die andere rechts auf dem Tisch, sodass Sie später hinter dem Spiegel stehen und sich nicht im Glas widerspiegeln können. Es sollte immer nur ein indirektes Licht sein, wenn man ernsthaft mit einem magischen Spiegel arbeiten möchte!

Nachdem auch diese entzündet sind, legen Sie den Mondstein in das Wasser. Halten Sie nun den Spiegel über die leere Schüssel und spülen Sie langsam das Quellwasser darüber. Während dessen sprechen Sie folgenden Spruch:

»Holde Mondin steh mir bei,
zu weihen diesen Spiegel,
er immer dienlich mir sei!
Ich bitte dich um deine Kraft,
damit das Spieglein Klarheit schafft.
Zu erblicken hier,
mein inneres Selbst.
Zu erkennen mich,
auch wenn's mir nicht gefällt!
Im Guten nur soll's Kräfte wecken,
und keine falschen Geister mich necken!
Hilf mir zu sehen,
was der Wahrheit entspricht!

Drum zeige jedem,
sein wahres Gesicht!
Nur dann wenn jeder sich selbst erkennt,
sich das auch eingesteht und nicht wegrennt,
dann kann sich gutes Entfalten in jedem,
und positive Kräfte neu beleben!
Drum steh' holde Mondin mir heute bei,
diesen Spiegel zu weihen und nur positiv er sei!
Nur gute Gedanken soll er reflektieren
für alle Menschen die ihn konsultieren!
So sei es, so sei es, so sei es!«

Legen Sie den Spiegel auf das Samttuch und berühren Sie ihn danach nach Möglichkeit nur noch am Rand. Lassen Sie diesen eben geweihten Spiegel bitte auch nicht von anderen Menschen berühren. Dies gilt grundsätzlich für alle magischen Utensilien. Sollte dies einmal geschehen, dann müssen diese erneut geweiht werden.

Nun können Sie mit der ersten Übung anfangen. Setzen Sie sich aufrecht hin und verkreuzen Sie nicht Arme und Beine, sonst können Ihre Energien nicht ungehindert fließen. Schauen Sie in den Spiegel, als ob Sie durch ihn hindurchschauen könnten. Lassen Sie ihre Augen so stehen. Es ist normal, dass die Augen anfangen zu tränen, dies hört nach einigen Minuten wieder auf. Zunächst werden Sie bemerken, wie ihr eigenes Spiegelbild verschwimmt und sich ein anderes Gesicht darstellt – Ihr Seelengesicht. So haben Sie sich mit Sicherheit noch nie betrachtet. Diese Erkenntnis kann sehr aufregend sein und wenn Sie das Gefühl haben, das es Sie in irgendeiner Weise zu sehr belastet, dann brechen Sie das bitte ab, indem Sie blinzeln. Vertagen Sie dann die Übung, und beginnen Sie zu einem anderen Zeitpunkt erneut damit. Bei sehr begabten Menschen entstehen nach einiger Zeit kleine Wölkchen, Schleier oder Nebel, die im Spiegel sichtbar werden. Dann haben Sie den nächsten Schritt erreicht. Ab diesem Punkt kann es geschehen, dass Sie zukünftige Situationen sehen können. Dies ist aber in der Regel erst nach längerem Üben der Fall. Verzweifeln Sie nicht, wenn Sie bei der ersten

Sitzung noch nicht viel erkennen können. Übung macht bekanntlich den Meister!

Nach getaner Arbeit sollte der magische Spiegel immer in das Samttuch eingewickelt werden, damit er geschützt ist und kein Unbefugter hineinschauen kann. Nutzen Sie ein solches Werkzeug bitte nur für positive Fragen und Energien!

In der weißen Magie gibt es einen Leitsatz, der da heißt: Tu was du willst, aber schade niemandem! Als weiße Hexe ist man immer bestrebt, anderen zu helfen und positive Schwingungen auszusenden. Deshalb überdenken Sie bitte immer zuvor ganz genau, welche Fragen Sie dem Spiegel stellen und wie Sie damit umgehen! Schneewittchens Stiefmutter ist wohl das beste Beispiel, wie man es nicht machen sollte!

Ich wünsche Ihnen mit dieser magischen Ritualarbeit ein gutes Gelingen und das Ihnen Ihr Spiegel immer eine positive Klarheit als Antwort auf Ihre Fragen gibt!

Die Selbsterkenntnis ist die wichtigste Voraussetzung für ein zufriedenes und harmonisches Leben!

Schlusswort

Die weiße Magie ist wertvolles sowie altes Wissensgut. Gerade heute in unserer modernen Zeit brauchen wir alte Traditionen und das Bewusstsein, im Einklang mit der Natur und dem Universum zu leben.

Dies ist im derzeitigen Wassermannzeitalter wichtiger denn je. Durch zunehmende Technisierung und der daraus entstehenden Hilflosigkeit, die durch Massenmanipulation zur Monotonie des Lebens wird, sind wir so abhängig geworden, dass wir ohne Strom, Computerinformation oder Telefon weder uns selbst noch anderen in Notsituationen bewusst helfen können. Nicht alle Erfindungen der Technik sind schlecht, aber leider verlassen sich die Menschen heutzutage zu sehr auf die Funktionalität diverser Maschinen.

Wird weiße Magie liebevoll, mit Verantwortung und Respekt ausgeführt, so kann diese ungeheuer starke Kraft Ihr Leben und Ihre gesamte Umwelt zum Erblühen bringen. Lernen Sie auch weiterhin Ihr Leben selbstständig, frei und authentisch zu genießen. Es liegt in Ihrer Entscheidung, die weiße Magie zu nutzen und den positiven Effekt wahrzunehmen. Wie sagt eine alte Redensart: »Jeder ist seines eigenen Glückes Schmied!«

Ich wünsche Ihnen mit diesem Buch jederzeit eine gelungene Ritualarbeit mit vielen zauberhaften und positiven Ergebnissen. Möge es Ihnen immer ein guter Begleiter sein.

Mit magischem Gruß

Susanne Klimt

Danksagung

Dieses Buch widme ich allen Hilfe suchenden Menschen, denen ich in den vielen Jahren meiner beruflichen Laufbahn zur Seite stehen durfte. Möge es ihnen die Kraft geben, ihr Leben immer sinnvoll und hilfreich für andere Menschen gestalten zu dürfen. Ich bedanke mich auch auf diesem Wege, für das enorme Vertrauen, welches mir von Tausenden meiner Klienten entgegen gebracht wurde und wird. Ich bedanke mich auch bei meiner Familie, für deren Liebe und Verständnis, mit einem Menschen und Querdenker wie mir zusammenzuleben. Dieses Buch ist auch allen mittlerweile Verstorbenen Angehörigen meiner Familie gewidmet, die immer in meinem Herzen sein werden!

So sei es, so sei es, so sei es!

Bezugsquellen für magische Zutaten

In meinem Shop für Esoterik-, Magie und Wahrsagebedarf finden Sie alles, was das Hexenherz begehrt. Unter anderem berate ich in meiner Praxis Ratsuchende persönlich und bilde Sie auch gerne in weißer Magie aus.

Für die Kontaktaufnahme und Anfahrt finden Sie alle Informationen unter:

http://www.die-seherin.de

Bild- und Quellennachweis

ritualgegenstaende.jpg	© Nic Neish – Fotolia.com
pentagramm.jpg	© Dmitry Sunagatov – Fotolia.com
schwert.jpg	© alexsol – Fotolia.com
besen.jpg	© Wally Stemberger – Fotolia.com
kerzen.jpg	© Martin Filliau – Fotolia.com
geist.jpg	(Symbol Geist) © S. Klimt
luft.jpg	(Symbol Luft) © S. Klimt
feuer.jpg	(Symbol Feuer) © S. Klimt
wasser.jpg	(Symbol Wasser) © S. Klimt
erde.jpg	(Symbol Erde) © S. Klimt
wassertropfen.jpg	© marcin chodorowski – Fotolia.com
raeuchern.jpg	© Silvia Bogdanski – Fotolia.com
Susanne Klimt.jpg	© S. Klimt
spirale_links.jpg	(Symbol Spirale links) © S. Klimt
spirale_rechts.jpg	(Symbol Spirale rechts) © S. Klimt
eule.jpg	© Helder Almeida – Fotolia.com
alchemistenoratoium.jpg	(Studiertisch Oratorium) © S. Klimt
alraune.jpg	© emer – Fotolia.com
mistel.jpg	© Amaro – Fotolia.com
rose.jpg	(Rose) © S. Klimt
rosevonjericho.jpg	(Rose von Jericho) © S. Klimt
arnika.jpg	(Arnika) © S. Klimt
baldrian.jpg	(Baldrian mit Biene) © S. Klimt
beinwell.jpg	(Beinwell) © S. Klimt
frauenmantel.jpg	(Frauenmantel) © S. Klimt
goldrute.jpg	© FK-Fotos – Fotolia.com
holunder.jpg	© Maria Brzostowska –

hopfen.jpg	© Jita – Fotolia.com
	Fotolia.com
kamille.jpg	(Kamille) © S. Klimt
lavendel.jpg	© Fred – Fotolia.com
melisse.jpg	(Melisse) © S. Klimt
schoellkraut.jpg	© LianeM – Fotolia.com
sonnenhut.jpg	© Kanusommer – Fotolia.com
weissdorn.jpg	© emer – Fotolia.com
zwiebel.jpg	© S. Klimt
birken.jpg	© hvoya – Fotolia.com
taxus.jpg	© Eduard Andras – Fotolia.com
eicheln.jpg	© Jérôme SALORT – Fotolia.com
haselnuss.jpg	© LianeM – Fotolia.com
bilsenkraut.jpg	© emer – Fotolia.com
fingerhut.jpg	(Fingerhut) © S. Klimt
fliegenpilze.jpg	© Konstanze Gruber – Fotolia.com
stechapel.jpg	© Pixler – Fotolia.com
tollkirsche.jpg	© emer – Fotolia.com
heilsteine.jpg	© Alta. C – Fotolia.com
chakren.jpg	© Photosani – Fotolia.com
engel.jpg	© jurand – Fotolia.com
walnuss.jpg	© luc gillet – Fotolia.com
ostereier.jpg	© Johanna Mühlbauer – Fotolia.com
hexenschild.jpg	© farbeffekte – Fotolia.com
johanniskraut.jpg	© Johannes Horna – Fotolia.com
lammas.jpg	© Benedikt Knüttel – Fotolia.com
mabon.jpg	© Nic Neish – Fotolia.com
halloween.jpg	© Foxy_A – Fotolia.com
mond.jpg	© Veronika Vasilyuk – Fotolia.com
triplemoon.jpg	(Stein Triple Moon) © S. Klimt

stonehenge.jpg	(Stonehenge) © S. Klimt
feder.jpg	© Jean-Paul Demolin – Fotolia.com
salz.jpg	© Elena Moiseeva – Fotolia.com
herz_kerzenflamme.jpg	© frenta – Fotolia.com
flammenherz.jpg	© -Misha – Fotolia.com
lebkuchenmann.jpg	© sandra zuerlein – Fotolia.com
ritualhundetalisman.jpg	(Hundetalisman) © S. Klimt
sieben.jpg	© El Vin – Fotolia.com
weihnachtsritual.jpg	(Weihnachtsritual) © S. Klimt
schluessel.jpg	© pitrs – Fotolia.com
hexenflascheschutz.jpg	(Hexenflasche Schutz) © S. Klimt
theben.jpg	(Thebenalphabet) © S. Klimt
sigill.jpg	(Sigillum) © S. Klimt

Monika Fritz

Räuchern

mit exquisiten Mischungen
zum selber machen

Räucherungen sind uns bereits von den Mayas, Inkas, den alten Ägyptern, Griechen und anderen Hochkulturen bekannt. Die alte Tradition mit dem angenehmen Duft wirkt sowohl entspannend auf Geist, Körper, Seele und die Umwelt ein. Mit dem richtigen Rauch und den herrlichsten Düften für alle Gelegenheiten bietet dieses Buch die Möglichkeit, sich selbst und seine Mitmenschen in angenehmster Weise zu betören und eine gute Atmosphäre zu schaffen. Einfach, klar und verständlich wird beschrieben, welche Räucherung zu wem oder zu etwas passt.

Die Autorin hat seit vielen Jahren täglich mit Kräutern, Düften und Räuchermischungen zu tun. Daher bietet sie Originalrezepte – soweit es möglich ist – und eigene Rauch-Duftkreationen für die Sinne an. Mit seinen vielen Rezepten ist es ein kleines Nachschlagewerk zu exquisiten Düften, die Sie selbst zusammenstellen können.

112 Seiten, kartoniert
ISBN 978-3-942128-03-2, € 10,90

Lesetipp

www.coronaverlag.de